谷川真一著

中国文化大革命のダイナミクス

御茶の水書房刊

陝西省地図（1966年）

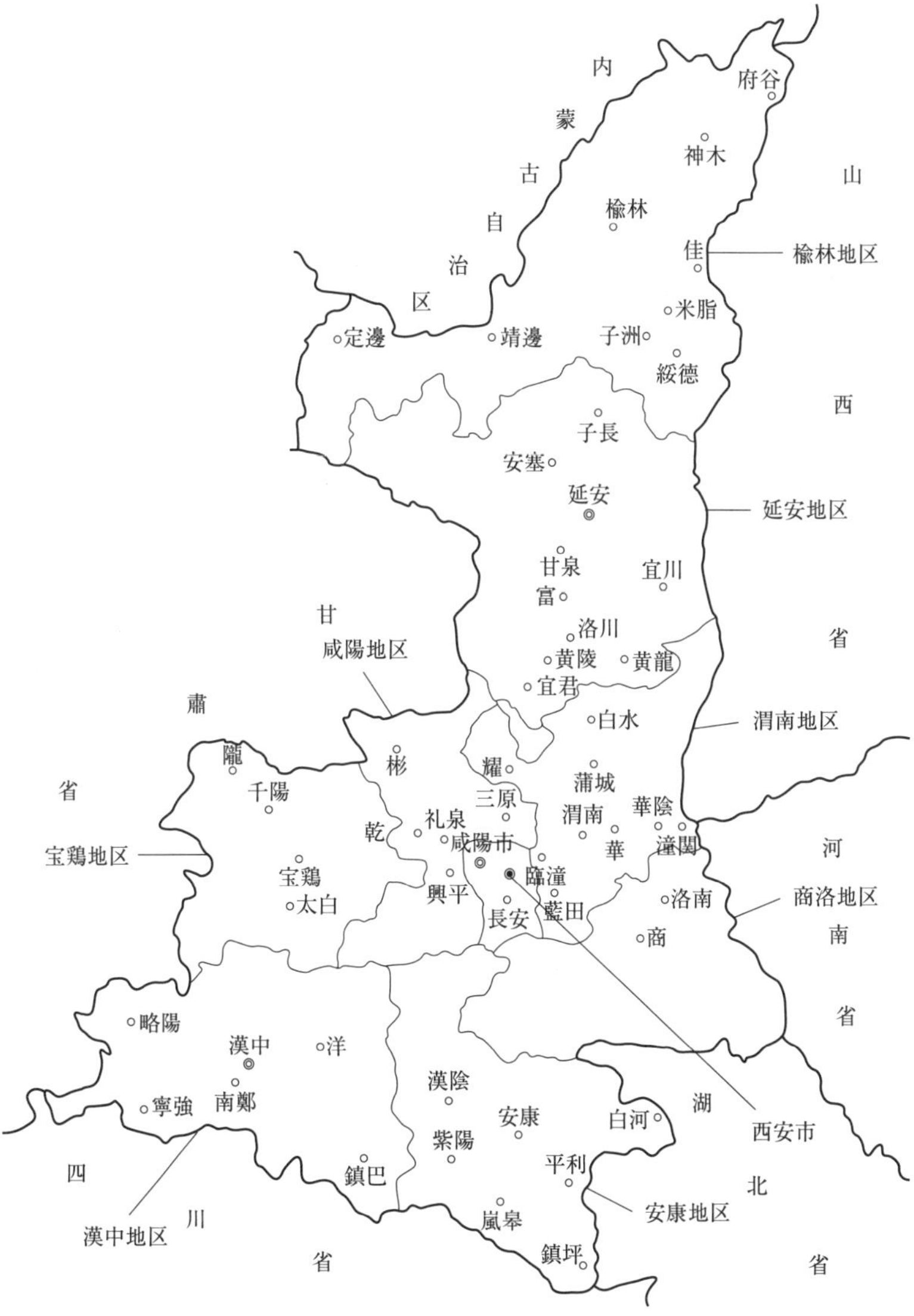
内
蒙
古
自
治
区
府谷
神木
山
楡林
佳
楡林地区
米脂
定邊
靖邊
子洲
綏德
西
子長
安塞
延安
延安地区
甘泉
宜川
富
甘
咸陽地区
洛川
黄陵
黄龍
省
宜君
白水
渭南地区
肅
隴
彬
耀
蒲城
省
千陽
三原
華陰
礼泉
渭南
乾
咸陽市
華
潼関
河
宝鶏地区
宝鶏
臨潼
興平
洛南
商洛地区
太白
長安
藍田
南
商
略陽
省
漢中
洋
漢陰
寧強
南鄭
安康
湖
白河
西安市
紫陽
四
平利
北
鎮巴
嵐皋
安康地区
川
漢中地区
鎮坪
省
省

中国文化大革命のダイナミクス　目次

目次

序章　文化大革命の動的分析に向けて……3
一　基層の社会構造からのアプローチ　7
二　エリート政治と大衆動員　10
三　国家・社会関係の流動化　13
四　プロセスとメカニズムを求めて　15
（一）ブローカレッジとしての「経験交流」　17
（二）社会関係としての造反派アイデンティティ　18
（三）「抗争は味方を必要とする」　20
（四）クライエンテリズム的支配の脆弱性と軍隊の分裂　22
（五）排他的統治と「組織的な機会主義」　23
五　時期区分　24
六　県誌データ　25

第一章　「経験交流」と造反運動の拡散……37
一　問題提起と仮説　37
二　ブローカレッジとしての「経験交流」　39
三　工作組をめぐる政治プロセス　42
四　造反運動の第一波（一九六六年八月）　46
五　資反路線批判と造反運動の第二波（一〇月〜一二月）　54
おわりに　58

第二章　造反派の成立から二極化へ……69
はじめに　69
一　造反派の形成　72
（一）文革初期の粛清運動　73
（二）紅衛兵の経験交流　76
二　資反路線批判と「平反」要求——造反派の連合　78
三　党ネットワークによる動員　81
四　奪権闘争から派閥組織の二極化へ　83

（一）反抗型奪権　85
（二）職場型奪権　87
（三）連合型奪権　90
おわりに　92

第三章　「支左」政策と軍の分裂……101
はじめに　101
一　軍の二重構造　104
二　軍隊「支左」政策に対する地方部隊の当初の反応　106
（一）中央と省軍区の対立　106
（二）軍分区と県人民武装部の混乱　110
三　軍隊への攻撃　113
おわりに　116

第四章　軍の統一介入から局地紛争へ……125
はじめに　125
一　中央文革による介入――楡林地区の事例　126
(一)　軍隊「支左」をめぐる軍分区内の分裂　126
(二)「陝北高原上の一旒の支左紅旗」――中央文革による介入　129
(三)「大連合」協議の失敗と一派独裁の革命委員会　130
(四)　革命委員会成立後の佳県への包囲攻撃　133
二　解放軍主力部隊による統一介入――宝鶏地区の事例　136
おわりに　138

第五章　軍の分裂介入から「全面内戦」へ――延安地区の事例……143
一　分裂介入　143
二　武器の流出　144
三　武闘の県境を越えた拡がり　147
四「全面内戦」　149
おわりに　153

第六章　軍の不介入から「全面内戦」へ……157
一　安康地区の事例　157
（一）不介入　157
（二）武闘の高まりと武器「強奪」　158
（三）停戦・連合協議の失敗　161
（四）「全面内戦」　163
二　漢中地区の事例　167
おわりに　170
第七章　派閥による排他的支配と抑圧的暴力の拡大……175
一　派閥抗争の早期収束と排他的革命委員会（一九六七年一二月～一九六八年七月）　177
二　「群衆専政指揮部」と対立派の弾圧（一九六八年五月～七月）　180
三　武闘の強制停止と包摂的革命委員会（一九六八年八、九月）　183
四　「階級隊列の純潔化」（一九六八年秋～一九六九年）　187
（一）排他的支配の下での抑圧的暴力の拡大　189
（二）包摂的統治の下での粛清運動　196

五　「一打三反」（一九七〇年～一九七一年）　197
おわりに　201

終章　一つのエピソードとしての文化大革命……213
一　文革のプロセスとメカニズム　213
（一）紅衛兵のブローカレッジを通じた造反運動の拡大　214
（二）権力の空白から派閥抗争、そして派閥の連合へ　214
（三）軍の分裂と武闘の拡大　215
（四）排他的統治と抑圧的暴力の拡大　216
二　一つのエピソードとしての文革——プロセスの連鎖　217
三　文革研究へのインプリケーション　220

あとがき……225

参考文献　xv
図表一覧　xiii
事項索引　iii

人名索引　i

中国文化大革命のダイナミクス

序章　文化大革命の動的分析に向けて

一九六七年夏、中国西北部の陝西省は、文化大革命（以下、文革と省略）の紆余曲折のなかでも最も重要な分岐点を迎えていた。省内の大半の県では、同年初めの「奪権」闘争によりすでに権力機構が麻痺状態に陥っていた。その後、大衆組織は、権力の空白をめぐる争いから、次第に二つの陣営に分かれて派閥抗争を繰り広げるようになった。同時に、軍隊「支左」政策[1]によって、人民解放軍（以下、解放軍）が文革に投入されると、「支左」表明（表態）をめぐって地方軍当局に混乱が生じた。このようななか、武漢で「七・二〇事件」が発生し、中央と地方軍当局との対立は決定的なものとなった。武漢軍区の「反乱」に脅威を感じた江青は、「文で攻撃し、武で防衛する」（文攻武衛）のスローガンを提起し、派閥組織間の武闘を煽る結果となった。同じく中央文化革命小組（以下、中央文革）のメンバーであった王力と関鋒は、「軍内のひとつまみを引きずり出す」（揪軍内一小撮）運動を推し進め、派閥組織による地方部隊への攻撃を煽った。陝西省の省都西安では、七月末から八月初めにかけて、二大派閥の「西派」と「東派」が相次いで省軍区と省の支左工作を主管していた第二一軍に対して大規模な座り込みを行い、圧力をかけた[2]。

この重大な局面において、地方軍当局による「支左決定」は、地方の派閥抗争の行方を左右することとなった。解放軍を急進派勢力のてこ入れに用いるという毛沢東のもくろみに反して、地方部隊の対応は分かれた。陝西省では省軍区の「支左」対応をめぐって混乱が生じ、中央は一九六七年二月に北京軍区から第二一軍を派遣して省の支左工作にあたらせた。しかし、「支左」をめぐる政治プロセスは、省軍区、軍分区、県人民武装部（以下、武装部または県武装部）とつながる地方部隊の指揮系統を混乱させ、これが派閥抗争を武闘へとエスカレートさせる要因となった。以下は、一九六七年夏前後に三つの地理的・社会的に多様な県で、事態がどのように推移したのかについての概要である。

西安近郊の三原県では、「空軍〇三〇軍事学院」の造反組織、「紅縦」が県武装部の支持する一派と異なる派閥を支持し、自ら武装して抗争に加わったことが武闘をエスカレートさせる結果となった。(3) 同県では、一九六七年七月末から八月半ばにかけて、両派の小競り合いが発生していたが、最初の銃弾は「紅縦」のメンバーによって放たれた。八月一九日、「紅縦」の士官候補生たちは小麦粉を調達するために、武装して装甲車と自動車数台で製粉所に乗りつけたところ、職員と口論になり、脱出時に発砲し労働者一人にけがを負わせた。八月二七日、空軍〇三〇部隊の兵舎にかくまわれていた同派組織の学生ら数百人が、「紅縦」のリーダーに武器の「借用」を要求した。「紅縦」は、「造反組織を県城（県政府所在地）に護送する」との名目で、軍用車両一一両に武装した四〇〇人余りを乗せて出動し、県党委員会、人民委員会、放送局などを包囲した。続いて、人民委員会の表門から強行突入し、阻止しようとした幹部を射殺した後、四方に掃射し、手当たり次第に銃弾を浴びせた。この結果、一一人が死亡し、多数が負傷した。負傷者を含む生存者の多くは〇三〇部隊の兵舎に連行され、一一名の遺体も構内に埋められた。その後、三原県では約一年にわたり、両派が各種の銃器、大砲などを用いて武闘を繰り広げ、一二一人が死亡した。

また、省南部山間地域の安康県では、武漢「七・二〇事件」直後の一九六七年七月下旬に、「六総司」と「紅三司」の間の派閥抗争が激化した。(4) 安康軍分区と安康県武装部はともに、「支左」についての立場を明確にすることができずにいたが、武漢から来県した「造反派」を通じて「七・二〇事件」の事情を知った安康の両派は座り込みを行い、軍当局に圧力をかけた。八月二〇日、県内で最初の武闘が発生し、二〇〇人が負傷した。この後、「六総司」が新旧県城を占拠し、対立派の「紅三司」は農村に退いて「農村から都市を包囲する」構えをとった。八月二三日、両派は実弾を使用し始め、死傷者が急増した。九月五日、「六総司」の「武闘人員」がトラック四台に分乗して武装部を襲撃し、ライフル銃四八六挺、自動小銃一七挺、軽機関銃五五挺、大砲一四門、砲弾四二発、各種銃弾一〇万四七七九発を奪い去った。一方、「紅三司」は所属する一二の「兵団」を各区、人民公社へ派遣し、民兵の武器を奪わせた。この後、安康県の武闘は、同地区内の各県を巻き込んで拡大し、約一年にわたってまさに内戦さながらの武闘が繰り広げられた。その間、軍分区、省軍区、さらには中央（周恩来首相）が安康両派の調停に乗り出したにもかかわらず、戦闘は止まなかった。一九六八年夏、中央による武闘停止命令（「七・三」、「七・二四」布告[5]）を背景とした解放軍主力部隊（第八一六三部隊）による強制介入により、武闘はようやく停止したが、それまでに安康県だけで四七八人が犠牲となった。

一方、省北端の府谷県では、全く異なる状況が生じていた[6]。一九六七年八月、同じ楡林地区内の米脂県武装部による地元の一派（「一〇一」）への支持が、中央文革の差し金により、「支左模範」として全国に宣伝された。その後、同地区内の県武装部は、相次いで「真の左派」となった米脂「一〇一」と提携関係にあった地元の派閥組織への支持を表明し、統一介入が行われた。府谷県武装部もそれに倣い、地元の同派組織（「指揮部」）への支持を表明した結果、対立派の「東方紅」は士気が緩み、次第に瓦解していった。府谷県の政治権力は、「指揮部」が一手に握ることとなり、派閥抗争は事実上収束した。同県内では、武闘は一度も生じなかった。

以上の短い記述からも明らかなように、各県の派閥抗争は、軍隊「支左」をめぐる中央、地方軍当局、派閥組織といったアクター間の相互作用によって大きく規定されていた。一部の地区では、軍当局による統一介入が派閥抗争の拡大を抑制した一方で、他の地区では、軍の分裂や無為無策が武闘をエスカレートさせていった。つまり、文革期の政治的暴力を理解するためには、政治プロセスとアクター間の関係（相互作用）に焦点を当てたアプローチが不可欠となってくる。文革のように複雑な社会的事象を、アクターが置かれていた状況や関係から引き離して理解することはできない。

本書は、農村部における文革の派閥抗争と政治的暴力についての研究である。文革の造反運動は、どのように主要都市から地方農村部へと拡がっていったのか。なぜ（また、どのように）造反運動は派閥抗争へと変化していったのか。なぜ（どのように）派閥抗争は武闘へと発展したのか。一九六八年以降、全国各レベルに成立した革命委員会の下での弾圧・粛清は、なぜ（どのように）大量虐殺へとエスカレートしていったのか。また、これらの政治的暴力の発生状況と規模に地域差がみられたのはなぜなのか。本論は、ケース（＝県）ごとの政治的暴力の差異に注目することにより、その発生原因を明らかにすることを目的とする。では、文革期の政治的暴力を理解するためには、どのような分析枠組みと概念を用いればよいのであろうか。ここでは、まず従来の文革研究によってもたらされた知見と問題点を整理した後、政治社会学、「抗争政治」（contentious politics）研究の成果を採り入れ、本論の分析枠組みを構築する。

一　基層の社会構造からのアプローチ

アメリカにおける従来の文革研究は、「社会的解釈」（social interpretations）[7]が主流であった。それは、アメリカにおける文革研究の担い手となった「第三世代」の中国研究者たちが[8]、それまで主流であった「共産主義」国家の組織とイデオロギーに焦点を当てた研究[9]から距離を置くことによって、自らのアイデンティティを確立していったという経緯が背景となっていた[10]。文革の激動は、それまでベールに包まれていた中国社会に内在する対立や亀裂を垣間みるための機会をもたらした。また、新たな情報・資料に加え、当時の政治社会学の潮流も文革の社会的解釈を生み出す理論的背景となった。一九六〇年代から一九七〇年代にかけて主流であった多元主義的アプローチ[11]は、中国の官僚組織間の駆け引きや政治過程についての優れた業績[12]を生み出す一方で、文革に関しては中国社会の「多元性」へと研究者の関心を導いた。

一九七〇年代末から一九八〇年代初めにかけて公表された初期の文革研究は、派閥抗争の原因を「出身階級」（階級成分）や職階級などの社会的クリーヴィッジとの関連から論じたものが多かった。なかでも、李鴻永（Hong Yung Lee）は、文革の派閥抗争を共産党体制の受益者集団と体制から排除された集団との現状（status quo）をめぐる争いであったと論じ、その後の議論を方向付けた[13]。中央文革に代表される中央の急進的指導者は、出身階級の良くない者、農村に下放された青年、非正規労働者など体制から排除されたグループと結びついて権力機構と「実権派」への造反を煽り、党組織・指導幹部は党員、共産主義青年団（共青団）員、革命幹部・軍人の子女、正規労働者、熟練工など現状維持勢力を動員して対抗したとされる。一方、陳佩華（Anita Chan）、S・ローゼン、J・アンガーは、香港に脱出した広州の元（初級・高級）中学生たちを対象に大規模な面接調査を行い、文革の派閥抗争は体制の受益者と排除された者の争いではなく、幹部子女と中間層子女（専門職、「民族資本家」など）というエリート予備軍同士の争いであったと論じた。[14]これらのグループは、文革以前から限られた教育機会（大学への進学）をめぐって競合関係にあり、その対立が文革の派閥抗争の原因になったと論じた。このような相違にもかかわらず、両者は、文革以前に存在した社会的クリーヴィッジが文革の派閥組織への動員を規定したと主張した点では同じであった。李は、文革が排除された集団に現状への異議申し立てを行う機会を与えたと論じたのに対し、陳らは、文革が二つの野心的な学生集団間の潜在的な対立を表面化させたものと考えた。

文革の派閥抗争を既存の社会構造から論じたもう一つのものに、文革期の国営工場についてのA・ウォルダーの研究がある。ウォルダーは、工場における文革の派閥抗争は、党ネットワークをめぐる争いであったとした。毛沢東時期の工場労働者は、同僚同士が団結して集団利益を追求するのではなく、幅広い裁量権をもつ幹部や上司と個人的な関係を築くことによって私的な利益を追求するパトロン・クランエント関係が横行していた。[15]文革の派閥抗争は、党ネットワークの恩恵を受けていた者たちと排除されていた者たちの争いであり、それをめぐる攻防が暴力をエスカレートさせていったとされる。[16]しかし、後述するように、ウォルダーは、北京の大学における文革についての最近の研究で、以前の「社会的解釈」を政治プロセスとアクター間の関係をより重視する見方へと発展させている。[17]

これらの研究は、中国社会に集団間の対立と利害の競合が存在し、それらが文革の派閥抗争を惹き起こす要因となったという見方を定着させたが、一方でいくつかの限界を抱えていた。なかでも、一九七〇年代から八〇年代にかけての文革研究は、香港への移住者に対する面接調査、大字報、紅衛兵新聞、小冊子などの断片的なコレクション、中国本土のラジオ放送の写しなど、非体系的で適用範囲も限られたデータに基づいていたために、広州、上海など一部の大都市や、それらの都市の中学生、工場労働者を対象としたものに偏っていた。さらに、最近の研究でウォルダーが指摘するように、初期の文革研究は、既存の社会的クリーヴィッジが異なる状況下においてどのように変化するのかを充分に検証してこなかった。つまり、既存の社会構造は、地域、社会セクター、組織の規模、中央からの距離など異なる文脈のなかで、さまざまなかたちの対立、抗争として表面化する可能性があり、今後の課題は、新たなデータを用いて従来の知見を個別の文脈とプロセスのなかに位置付けて検証することであろう。

以上の他にも、王紹光（Shaoguang Wang）やE・ペリーらは、それぞれ異なった理論的背景から、文革の派閥抗争の社会的（より正確には個人レベルの）解釈を行った。王は、以前の文革研究が（社会構造のなかで特定の集団が占める位置から推察した）集団利益と集合行為の一致を暗黙の前提としていたことを指摘し、文革の「集合行為問題」（collective action problem）[18]に焦点を当てた[19]。ペリーは、「文化的フレーミング」（cultural framing）[20]の概念を応用しつつ、造反派リーダーたちの「心理・文化的志向」（psychocultural orientation）の重要性を説いた。それによれば、造反運動の理解のためには、権力への挑戦というリスクの高い戦術を選んだ造反派リーダーの「人格」（personalities）を理解することが不可欠であるとされる[21]。これらの研究は、個人の特性と行動様式に焦点を当てることにより、それまで所与のものとされていた文革の集合行為への個人の参加についての理解を進展させた。しかし、これらの個人レベルの特性は、社会的・地理的にランダムに分布するものと考えられ、本論の課題である地方・農村部における政治的暴力の差異を説明することはできない。

一方、農村の文革についての数少ない研究は、概ね農村の抗争が都市とは異なる社会構造と行動様式に基づいていたと主張する傾向がある。それによれば、農村における派閥抗争は、宗族や村落間の長年にわたる恨みや対立に根付いていたとされる[22]。しかし、これらの研究は挿話的な情報に基づいており、一般化するには派閥の構成や暴力の形態に関するより体系的なデータが必要であろう。さらに、文革期の農村における「大量虐殺」の発生状況には各省間で大きな差異がみられたことなどを考え合わせると、[23]血縁地縁をめぐる「根深い憎悪」(deeply rooted animosities)が特定の地域のみにみられ、他では存在しなかったという解釈は説得力に欠ける。むしろ、恨みや対立は農村社会にある程度ランダムに存在すると想定した上で、政治プロセスに注目する方が適切ではなかろうか。いずれにせよ、農村の文革についての数少ない研究もまた、社会の断面に焦点を当てる傾向があったといえる。

二　エリート政治と大衆動員

一般に、エリート政治、政策、制度など国家レベルの要因を重視する文革研究者は、国家の凝集力と浸透力を強調する一方で、社会を受動的客体(=大衆)とみなす傾向がある。周雪光(Xueguang Zhou)は、社会主義中国における集合行為は、合理的な個人による意図的な行為(actions)と組織に基づいているのではなく、「国家社会主義」体制に特有の国家・社会関係のなかで形成される「多数の個人」(large numbers of individuals)による自然発生的な行動(behaviors)の集合体であるとする。[24]「国家社会主義の制度構造は、組織や社会集団の境界を横断する類似した行動様式や要求をもつ『多数の』個人を生み出すことにより、集合行為への障壁を低減する」。[25]その結果、人々は文革の造反運動や派閥抗争に容易に動員されていったとする。L・ホワイトは、レッテル貼り、クライエンテリズム、運動の暴力的手段(campaign violence)の正当化という毛沢東時期に多用された三つの「行政政策」(administrative policies)が、文革期に暴力が噴出する原因となったと論じた。[26]これらの「政策」は、資源の乏しい国家が野心的な目標を達成するための手段として用いられたが、長期的にはより大きな代償をもたらすこととなった。

一九六〇年代半ばまでに、レッテル貼りとクライエンテリズムが生み出した社会的緊張と暴力を正当化する雰囲気が醸成され、文革の開始とともに紅衛兵・造反運動への制約が取り払われるやそれらが暴力となって噴出したとする。また、金野純も、建国以来の度重なる政治・思想運動によって、「歴史的に獲得された価値観、身体化された行動様式など行為者に内在する要素」[27]の重要性を強調する。以上の見方は、毛沢東時期の一連の「国家の政策」が受動的・画一的な集団を生み出し、文革の大衆運動と暴力をもたらしたとしている。

次に、毛沢東個人の政治理念や心理的要因に注目する見方があり[28]、これは文革の大衆運動は毛というカリスマに対する人格的帰依（＝個人崇拝）によって惹き起こされたという暗黙の仮定に基づいているといえる。また、文革とはエリート間の権力闘争がそのまま非エリート（＝大衆）間の派閥抗争に拡大された現象、すなわち「党内闘争の大衆運動化」であるとする立場もある[29]。いずれにせよ、文革は独裁者による「大衆」の直接的動員・操作によって拡大されたという「大衆社会」的イメージ[30]を背景としているといえる。

しかし、これらの「強い国家」を前提とする見方は、冒頭でみた無政府状態や暴力的な派閥抗争を充分に説明することができない。文革期の急激な政治環境の変化や政治的暴力の噴出は、むしろ国家の崩壊から革命へと至るプロセスに類似している。革命の研究は、T・スコッチポルの研究[31]が現れて以来、国家のさまざまな側面についての研究が行われるようになった[32]。フランス、ロシア、中国革命を比較したスコッチポルの壮大な研究は、革命の発生や進展に国家が果たした役割の重要性を指摘することを通じて、政治的暴力の研究に新境地を開いた[33]。いうまでもなく、中央と地方の権力機構を支配する「実権派」への攻撃を目的としていた文革は、共産党支配体制そのものの転覆を目的としていなかったという点で、革命とは異なる。また、多種多様な「造反組織」も、一方ではいずれも最高権力者である毛沢東の忠実な信奉者であることを標榜していた。このような目的の違いはあるものの、文革研究が革命や体制崩壊のプロセスから学び取ることができることは少なくないように思える。

一般に、国家とは、独自の利益と目的をもち、行政的・強制的手段を通じて特定の領域内における社会関係を形作るためのそれぞれ異なる能力をもつ集合的アクターであるといえる。M・マンによれば、国家とは、「①分化した制度と職員の一まとまりであり、②政治的な諸関係がある中心へと集まり、また、その中心から広がる、という意味での中心性を具現しているが、それが覆っているのは、③領域として区画された地域であり、その地域に対してそれが行うのは、④一定程度の権威的・束縛的な規定制定活動であり、それを掩護するのは一定程度に組織された物理的な力である」[34]とされる。マンにとって、国家権力とは、強制手段の独占よりも、社会に浸透し、拘束力のある規則を実行することにより、他の社会勢力への支配を確保する能力としての「基礎権力」(infrastructural power)に依るものとされた。この場合、国家は、社会勢力から自律的(autonomous)で、社会に浸透する能力(capacity)があればあるほど「強い」とされ、反対にそれらの特質を備えていない国家は「弱い」とされる。[35]このように、国家の自律性、浸透力は所与のものとすることはできず、それ自体が変数であるとの認識に立つ必要がある。

ここで、より関連性のある見方としては、国家幹部の自衛行為が派閥抗争をもたらしたとするA・ウォルダーの論考がある。[36]「社会的解釈」は、集合行為を社会アクターが国家への挑戦に立ち上がるものとみなす傾向があるため、国家幹部が集合行為を惹き起こす可能性を見逃してしまう恐れがある。文革の発動とともに、造反運動の標的とされ窮地に追い込まれた幹部たちは、自らの支持者たちを動員することにより、生き残りを図った。つまり、幹部たちが、中央の急進的指導者によって唆された造反派の攻撃から自らの身を守ろうとしたことが、派閥抗争の原因となったとされる。この見方は、文革の派閥抗争における地方指導幹部の利害関係と行為に焦点を当てるものであるが、これを地方軍幹部の役割に拡大して考えることもできる。一九六七年夏、「軍内のひとつまみを引きずり出せ」のスローガンが提起され、地方軍幹部たちは派閥組織からの攻撃にさらされるようになったが、この際に軍幹部たちは党政幹部たちと同じように派閥組織と結びつき、その結果、派閥抗争を激化させたのではなかろうか。より一般的には、国家が分裂状態に陥るとき、地方権力機構とともに軍事機構もまた分裂し、派閥抗争をエスカレートさせていくのではなかろうか。文革とは、このような地方権力機構、軍事機構を含む国家の分裂をともなうものであった。しかし、このような分裂がなぜ、どのようなプロセスによって惹き起こされ、また派閥抗争の拡大をもたらしたのかについては、具体的に検証していく必要がある。

三　国家・社会関係の流動化

文革の激動は、国家の分裂のみならず、国家・社会関係そのものの流動化をもたらした。一九六七年の「一月風暴」によって全国の地方権力機構が麻痺状態に陥ると、多くの地方幹部、軍幹部は派閥抗争の渦中に引き込まれていった。その後に生じた武力抗争（武闘）は、国家と社会アクターの複雑な絡み合いを考慮することなしに理解することはできない。また、武闘停止後に成立した軍、幹部、大衆組織の代表からなる「三結合」の「革命委員会」は、事実上の軍事管制であり、その下での抑圧的暴力の拡大を理解するには、地方軍幹部（「軍代表」）と派閥組織のリーダー（「大衆代表」）の結びつきに注目する必要がある。したがって、ここでは、国家と社会を区別して論じるのではなく、それらの絡み合いに注目する必要がある[37]。本論では、複雑に絡み合った文革期の国家・社会関係を解きほぐすために、以下の三つのステップを提案する。

まず、分析概念としての「国家」を解体する必要がある。国家が単一のアクターではないと主張することは何も目新しいことではないが[38]、国家のレベルや部門を区別することは文革を分析する上できわめて重要である。例えば、我々は、文革を毛沢東と中央文革に支配された中央指導部と地方指導部、解放軍主力部隊と地方部隊など、主に国家のレベルや部門間の抗争として論じることも可能である。元来、文革は、毛沢東の思想から逸脱した（より正確には、逸脱したとみなされた）党・政府関係者の大規模な粛清運動として開始されたのであり、文革に関する限り、国家の分裂は副次的なものではなく、本質的なものであった。中央の急進的指導者たちは、意図的に学生や労働者を煽り、地方指導幹部や軍幹部を攻撃させた。したがって、我々は、少なくとも中央文革と地方指導部、地方権力機構の各レベル（省、地区、県など）、中央直属の解放軍主力部隊と地方部隊系統（省軍区、軍分区、人民武装部）など、国家の部門、レベル間の抗争を想定しなければならないであろう。さらに、党委員会書記、副書記、県長、武装部部長、政治委員など各レベルの権力機構内に生じる対立と抗争にも注意を払う必要がある。これらの国家アクター間の分裂は、文革の派閥抗争を理解する上できわめて重要な意味をもつ。

次に、国家と社会の間の境界は、明確で確固たるものではなく、曖昧で容易に浸透できるものとみなされるべきであろう。国家・社会間の境界は、国家アクターと社会アクターの双方が派閥抗争に巻き込まれるにつれて流動化する。国家アクターは社会アクターと連携し、社会アクターもまた国家内へと取り込まれ（co-opt）ていく。つまり、文革の派閥抗争は、社会アクターによる国家への反抗といった社会と国家の境界をめぐる闘いではなく、両者入り乱れての境界なき闘いであった。

したがって、我々は、国家、社会のいずれかに重点を置くのではなく、それらの結びつき、絡み合い（＝関係）に焦点を当てるべきであろう。すでに一部の代表的な現代中国研究者は、従来の文革研究を総括的に捉え、国家と社会の関係に焦点を当てたアプローチを提唱している。例えば、天児慧は「毛沢東の理念・野心とフラストレーション社会との共鳴」という見方を提起し[39]、国分良成は「国家や党の側と社会の側との相関分析」の必要を説いている[40]。しかし、すでにみたように、基層レベルとエリート・レベルを結びつける実証的な研究は、依然としてほとんど行われていない。農村部における政治的暴力をテーマとする本論では、このような理由から、学校や工場、主要都市、省などではなく、「県」を分析単位とする。県は、地方の派閥組織がその権力の座をめぐって抗争を繰り広げた舞台であったと同時に、解放軍の基層部隊としての人民武装部が置かれていたところでもあり、何よりも政治的暴力のレベルに大きな差異が生じたところであった。つまり、県は、国家と社会の境界を跨ぐ関係を観察し、政治的暴力の発生・拡大のメカニズムを明らかにするために最適の舞台であるといえる。

最後に、国家・社会関係は、文革の歴史的・政治的文脈のなかに位置付けられなければならない。文革期のめまぐるしく変化する政策や政治情勢、流動的な国家・社会関係は、既存の社会構造ではなく、常に変化する文脈に重点を置いた分析アプローチを必要としている。以下、本論で用いられる分析アプローチを紹介しておく。

四　プロセスとメカニズムを求めて

以上の考察から、文革期の国家・社会関係がきわめて流動的なものであったことは明らかであろう。造反運動は地方権力機構を麻痺状態に陥れた後、派閥抗争へと転化し、地方指導幹部や軍隊をも巻き込みながら内戦さながらの武力抗争へとエスカレートしていった。その後地方の各レベルに打ち立てられた臨時政権（＝革命委員会）には軍事管制の下、派閥組織のリーダーたちが組み入れられた。このような状況下では、国家と社会の構造的要因は動的なプロセスのなかに位置付けられなければならない。我々は、文革以前の社会構造や利害関係がそのまま文革の派閥抗争を形成したと想定することはできない。一般に、「初期条件」（initial conditions）はその後生じる事件や決定によって変化し、さまざまな結果をもたらすが[41]、これは文革のようにきわめて不確実で予測困難な状況下ではなおさらのことである。構造的要因と結果の一般法則的関係は、文革の紆余曲折を捉えることはできないのである。

文革の考察のなかにも、すでに関係的・状況依存的なアプローチを用いた研究が現れている。ウォルダーは、北京の大学における文革についての新資料を用いて、派閥形成が既存の社会構造にではなく、主に学生と工作組との関係（相互作用）に基づいていたことを明らかにした[42]。文革初期のきわめて不確実な状況下で、学生たちは「現状」との関係において自らの利害を認知することは困難であった。同時に、一度の政治的錯誤が命取りになるようなリスクの高い状況下では、学生たちは一度決断するとそれを守り抜かなければならず、次第に自らの選択に拘束されていった。したがって、派閥の構成は、既存の社会構造にではなく、不確実な政治状況において、学生たちが行った選択に基づいていたのである。この新たな知見は、文革研究者が関係的・状況依存的な要因により注意を払うべきであることを示唆している。北京の大学生は、各大学に派遣された工作組の大学党委員会への対応（党委員会の機能を停止して自らが取って代わったか、党委員会に引き続き職務を行わせたか、あるいはその中間か）によって、出身階級や党・共青団との関係にかかわらず、「少数派」（「小派」）と「多数派」（「大派」）に分かれていった。ここでは、学生の紅衛兵組織への参加は、彼らの社会的背景にではなく、工作組とのその場の関係によって左右され、最初の選択が後の彼らの行動を拘束していった。この新たな知見は、文革の他の側面にも応用することができるのではなかろうか。

また、近年政治社会学の分野で発展を遂げている「抗争政治」の分析枠組みは、ここでの課題に重要な示唆を与えてくれる。ここ一〇年来、社会運動・集合行為の研究者たちは、自らが築いた理論体系を抜本的に見直し、新たに適用範囲を拡大させる試みを行ってきた[43]。彼らは、「政治的機会」（political opportunities）、「動員構造」（mobilizing structures)、「認知フレーム」(cognitive frames)[44]などの基礎概念を「静的、一元的、西洋的」に偏っていると自ら批判し、より動的で、創発的（emergent）、関係的なモデルの構築を試みている。具体的には、さまざまな抗争政治の「エピソード」に横断的に存在する「プロセス」と「メカニズム」に焦点を当てることが提案される。ここで、「メカニズム」とは、「さまざまな状況下において、具体的な構成要素間の関係を同一またはきわめて類似した方法で変化させるような一定の特徴を共有するイベント」と定義される。一方、「プロセス」とは、「それらの構成要素に類似した（一般に、より複雑で状況依存的な）変化をもたらすようなメカニズムの規則的な連続」のことである。そして、「エピソード」とは、「他集団の利害に影響するような集合的異議申し立てを含む抗争の絶え間のない連続[45]」のことである。分析法としては、まず特定の抗争的エピソードのなかから、そのエピソードの問題部分を構成しているプロセスを見出した後、それらのプロセスのなかの因果的メカニズムを探し求めるという手順を提唱している[46]。プロセスとメカニズムに焦点を当てたこのような中範囲理論こそ、文革の分析には最適であろう。

では、農村部における文革の抗争的エピソードには、どのようなプロセスとメカニズムを見出すことができるのであろうか。ここでは、五組の概念枠組みを、以下の各章との関連から順に紹介しておく。いうまでもなく、これらの抽象的な概念は、以下の分析を大枠で導く指針であって、分析自体を拘束するものではない。

(一) ブローカレッジとしての「経験交流」

第一章では、一九六六年夏から冬にかけて、造反運動がどのように都市から農村へと拡散していったのかを検証する。R・ボウムが一九七〇年代初めに、文革は「主に都市の現象」であったと述べて以来[47]、文革の拡散についての研究はほとんど進んでいない。その後、地方農村部での大量虐殺の実態についての報告[48]や、文革の暴力が農村部に与えたインパクトについての体系的なデータを用いた研究[49]が行われているにもかかわらず、一部の研究者は依然として文革が農村に与えた影響について疑問を呈している。[50]このことからもわかるように、文革が都市から農村へとどのように拡散したのかを明らかにすることは、残された大きな課題の一つである。

ここでは、まず造反運動（県党委員会への造反と定義）が、すでに一九六七年の「一月風暴」以前の段階で、陝西省内の大半の県で生じていたことを明らかにする。拡散のプロセスについては、紅衛兵の「経験交流」（串連）を通じて、造反運動がまず主要都市から近郊へ、そしてさらには遠隔の県へと拡散していったことが実証される。ここで、経験交流は、都市と農村を結びつけるメカニズム、すなわちブローカレッジとして機能した。ブローカレッジとは、「以前は関係がなかったか、弱い関係しかもたなかった二つ以上の社会的場（social sites）をより直接的に結びつける」[51]ことである。造反運動は、都市から近郊へ無定形に「こぼれ出た」（spilled over）[52]のではなく、紅衛兵によって遠隔の農村地域まで組織的・計画的に拡大されたのである。そのなかで最も重要な役割を果たしたのは、西安を中心とする都市の大学生であったが、彼らの行動は「革命的大経験交流」として中央のお墨付きを得ていたのみならず、当時の大学生がもっていた高い威信にも裏付けられていた。造反運動の拡散パターンは、都市の大学生たちが都市近郊から遠隔の各県へと順を追って、組織的に「点火」していったことを示している。

（二）社会関係としての造反派アイデンティティ

一般に、アイデンティティとは、社会的相互作用のプロセスを通じて構築される社会関係の特性の一つである。[53]第二章は、造反派組織の成立から二大派閥形成に至るプロセスに焦点を当てる。造反派は、工作組の学校への派遣、「教師集訓会」、社会主義教育運動（社教）というずれも文革初期（社教については文革以前から継続）に行われた複数の粛清運動が原因となって形成された。これらの粛清運動は、学生、教師、基層幹部という異なる社会集団内に亀裂をもたらすこととなり、個別に造反派の形成を促した。しかし、農村部では、これらの粛清運動の犠牲者は、多くの場合、都市の紅衛兵によるブローカレッジを通じて初めて造反派としてのアイデンティティを与えられた。「資産階級反動路線」（資反路線）批判運動が開始された一九六六年一〇月以降、これらの造反派集団は名誉回復（平反）を求めて、社会集団の枠を超えて連合し始める。同時に、地方の党指導幹部たちは、「貧農・下層中農協会」（貧協）と学生の「文化革命準備委員会」（準委会）のネットワークを利用して支持者の動員を図った。

ここでのプロセスは、ウォルダーが描き出した北京の大学での動員パターンと類似している。北京の大学生たちは、工作組との関係（相互作用）を通じて分裂していった。一方、農村の中学校では、工作組は、学生たちの出身階級と文革への姿勢を基準として最初の紅衛兵組織や「準委会」を組織することが多かった。したがって、派閥構成と出身階級との間に相関関係がみられるとすれば、工作組が出身階級によって学生たちを区別し、亀裂をもたらしたからであったといえる。言い換えれば、農村の学生たちは、「現状」をめぐる自らの利害関係を読み取った上で、自覚的に造反に立ち上がったのではなく、工作組のやり方に反応・反発していたに過ぎない。しかも、農村の中学生たちは、都市の紅衛兵たちのブローカレッジを通じてはじめて、造反派としての明確なアイデンティティをもつことができた。このことは、「集訓会」で迫害された教師、社教で粛清された幹部の例をみればさらに明らかになる。これらの教師や幹部は、既存の体制への不満から造反したというよりは、粛清運動によって自らの地位が不意に奪われたことに対して、名誉回復を求めて立ち上がったのである。派閥の構成が既存の社会的地位を反映しているとすれば、それは社会的弱者が体制への不満から造反に立ち上がったのではなく、工作組（隊）が文革初期にこれらの区別を再導入して社会集団を分裂させたからであった。中央による工作組批判を受けて、粛清・迫害を受けた学生、教師、幹部たちが社会集団の壁を越えて名誉回復を求めて連合し始めたことは、このことを裏付けている。つまり、造反派のアイデンティティは、既存の社会ステイタスからではなく、社会アクターと国家アクターの相互作用＝関係のなかで形成されたのである。

（三）「抗争は味方を必要とする[54]」

第二章の後半では、多種多様な派閥組織が離合集散を経て二大派閥へと収斂していくプロセスに焦点を当てる。一九六七年初めに全国で吹き荒れた「奪権」闘争の嵐は、抗争の方向と性質を権力機構への造反から派閥組織間の抗争へと変化させた。「造反組織」は、「奪権」が生み出した権力の空白をめぐって互いに争い始め、これが組織間の連合を促した。また、「奪権」以後、対立軸としての権力機構が失われたことにより、従来の研究で繰り返し強調されてきた「急進派」と「保守派」（保皇派）という対立の構図もあまり意味をなさなくなった。一般に、地方権力機構がより完全に打倒されたところでは、「保守派」は存在理由を失ったが、反対に、守るべき権力機構が何らかのかたちで維持されていれば、「保守派」は存続し得た。実際には、農村の県では、「奪権」は「職場奪権」（搶班奪権）、「連合奪権」などの「偽奪権」が大半を占めたため、「保守派」対「急進派」という対立構図が維持されたところも少なくなかった。反対に、北京、上海、西安など大都市では、「保守派」は奪権闘争前後に姿を消し、それ以後、造反派同士の権力争いによって分裂が生じたが、陝西省の県のなかにも同じように造反派の分裂から二大派閥が形成されたところもあった。対立の構図がどのようなものであったにせよ、一九六七年初め以降、各県では、権力争いから派閥組織間の提携が活発化し、次第に二大派閥が形成された。この権力闘争から二大派閥形成のプロセスは、L・A・コーザーがG・ジンメルの理論を発展させた「紛争理論」の命題の一つ、「紛争は、結社や連合を生み出す」に類似し

ている。それによれば、

闘争（struggle）は、もしそれがなければ無関係であった人々や集団を結びつけるであろう。当事者たちの主に実際的な利害が関わっているような紛争（conflicts）がもたらすのは、より永続的で凝集性の高い集団よりもむしろ、連合や一時的な結社である。……統一をもたらすという紛争の属性は、連合や便宜的結社が競争や敵対関係のなかから合意を導き出すとき、より劇的に現れる。連合が防衛を目的として形成されるとき、統合は最低限のレベルにとどまる。それぞれ特定の集団にとって、同盟は、自己保存願望の最小限度の現れを反映しているに過ぎない。……少なくとも同盟に加わる者の目からみれば、既存の集団間の連合は、ほとんどの場合、特に多数の集団間や互いに大きく異なる集団間では、防衛のみを目的として形成される。同盟は、紛争を目的として形成されたのではない場合でさえ、他の集団には威嚇的で敵意のある行動に思えることがある。まさにこの認識が、新たな結社や連合をつくり出し、社会参加をさらに促進するのである(55)。

この一節は、紛争が集団の連合を促し、さらに紛争を拡大していくという連鎖のプロセスをよく捉えている。陝西省の各県の事例では、一九六七年初めの「奪権」闘争以後、派閥組織間の権力をめぐる争いが類似のプロセスを惹き起こし、次第に二大派閥が形成された。これにより、派閥抗争はさらに拡大していくことになるが、次の段階、すなわち武闘へと転化していくには、さらに別の要因が必要であった。

（四）クライエンテリズム的支配の脆弱性と軍隊の分裂

一九六七年夏以降、全国各地で内戦さながらの武闘が繰り広げられたが、第三章から第六章では、武闘拡大の原因が、軍隊の派閥抗争への介入との関連から論じられる。一般に、すべての派閥抗争が武力抗争へとエスカレートするわけではない。また、陝西省の各県の事例でも、派閥抗争が早期に収束したところと、大規模な武闘へと発展したところがみられた。この差異は、どのように（そして、なぜ）生まれたのであろうか。

ここでは、クライエンテリズム的支配体制の脆弱性と軍隊との関係に目を向ける必要がある。S・N・アイゼンシュタットは、経済的、軍事的危機に直面するとパトロン・クライエント・ネットワークは崩壊しやすいため、「新家産制国家」（neo-patrimonial states）は、これらの危機に対し特に脆弱であると論じた。[56] この見方は、同じくクライエンテリズム的支配によって特徴付けられる毛沢東体制[57]にも通じるものであろう。権力への反抗を促す文革のスローガンや政策、中央文革による操作・介入は、地方のパトロン・クライエント・ネットワークを動揺させ、権力機構の分裂をもたらした。このクライエンテリズム的秩序の突然の崩壊と再編への動きが、国家・社会関係を流動化させ、派閥抗争を激化させた。

また、派閥抗争が武闘へとエスカレートしていったプロセスを理解するには、軍隊組織の脆弱性に注目する必要がある。一般に、軍隊の国家（党）への忠誠は、軍隊が他の社会勢力に同調すればするほど低下する。[58] 解放軍の各部隊に派閥組織を支持することを命じた「支左」政策は、一部の部隊が地元の派閥勢力と結びつく結果をもたらし、分裂を惹き起した。また、県党委員会書記が人民武装部の政治委員を兼任するなど、地方の政治機構と軍事機構が不可分の関係にあったことも地方軍事機構を脆弱なものにしていた。地方軍事機構の分裂は、地方部隊を派閥抗争の渦中へと巻き込み、武器流出、軍事指導、民兵の武闘組織への編入などを通じて、派閥組織の軍事・武装化をもたらした。このように、派閥抗争の暴力化を理解する鍵は、クライエンテリズム的支配の脆弱性と軍隊の分裂が握っているといえる。

（五）排他的統治と「組織的な機会主義」

第七章では、革命委員会の下での抑圧的暴力の問題が、派閥組織の武装・動員解除と革命委員会成立のプロセスとの関連から論じられる。武装・動員解除のプロセスは、続いて成立した県革命委員会の統治形態を規定し、その結果として抑圧的暴力の程度を左右した。一部の県では、地元軍当局の支持を受けた一派が優位に立ち、革命委員会の議席を独占した。他の県では、派閥組織間の武闘が解放軍主力部隊による外部からの強制介入によってようやく終息し、武装・動員解除、調停を経て両派対等の革命委員会が成立した。抑圧的暴力は、前者の（一派独裁の）排他的統治形態の下でエスカレートし、後者の（両派対等の）包摂的統治形態の下では抑制される傾向がみられた。排他的統治形態の下で抑圧的暴力が拡大した理由としては、対立派からの脅威、派閥組織のメンバーを組み入れた抑圧組織、派閥的リーダーシップという三つの要因が挙げられる。

一派独裁の革命委員会の下での抑圧的暴力は、「組織的破壊」（coordinated destruction）と「機会主義」（opportunism）というC・ティリーによる集合的暴力の二つの類型の特徴を兼ね備えた「組織的な機会主義」と呼ぶことができる。「組織的破壊」とは、「強制手段の使用を専門とする諸個人や諸組織が、諸個人や諸物に損害を与えるための計画を実行することであり、戦争、集団的自己犠牲、ある種のテロリズム、ジェノサイド、ポリティサイド（特定の政治的カテゴリーの構成員に対する計画的抹殺）などが含まれる」とされる。そして、「機会主義」とは、

「日常的な監視と抑圧から遮蔽された結果として生じ、諸個人や諸集団が通常禁止されている目的を追求するために、直ちに損害を与えるような手段を用いることであり、略奪、輪姦、海賊行為、報復殺人、ある種の軍隊による略奪などの例が含まれる」[59]。一見相矛盾するこれらの概念を合わせて考えることにより、革命委員会の下での抑圧的暴力の特徴を浮かび上がらせることができる。「階級隊列の純潔化」(清理階級隊伍)に代表される抑圧的暴力は、革命委員会の名の下に、抑圧のための専門組織によって行われたという意味において「組織的破壊」であった。同時に、それは、派閥組織が権力独占に乗じて、中央の監視から遮蔽された状況下で、対立派への報復的暴力を行使したという意味において「機会主義」的であったといえる。このように、革命委員会の下での抑圧的暴力は、派閥組織による排他的統治を背景として、「組織的な機会主義」が行われたことによってエスカレートしていったのである。

五　時期区分

ここで、本書で用いられる時期区分について触れておく。本書は、文革の大衆動員から動員解除へと至る時期(一九六六年春から一九七一年まで)をそれぞれ異なる特徴をもつ三つの時期に分けている。

Ⅰ「大衆動員から造反運動へ」(「五・一六通知」が出された一九六六年五月から同年末の「資反路線」批判運動まで)
Ⅱ「派閥抗争から武闘へ」(一九六七年初めの「奪権」闘争から一九六八年夏の武闘終息まで)
Ⅲ「粛清と迫害」(一九六八年の革命委員会樹立からその下での抑圧的暴力が沈静化した一九七一年末まで)

第一の時期は、上からの大衆動員運動として開始された文革が、一九六六年八月の「十六条」公布を経て、権力機構への造反運動へと変化していった時期である。一九六七年初めの「奪権」闘争は、地方権力機構を麻痺状態に陥れ、抗争の性質を権力機構への反抗から派閥抗争へと変化させた。それ以後、「造反派」は権力闘争から次第に二大派閥へと分裂し、武闘を繰り広げるようになった。県革命委員会の成立は、無政府状態と武力抗争の終息を意味すると同時に、「大衆独裁」（群衆専政）の名の下での粛清と迫害の幕開けを告げるものであった。派閥間の対立は、革命委員会成立後もさまざまなかたちで続いていたが、新たな地方政権の誕生は集合的暴力が行われる政治的文脈と暴力の形態そのものを変化させた。

また、本論はプロセスとメカニズムに焦点を当てたアプローチを採用しているため、以上の三つの時期内の、またはそれらを跨ぐ時間的前後関係とつながりにも注意を払う必要がある。したがって、以下のすべての章は時間的にいくつかの下位区分に分けられている一方で、第二章は上記のⅠとⅡに跨がっている。事件の時間的前後関係とつながりを詳細に検討していく過程で、未知のプロセスやパターンが浮かび上がってくることが少なくないためである。

六　県誌データ

本稿で用いられるデータの多くは、一九八〇年代末から二〇〇〇年代初めにかけて陝西省の各県によって編纂された「県誌」に依っている。中国西北部に位置する陝西省の当時の人口は二一九四万人（一九六六年）で、そのうち八七パーセントは「農業人口」であった。文革当時、陝西省には九三の県と四つの市が存在したが（表序-1）、本書は農村部における文革の分析を目的とするため、市（西安、咸陽、銅川、宝鶏）は分析対象から除外することとする。[60]

表序-1　陝西省の地区と県（1966年）

地区	県
楡林	楡林、定辺、府谷、横山、佳、靖辺、米脂、清澗、神木、綏徳、呉堡、子洲
延安	延安、安塞、富、黄陵、黄龍、洛川、呉旗、延長、延川、宜川、宜君、志丹、子長
渭南	渭南、白水、澄城、大茘、富平、韓城、合陽、華、華陰、藍田、臨潼、蒲城、潼関、耀
宝鶏	宝鶏、鳳、鳳翔、扶風、麟游、隴、眉、千陽、岐山、太白、武功
咸陽	彬、長武、淳化、高陵、戸、涇陽、礼泉、乾、三原、興平、旬邑、永寿、周至
西安（市）	(5地区)、咸陽（市)、長安
商洛	商、丹鳳、洛南、商南、山陽、柞水、鎮安
漢中	漢中、城固、仏坪、留壩、略陽、勉、南鄭、寧強、西郷、洋、鎮巴
安康	安康、白河、漢陰、嵐皐、寧陝、平利、石泉、旬陽、鎮坪、紫陽
省轄市	銅川（市)、宝鶏（市)

（注）1966年当時、陝西省には93の県と4つの市が存在した。8地区（楡林、延安、渭南、宝鶏、咸陽、商洛、漢中、安康）が92県を所轄し、1つの地区級市（西安）が5地区、1県級市（咸陽)、1県（長安）を所轄した。他の2つの市（宝鶏、銅川）は、省轄市であった。

ただし、省都の西安市の動向については、省全体の政治プロセスを理解する上での鍵となるため、必要に応じて言及されることになる。これらの市を除外した場合、省県域の人口構成は、実に九四パーセントが「農業人口」となり、「農村部」というにふさわしいといえる。

著者は、全国の「県誌」一五〇〇冊以上から「文革データ」を作成した米国スタンフォード大学の文革研究チーム（A・ウォルダー主管）の一員として、県誌の文革に関連する部分を香港の中国研究服務中心（香港中文大学）で複写し、持ち帰った後、量的データの作成と資料の精読を行った。量的データ作成の第一段階は、「奪権」、「最初の武闘」、「県革命委員会成立」など主な事件のタイミング（年月日）や、上述の三つの時期区分ごとの犠牲者数（死者数、負傷者数、被迫害数）などの基本的なデータを、研究チームと共同でコード化した[61]。その後、著者は、陝西省の資料を精読していく過程で、「最初の造反」のタイミング、人口・社会統計、「階級隊列の純潔化」、「一打三反」などの犠牲者数、軍による介入の形態、県革命委員会の統治形態などの変数を、県誌また他の資料から付け加えた[62]。これらの変数のコード化の方法については、それらが用いられる各章で説明することとする。

陝西省の各県によって編纂された県誌は、他省のものに比べて文革についての記述が詳細であるという特色がある。文字数で比較した場合、陝西省の県誌は他の省のものに比べて三倍近くを文革についての記述に費やしている[63]。このことが、陝西省における文革のプロセスを詳細に跡付ける上で、貴重な資料とデータを提供している。

最後に、県誌データの使用について、若干の補足をしておく。まず、自己検閲やデータ収集の不充分さからくる過小報告（underreporting）の可能性に触れておく必要がある[64]。ウォルダーと蘇は、県誌に記載されている犠牲者数（死者数、負傷者数、被迫害者数）と文革の記述に費やされた文字数には正の相関関係があることを確認した[65]。これは、文革についての記述が少なければ少ないほど、犠牲者数についても過小報告されている可能性があることを示唆している。本書では、陝西省の県誌にみられる文革についての記述が比較的詳細であることから、ウォルダーと蘇が行ったように、犠牲者数を文字数で加重することは行わない。その代わりとして、本書で計量分析が行われる際には、陝西省に文革当時存在した九三県のうち、県誌に文革についての独立した章や節（「文化大革命紀略」、「文化大革命誌」など）が設けられていない一八県を除外し、残った七五県をサンプルとする（ただし、質的分析についてはこの限りではない）。文革をテーマとした章、節には、ほぼ例外なく、犠牲者数、事件のタイミングなど基本的な情報は含まれており、データの偏りはないと判断できる[66]。いずれにせよ、本書は何よりもまず、陝西省の県誌に記された文革についての詳細な記述に基づいていることはいうまでもない。

註

（1）「支左」とは、一九六七年一月に中央が人民解放軍部隊に対し、それまでの文革不介入を改め、「積極的に広大な革命左派大衆の奪権闘争を支持し」、「無産階級革命左派に反対する反革命分子、反革命組織は断固として鎮圧」するよう求めたものである。中共中央、国務院、中央軍委、中央文革小組「関于人民解放軍堅決支持革命左派群衆的決定」（中発［六七］二七号、一九六七年一月二三日）、宋永毅主編『中国文化大革命文庫（CD-ROM）』（香港中文大学中国研究服務中心、二〇〇二年）、所収。

（2）陝西省地方誌編纂委員会編『陝西省誌・中国共産党誌（下）』（陝西人民出版社、二〇〇二年）九二九頁。

（3）三原県県誌編纂委員会編『三原県誌』（陝西人民出版社、二〇〇〇年）七二七–七三〇頁。

（4）安康市地方誌編纂委員会編『安康県誌』（陝西人民出版社、一九八九年）八九七、九〇一–九〇六頁。

（5）「中共中央、国務院、中央軍委、中央文革布告」（中発［六八］一〇三、一一三号、一九六八年七月三日、七月二四日）、『中国文化大革命文庫』、所収。前者（中発［六八］一〇三号）は広西壮族自治区、後者（中発［六八］一一三号）は陝西省に対して出されたものである。

（6）府谷県誌編纂委員会編『府谷県誌』（陝西人民出版社、一九九四年）五八一–五八五頁。

（7）Andrew G. Walder, "Beijing Red Guard Factionalism: Social Interpretations Reconsidered," *Journal of Asian Studies*, 61, No. 2 (May 2002), pp. 437–471.

（8）Harry Harding, "The Study of Chinese Politics: Toward a Third Generation of Scholarship," *World Politics*, Vol. 36, No. 2 (Jan., 1984), pp. 284-307.

（9）代表的なものとして以下を挙げることができる。A. Doak Barnett, *Cadres, Bureaucracy, and Political Power in Communist China*, New York: Columbia University Press, 1967; Franz Schurmann, *Ideology and Organization in Communist China*, Berkeley: University of California Press, 1968; and James R. Townsend and Brantly Womack, *Politics in China, 3rd Ed.*, Boston: Little, Brown & Co., 1986.

（10）Joseph W. Esherick, Paul G. Pickowicz, and Andrew G. Walder, "The Chinese Cultural Revolution as History: Introduction," in Joseph W. Esherick et al., eds., *The Chinese Cultural Revolution as History*, Stanford, CA: Stanford University Press, 2006, pp. 1–28.

(11) Robert Dahl, ***Who Governs? Democracy and Power in An American City***, New Haven: Yale University Press, 1961; Robert Dahl, ***Pluralist Democracy in the United States: Conflict and Consent***, New Haven: Yale University Press, 1967; Gabriel A. Almond and G. Bingham Powell, Jr., ***Comparative Politics: A Developmental Approach***, Boston: Little Brown, 1966; and Seymour Martin Lipset, Political Man: ***The Social Bases of Politics***, New York: Doubleday/Anchor Books, 1960.

(12) Harry Harding, ***Organizing China***, Stanford, CA: Stanford University Press, 1981; Kenneth Lieberthal and Michael Oksenberg, ***Policy Making in China: Leaders, Structures, and Processes***, Princeton, NJ: Princeton University Press, 1988; and Kenneth Lieberthal and David Lampton, eds., ***Bureaucracy, Politics, and Decision Making in Post-Mao China***, Berkeley: University of California Press, 1992.

(13) Hong Yung Lee, ***The Politics of the Chinese Cultural Revolution: A Case Study***, Berkeley: University of California Press, 1978.

(14) Anita Chan, Stanley Rosen, and Jonathan Unger, "Students and Class Warfare: The Roots of the Red Guard Conflict in Guangzhou," ***China Quarterly***, No. 83 (September 1980), pp. 397–446; Stanley Rosen, ***Red Guard Factionalism and the Cultural Revolution in Guangzhou*** (***Canton***), Boulder: Westview Press, 1982; and Jonathan Unger, ***Education under Mao: Class and Competition in Canton Schools, 1960–1980***, New York: Columbia University Press, 1982.

(15) Andrew G. Walder, ***Communist Neo-Traditionalism: Work and Authority in Chinese Industry***, Berkeley: University of California Press, 1986.

(16) Andrew G. Walder, "The Chinese Cultural Revolution in the Factories: Party-State Structures and Patterns of Conflict," in Elizabeth J. Perry, ed., ***Putting Class in Its Place: Worker Identities in East Asia***, Berkeley: University of California Institute of East Asian Studies, 1996, pp. 167–198.

(17) Andrew G. Walder, "Beijing Red Guard Factionalism"; "Ambiguity and Choice in Political Movements: The Origins of

Beijing Red Guard Factionalism," ***American Journal of Sociology***, 112, No. 3 (November 2006), pp. 710–750; "Factional Conflict at Beijing University, 1966–1968," ***China Quarterly***, No. 188 (December 2006), pp. 1023–1047; and ***Fractured Rebellion: The Beijing Red Guard Movement*** (Cambridge, Mass.: Harvard University Press, 2009).

(18) Mancur Olson, ***The Logic of Collective Action***, Cambridge, MA: Harvard University Press, 1971.

(19) Shaoguang Wang, ***Failure of Charisma: The Cultural Revolution in Wuhan***, Hong Kong: Oxford University Press, 1995.

(20) Alberto Melucci, ***Nomads of the Present: Social Movements and Individual Needs in Contemporary Society***, Philadelphia: Temple University Press, 1989; David A. Snow, E. Burke Rochford, Jr., Steven K. Worden, and Robert D. Benford, "Frame Alignment Processes, Micromobilization, and Movement Participation," ***American Sociological Review***, Vol. 51, No. 4 (1986), pp. 461–481; and David A. Snow and Robert D. Benford, "Master Frames and Cycles of Protest," in Aldon Morris and Carol M. Mueller, eds., ***Frontiers in Social Movement Theory***, New Haven, Conn.: Yale University Press, 1992, pp. 133–155.

(21) Elizabeth J. Perry, and Li Xun, ***Proletarian Power: Shanghai in the Cultural Revolution***, Boulder: Westview Press, 1997; and Ron Aminzade, Jack A. Goldstone, and Elizabeth J. Perry, "Leadership Dynamics and Dynamics of Contention," in Ronald R. Aminzade, et al., eds., ***Silence and Voice in the Study of Contentious Politics***. New York: Cambridge University Press, 2001, pp. 126–154. また、陳佩華も以下の研究で、アドルノの「権威主義的人格」の概念を応用しつつ、紅衛兵の行動パターンの分析を行った。Anita Chan, ***Children of Mao: Personality Development and Political Activism in the Red Guard Generation***, Seattle: University of Washington Press, 1985.

(22) Jonathan Unger, "Cultural Revolution Conflict in the Villages," ***China Quarterly*** 153, 1998, pp. 82–106; and Richard Madsen, "The Politics of Revenge in Rural China during the Cultural Revolution," in Jonathan N. Lipman and Stevan Harrell, eds., ***Violence in China: Essays in Culture and Counterculture***, Albany: SUNY Press, 1990, pp. 175–201.

(23) Yang Su, "Mass Killings in the Cultural Revolution: A Study of Three Provinces," in Joseph W. Esherick, Paul G.

Pickowicz, and Andrew G. Walder, eds., *The Chinese Cultural Revolution as History*, Stanford, CA: Stanford University Press, 2006, pp. 96–123; and *Collective Killings in Rural China during the Cultural Revolution*, New York: Cambridge University Press, 2011.

（24）Xueguang Zhou, “Unorganized Interests and Collective Action in Communist China.” *American Sociological Review*, 58, 1993, pp. 54–73.

（25）同右、五八頁。

（26）Lynn T. White, III, *Policies of Chaos: Organizational Causes of Violence in China's Cultural Revolution*, Princeton: Princeton University Press, 1989.

（27）金野純『中国社会と大衆動員——毛沢東時代の政治権力と民衆』（御茶の水書房、二〇〇八年）二三六頁。

（28）スチュアート・R・シュラム（北村稔訳）『毛沢東の思想——〜一九四九年／一九四九〜七六年』（蒼蒼社、一九八九年）、加々美光行編『現代中国の挫折——文化大革命の省察』（アジア経済研究所、一九八五年）、加々美光行『歴史のなかの中国文化大革命』（岩波書店、二〇〇一年）。

（29）中嶋嶺雄『北京烈烈——文化大革命とは何であったのか』（講談社学術文庫、二〇〇二年）、中嶋嶺雄『中国——歴史・社会・国際関係』（中公新書、一九八二年）九一－一〇三頁。

（30）ウィリアム・コーンハウザー（辻村明訳）『大衆社会の政治』（東京創元社、一九六一年）。

（31）Theda Skocpol, *States and Social Revolutions: A Comparative Analysis of France, Russia, and China*, Cambridge: Cambridge University Press, 1979.

（32）Farideh Farhi, *States and Urban-Based Revolutions: Iran and Nicaragua*, Urbana and Chicago: University of Illinois Press, 1990; Tim McDaniel, *Autocracy, Modernization, and Revolution in Russia and Iran*, Princeton, NJ: Princeton University Press, 1991; Timothy P. Wickham-Crowley, *Guerrillas and Revolution in Latin America*, Princeton, NJ: Princeton University Press, 1992; Theda Skocpol, *Social Revolutions in the Modern World*, Cambridge: Cambridge

University Press, 1994; John Foran, ed., *Theorizing Revolutions*, London: Routledge, 1997; and Jeff Goodwin, *No Other Way Out: States and Revolutionary Movements, 1945–1991*, Cambridge: Cambridge University Press, 2001.

(33) Jack A. Goldstone, *Revolutions: Theoretical, Comparative, and Historical Studies*, Belmont, CA: Wadsworth/Thomson Learning, 2003; and Timothy P. Wickham-Crowley, "Structural Theories of Revolution," in John Foran, ed., *Theorizing Revolutions*, London: Routledge, 1997, pp. 38–72.

(34) マイケル・マン（森本醇・君塚直隆訳）『ソーシャル・パワー：社会的な〈力〉の世界歴史Ⅱ――階級と国民国家の「長い19世紀」（上）』（NTT出版、二〇〇五年）六二頁。

(35) Joel S. Migdal, *Strong Societies and Weak States*, Princeton, NJ: Princeton University Press, 1988.

(36) Andrew G. Walder, "When States Unravel: How China's Cadres Shaped Cultural Revolution Politics," in Kjeld Erik Brødsgaard and Susan Young, eds., *State Capacity in East Asia: Japan, Taiwan, China, and Vietnam*, Oxford: Oxford University Press, 2000, pp. 157–184.

(37) また、ここで、国家の「能力」について論じることはあまり意味をなさない。文革期の国家は「『強かった』のか、『弱かった』のか」、国家とは、「中央（中共中央、国務院、中央軍事委員会、中央文革）のことを指すのか、地方権力機構のことか、またはその両方か」、また、「文革中のどの時期・時点か」など、「国家」の定義、文革の捉え方によって大きく異なってくる。

(38) Joel S. Migdal, "The State in Society: An Approach to Struggles for Domination," in Joel S. Migdal, Atul Kohli, and Vivienne Shue, eds., *State Power and Social Forces*, Cambridge: Cambridge University Press, 1994, pp. 7–34; and *State in Society: Studying How States and Societies Transform and Constitute One Another*, Cambridge: Cambridge University Press, 2001.

(39) 天児慧『中華人民共和国史』（岩波新書、一九九九年）七七頁。

(40) 国分良成「『歴史』としての文化大革命」国分良成編著『中国文化大革命再論』（慶應義塾大学出版会、二〇〇三年）

一一四頁の八頁。

(41) Jack A. Goldstone, "Initial Conditions, General Laws, Path Dependence, and Explanation in Historical Sociology," ***American Journal of Sociology***, Vol. 104, No. 3 (November 1998), pp. 829–845.

(42) Andrew G. Walder, "Beijing Red Guard Factionalism"; "Ambiguity and Choice in Political Movements"; "Factional Conflict at Beijing University, 1966–1968"; and ***Fractured Rebellion***.

(43) Doug McAdam, ***Political Process and the Development of Black Insurgency, 1930–1970, 2nd Ed.***, Chicago: University of Chicago Press, 1999, pp. vii–xlii (Introduction to the Second Edition); Doug McAdam, Sidney Tarrow, and Charles Tilly, ***The Dynamics of Contention***, New York: Cambridge University Press, 2001; and Charles Tilly and Sidney Tarrow, ***Contentious Politics***, Boulder, CO: Paradigm Publishers, 2007.

(44) Doug McAdam, ***Political Process and the Development of Black Insurgency, 1930–1970***, Chicago: University of Chicago Press, 1982; Sidney Tarrow, ***Power in Movement: Social Movements, Collective Action and Mass Politics in the Modern State***, Cambridge: Cambridge University Press, 1994; and Doug McAdam, John D. McCarthy, and Mayer N. Zald, eds., ***Comparative Perspectives on Social Movements: Political Opportunities, Mobilizing Structures, and Cultural Framings***, Cambridge: Cambridge University Press, 1996.

(45) McAdam et al., ***The Dynamics of Contention***, p. 24.

(46) 同右、二九頁。

(47) ボウムは、当時の時代的制約もあり、自身の主張に制限を加えている。それによれば、文革は、「一九六六年春から一九六八年秋まで、主に都市の現象であった」とされる。これは、文革の時期区分でいえば、文革の開始から派閥組織間の武闘の時期までを含み、その後の革命委員会による統治の時期は含まれないことになる。しかし、本論が以下で示すように、遠隔の農村地域もすでに一九六六年末頃までには文革による混乱に見舞われていた。Richard Baum, "The Cultural Revolution in the Countryside: Anatomy of a Limited Rebellion," in Thomas W. Robinson, ed., ***The Cultural Revolution in***

China, Berkeley: University of California Center for Chinese Studies, 1971, pp. 367–476.

（48）鄭義『紅色紀年碑』（台北：華視文化公司、一九九三年）、宋永毅（主編）『文革大屠殺』（香港：開放雑誌社、二〇〇二年）。

（49）Andrew G. Walder and Yang Su, "The Cultural Revolution in the Countryside: Scope, Timing and Human Impact," ***The China Quarterly***, No. 173 (March 2003), pp. 74–99; Yang Su, "Mass Killings in the Cultural Revolution"; and Yang Su, ***Collective Killings in Rural China during the Cultural Revolution***.

（50）Jonathan Unger, "Cultural Revolution Conflict in the Villages," ***The China Quarterly***, No. 153 (March 1998), pp. 82–106.

（51）McAdam et al., ***The Dynamics of Contention***, p. 157; Tilly and Tarrow, ***Contentious Politics***, p. 215; and Charles Tilly, ***The Politics of Collective Violence***, New York: Cambridge University Press, 2003, p. 21.

（52）Baum, "The Cultural Revolution in the Countryside."

（53）McAdam et al., ***The Dynamics of Contention***, pp. 133–134; and Charles Tilly, ***Identities, Boundaries, and Social Ties***, Boulder, CO: Paradigm Publishers, 2005.

（54）このフレーズは、L・A・コーザーの著作の第八章のタイトルとして用いられたものである。Lewis A. Coser, ***The Functions of Social Conflict***, New York: The Free Press, 1956.

（55）同右、一四八–一四九頁。

（56）S. N. Eisenstadt, ***Revolution and the Transformation of Societies: A Comparative Study of Civilization***, New York: Free Press, 1978.

（57）Walder, ***Communist Neo-Traditionalism;*** and Jean C. Oi, ***State and Peasant in Contemporary China***, Berkeley: University of California Press, 1989.

（58）D. E. H. Russell, ***Rebellion, Revolution, and Armed Force***, New York: Academic, 1974.

（59）Tilly, ***The Politics of Collective Violence***, pp. 14–15.

(60)　また、一般に、「市誌」の文革についての記述は、「県誌」よりも詳細さと具体性に欠け、有益な情報が少ないということも、都市を除外した理由である。
(61)　この段階のデータの概要については、以下を参照。Walder and Su, "The Cultural Revolution in the Countryside."
(62)『県誌』以外では、主に『省誌』各巻、『地区誌』、『県（市）軍事誌』、各県（市）の『党組織史資料』などの資料を用いた。また、これら以外に、人口・社会統計データに関しては以下を利用した。陝西省統計局編『陝西省地市県歴史統計資料彙編（一九四九―一九九〇）』（中国統計出版社、一九九一年）。
(63)　陝西省の県誌の平均は一万六八九文字であるのに対して、その他の省の県誌の平均は三七七二文字に過ぎない。以下を参照のこと。Walder and Su, "The Cultural Revolution in the Countryside," p. 81, Table 1.
(64)　この場合、「過大報告」の可能性は少ないといえる。中国の現時点での政治状況からみて、地方幹部が文革時の事件や犠牲者数を誇張しても得るものは少ないと考えられるからである。
(65)　Walder and Su, "The Cultural Revolution in the Countryside."
(66)　また、「データの偏り」を判定するために、「文革による死者数」と「文革に費やされた文字数」という二つの変数間の関係を統計的に検定した。陝西省の全九三県（一九六六年当時）をサンプルとした場合、両変数間の関係を排除できなかったが、文革についての独立した章、節を含まない一八県を除外したところ、両変数間の関係は認められなかった（$p > 0.05$）。

第一章 「経験交流」と造反運動の拡散

一 問題提起と仮説

文化大革命（以下、文革と省略）は、都市部のみならず農村部をも巻き込んだ全国的な争乱であったことが最近の研究で明らかになりつつある。特に文革の暴力的側面に関しては、農村部における人的被害は都市に勝るとも劣らなかったということが明らかになっている。[1] しかし、都市で開始された政治運動がどのように農村へと拡散していったのかについては、実証的な研究がほとんどなされておらず、不明な点が多い。[2] 広大な国土をもち、伝統的に都市と農村の隔絶によって特徴付けられてきた中国社会において、[3] 文革がどのように（また、どのようなメカニズムによって）都市から農村へと拡散していったのかが問われなければならない。

文革の拡散についての研究は進んでいないが、総じて文革研究には暗に三つのイメージ・仮定が含まれていたといえる。まず、文革の主な原因を政治理念や政策をめぐる最高指導者間の権力闘争や、毛沢東個人の政治理念というエリート政治に求める見方がある。[4] この見方は、文革当時の国家・社会関係について、毛沢東というカリスマ的指導者と受動的な客体（＝大衆）という大衆社会的イメージを暗黙のうちに前提としているといえる。[5] 大衆社会は、エリートと非エリートの間の中間的関係の衰退を特徴とすることから[6]、文革の大衆運動は新聞やラジオ放送などマス・メディアを通じたカリスマ的指導者による大衆の直接的動員によって惹き起こされ、拡大されたと操作化（operationalize）することができる。

一方、大衆社会的イメージと対極に位置するのが、「集合行為」（collective action）[7]的イメージである。この見方は、文革の発動が社会に内在していたさまざまな利害関係を顕在化させ、現状維持勢力と現状打破勢力との派閥抗争をもたらしたとする。[8]文革の発動は、「紅五類」子女と非「紅五類」子女、共産党ネットワークの受益者と非受益者など異なる社会集団に「政治的機会」（political opportunities）を提供し、人々は個々の利害関係に応じて「自発的」に立ち上がったとする。[9]

文革の拡散についての第三のイメージは、ネットワーク・イメージ[10]である。A・ウォルダーによれば、文革期の工場における派閥抗争は、党ネットワークをめぐる対立を中心に展開した。[11]これを、拡散プロセスに応用すると、文革は何らかの公式ネットワークを通じて全国各地へと拡大されたという仮説を導き出すことができる。後に説明するように、ここでは文革の抗争が紅衛兵の「経験交流」（串連）というネットワーク構築のメカニズムを通じて拡大されたとの仮説を立てる。

本章は、陝西省の九三県を事例として、文革が都市から農村へどのように拡散していったのかを明らかにすることを目的とする。検証に当たり、複雑で多面的な「文革現象」のなかから、「県党委員会への最初の造反」というイベントに焦点を当てる。[12]県党委員会（以下、党委員会は党委と省略）は、いうまでもなく本論の分析単位である県レベルにおける権力の中枢である。毛沢東が文革を発動した目的の一つが、大衆動員的手法による地方権力機構の粛清であったことを考えると、県党委への造反の拡散が地方・農村部への文革の浸透度を測る指標となるであろう。また、

表1-1　最初の造反の拡散（1966年6〜12月）（N=72）*

	造反が生じた県の数	西安からの平均距離（km）	関中平原に位置する県の割合[+]
6月	2 （0.03）	263	0.50
7月	0 （0.03）	—	—
8月	26 （0.39）	156	0.65
9月	5 （0.46）	151	0.60
10月	7 （0.56）	156	0.43
11月	11 （0.71）	189	0.18
12月	11 （0.86）	281	0.18
なし （年末まで）	10 （1.00）	194	0.30

（注）第1列の括弧内の数字は、累積割合。
*1966年当時陝西省に存在した93県中、その県誌に文革についての独立した章または節が含まれていない18県を計量分析から除外し、さらに造反には言及しているもののそのタイミングを明らかにしていない3冊（県）を除いた結果、サンプル数は72となった。
[+]関中平原には、宝鶏、渭南、西安、咸陽の4地区（地区級市）と39県が存在した。

大衆運動の側面からみると、県党委への造反は、運動を学校、職場単位などの組織レベルから県レベルへと拡大することとなり、一つの分岐点となった[13]。陝西省では、一九六六年末までに、遠隔地を含む八六パーセントの県で、政治指導部への造反が生じることになった（表1―1）。政治権力の中枢である県党委に矛先が向けられたことにより、各県の政治情勢は急速に流動化し、これ以降、奪権闘争から暴力的な派閥抗争の局面へと移行していった。

二　ブローカレッジとしての「経験交流」

本章は、文革の造反運動がネットワーク構築のメカニズムとしての経験交流を通じて、都市から農村へと拡大されたと仮定する。

「経験交流」の原語である「串連」とは、本来「順繰りにつながりをつける」ことを意味するが、文革期には全国各地の紅衛兵たちが革命の経験を交換し合うこと、またそのために旅をして回ることを意味する言葉として広く用いられた。経験交流の発端は定かではないが、毛沢東は、一九六六年六月一〇日に杭州で開かれた中央政治局常務委員会拡大会議で、「全国各地の学生を無料で上京させ、北京で大騒ぎさせてこそ喜ばしい」と述べたとされる。[14]この時点で北京を離れていた毛は、全国各地の学生を上京させ、中央指導部を攻撃させることをもくろんでいたようである。同じ六月、北京では大学生・中学生が、学校外での活動を禁止した「中央八条」[15]にもかかわらず、互いに交流し合い、工作組批判を展開した。七月半ばに北京に戻った毛は、学校間の経験交流を禁止した工作組のやり方を「学生運動を弾圧」していると批判した。[16]また、一部の地方都市の教師・学生が上京し、地方指導部による弾圧の実態を訴えた。中央文化革命小組（以下、中央文革）は、これらの地方からやってきた教師・学生に利用価値を見出し、八月一六日、「地方教員・学生大衆大会」を開催して彼らの行動への支持を表明した。[17]このように、経験交流は、毛沢東、中央文革が、北京や地方都市の学生の「自発的な」行動を取り込むかたちで概念化・制度化されていったと思われる。

経験交流は、八月一八日の毛沢東による紅衛兵接見[18]以後、制度化されていった。接見大会当日の夜、首都の紅衛兵から成る最初の「南下」グループが、西安、蘭州など北西方面と武漢、長沙、広州など南方面へと旅立っていった。[19]八月中旬から下旬には、首都の紅衛兵は西安、天津、長沙、鄭州、青島、合肥などの都市で、省や市の党委・指導幹部への攻撃を試み、「赤衛隊」と称する地元の学生、労働者、農民の反撃にあった。

一方、全国各地から北京を訪れる「北上」学生は日増しに増加し、八月三一日に行われた第二回接見大会において、周恩来は共産党中央委員会（以下、党中央または中共中央）が全国の学生・教職員を北京に招待することを発表した。これを受け、九月五日、党中央・国務院は通知[20]を出し、地方の学生に対して経験交流のために組織的に首都を訪れるよう呼びかけるとともに、そのための旅費、食費、その他の費用は政府が負担することを伝達した。同通知に基づき、各地には「紅衛兵接待所」が設けられたが、鉄道、バス、客船など交通機関は紅衛兵たちであふれ、麻痺状態に陥った。一〇月二二日、『人民日報』は「紅衛兵は遠征の苦難を恐れない」と題する社説を掲載し、徒歩での経験交流を呼びかけた。これを受け、周恩来は一〇月二八日の中央工作会議での講話で、「軍隊式の全行程徒歩での経験交流」を行わせることと、冬に入ることを理由に一一月一八日以降各地の学生・教職員を帰郷させることを求めた[21]。また、中央文革は経験交流のために学校が閑散となった状況をみて、学生を早急に学校に帰し、造反運動を行わせる必要があるとの考えに至ったという[22]。しかし、学生たちは無賃乗車をやめず、一一月一六日、党中央・国務院は、翌年四月まで経験交流を一時停止することを告知した[23]。その後、三月一九日に「全国における大串連を引き続き停止し、先に定めた今年春以降に大串連を再開する計画は取り消す」ことが決定され、経験交流の「一時停止」が解除されることはなかった[24]。

紅衛兵の経験交流が文革の拡散に果たした役割については、これまでにも指摘されてきた。例えば、厳家祺と高皋の『文化大革命十年史』は、主にエリート・レベルの権力闘争に視点を置いた研究であるが、その「日本語版序文」には、「一億人を超える紅衛兵の『大交流』は、文革の狂潮を辺境や奥地の山岳地帯へまで至らせた」との指摘がみられる[25]。また、上海の文革についての研究からは、北京からの「南下」学生が上海の文革を拡大させるとともに、労働者、学生の派閥分化と組織化を促したことが明らかになっている[26]。これらの指摘は重要な示唆を含むものではあるが、依然として都市から農村への拡散のプロセス、さらにはなぜ都市とは政治情勢も社会構造も異なる農村で抗争を煽ることができたのかなど不明な点が多い。文革の都市から農村への拡散プロセスを実証的に跡付けることにより、そのメカニズムを解明する必要があろう。

経験交流は、ネットワーク構築のメカニズム、すなわち一種の「ブローカレッジ（brokerage）」とみなすことができる。ここで「ブローカレッジ」とは、「以前は関係がなかったか、弱い関係しかもたなかった二つ以上の社会的場（social sites）をより直接的に結びつける」ことを意味する。[27] 分断され、「弱い関係」しかもたなかった毛沢東時期の都市と農村を結びつけ、造反の火をつけて回ったのが、「毛主席の使者」としての紅衛兵たちであった。都市の紅衛兵たちは、農村を訪れるとまず（初級・高級）中学校を訪れ[28]（また多くの場合学校に宿泊し）、地元学生たちに都市の動向を伝え、造反へと立ち上がらせた。したがって、農村部における造反運動は、中央の指導者たちとのマス・メディアを通じた「直接的コミュニケーション」によって惹き起こされたのでも、学生や労働者、農民が自発的に立ち上がったのでもなく、都市の紅衛兵による組織的・体系的な扇動によって拡大されたのである。農村にはそれぞれ固有の対立、不満も存在していたことは考えられるが、それらは内発的に顕在化したわけではなかった。大半の農村住民は、都市の紅衛兵というブローカーによる扇動を通じてはじめて政治指導部に対して立ち上がったのであった。

三　工作組をめぐる政治プロセス

六月一日、北京大学党委と北京市党委を攻撃した聶元梓らの大字報がラジオ放送されると、翌二日には西安交通大学（以下、西安交大）をはじめ西安のほぼすべての大学には大字報が貼り出された。また、教員・学生が街頭デモを行い、学校指導幹部を批判闘争にかけた。[29] 西安交大には、七〇〇〇枚以上の大字報が貼り出され、学校党委と党委書記兼校長の彭康が「社会主義文化大革命」への学生の参加を支持しなかったとして批判された。二日夜、中共中央西北局は会議を開き、西安交大に省党委書記処書記の厳克倫を組長とする工作組を派遣することを決定し、[30]翌早朝の二時には工作組が同大学に進駐した。[31]三日、陝西省党委は西安交大以外の各大学にも工作組を派遣することを決定するとともに、学生の活動を校内に制限するために、「大字報を校外に貼り出さない」、「国家機密に触れない」、「校外で公開批判（声討）会を行わない」、「街頭でデモを行わない」、「悪党による破壊活動を警戒し、良好な革命秩序を打ち立てる」との五点指示を行った。[32]その結果、四日には各校の秩序は一時的に回復した。

六月五日、西安交大の工作組は校内放送を通じて、大学党委の路線は革命的か反動的かを討論してもよいと呼びかけたことが、学生の反発を招く結果となった。[33]このため、西安交大には再び多数の大字報が出現し、攻撃の矛先は工作組のみならず直接省党委にも向けられるようになった。六日、学生たちは、「工作組の十大陰謀」、「十大罪状」などと題した大字報を校内外に貼り出し、「工作組を追い出せ」、「障害物を取り除き、自ら革命をやろう」、「省党委員会、西北局の黒いつながりをえぐり出せ」などのスローガンを叫んだ。[34]また、一部の学生は厳克倫を取り囲んで口論し、他の学生たちは西北局、省党委に押しかけた。彼らはまた、党中央と毛沢東に電報を打ち、北京に代表を派遣して中央文革から直に支持を得ようともくろんだ。これが、西安交大の「六・六事件」であった。

六月九日、省党委は西安交大の工作組を増員して工作団と改名し、厳克倫を改めて団長に任命するとともに、新たに工作団党委を成立させた。工作団は秩序強化に着手し、一部の学生に対して批判と審査を行った。一七日、省党委は再度「五点指示」を発するとともに、西安交大工作団の経験を紹介した。[35]翌一八日、『陝西日報』社説は西安交大「六・六事件」を「用意周到に計画された重大な反革命事件である」と断罪した。工作団によって批判闘争にかけられた学生の李世英（後の「東派」のリーダー）は自殺（未遂）を図った。[36]

一方、聶元梓らの大字報と西安交大「六・六事件」が省内各県に与えた影響は限定的であった。この時期、学生による批判の矛先が学校幹部に向けられることはあったが、県党委にまで及んだケースはまれであった。県誌データによれば、六月に県党委への造反が生じたのは二県のみである（表1－1）。興味深いことに、その一つは内モンゴル自治区と境界を接する省北端の楡林県で発生した。聶らの大字報が『人民日報』に掲載された六月二日、楡林中学の学生一名が、「楡林地区党委員会は大黒店である」と題する最初の大字報を貼り出した。[37] これに続いて、四〇名あまりの土木労働者が楡林鐘楼前に「県人民委員会の黒店へ向けて発砲せよ」という大字報を貼り出したという。しかし、この動きは周辺の各県には波及しなかった。もう一つの例は、六月一九日、西安の北七〇キロメートルの耀県で、地元出身の西安交大生三名が「帰郷して点火」し、「県党委を砲撃せよ」という大字報を貼り出したというものである。[38]これらのケース以外には、学生による批判が学校から溢れ出し、県党委に向けられた例は見受けられない。このことから、六月に生じた造反には、西安の大学生とのつながりなど、何らかの特別な背景があったものと思われる。大半の県では、学生の活動は学校内に留まっていたのみならず、学校党組織の指導の下に行われていた。

各県の中学校で、学生による学校党組織、幹部への批判が活発化したのは、工作組が進駐した後であった。陝西省の各県では、六月半ば前後に工作組が相次いで学校や他の文教単位に派遣された。[39] しかし、工作組進駐以前に、学生と学校幹部の対立が深刻化していたわけではなく、工作組の派遣は学校内の状況への対応というよりは、上級機関の指示によって行われたものと思われる。北京や西安では、学校内の対立の先鋭化への対応として工作組が派遣されたが、[40] 陝西省の各県の場合、学生と学校指導幹部との対立が深刻化する前に、上級機関の指示によって工作組が派遣された。学生は、多くの場合、工作組進駐後に促されて学校指導幹部を攻撃し始めたのであった。大都市と地方の県では、工作組派遣をめぐるプロセスに以上のような相違があった。

学校に進駐した工作組は、学生による教師と学校幹部に対する批判を主導した。工作組は、数名から十数名の党政機関幹部から構成され[41]、組長は県長、副県長、県党委副書記、教育局長、宣伝部長などが担当した。工作組は、出身階級（階級成分）や文革への態度を基準に、教師・学生を「左派」、「中間派」、「右派」に分け、「左派」学生を組織し、「大鳴、大放、大字報[42]」を奨励して教師・学校幹部を摘発させた。ある中学では、六三九名の教師・学生中、「左派」とされたのは一四三人のみで（学生は「左派」のみ選別され、「中間派」、「右派」は分類されなかった）、教師は「左派」がわずかに九人、「中間派」は二〇人、「右派」は八人であった[43]。特に教学、生活上の問題があるとされたり、「出身が良くない」とされた教師と学校幹部が標的にされた。また、学生に教師・幹部の問題を暴露させるために、工作組が档案（身上調書）を公表したところもあった[44]。しかし一方では、工作組は学生の活動に「大字報を街頭に貼り出さない、内と外を区別する、校外で集会や行進を行わない」などの制限を加えた[45]。

一部の県では、北京や西安と同じように、中学生が工作組に反抗したケースも見られた。渭南地区華県の咸林中学では、六月下旬、県教育局長に率いられた工作組が進駐するや、学校党支部を脇へ追いやり、学生の活動を制限し始めた。そのとき、ある学生がクラス主任の問題を暴露する大字報を貼り出したところ、工作組に咎められた。不満を抱いた同学生は、今度は「工作組、学生運動を弾圧する」と題する大字報を工作組が駐留していた建物の門前に貼り出した。その後工作組が同学生を非公式に「右派」と定めたことを知った学生・教師は、抗議のために立ち上がった[46]。また、楡林地区の子洲県では、双湖峪中学の学生数人が七月中旬に工作組に反対する大字報を貼り出したところ、工作組は直ちに自らに忠実な学生・教師を動員し、反抗的な学生を順に批判闘争にかけたという[47]。

しかし、これらのケースは例外であり、他の大半の県では、学生と工作組の対立は、八月半ば以前は報告されていない。工作組批判が拡大したのは、「十六条」が公布され、工作組が撤収された八月半ば以降のことであった。また、後述するように、一部の県では省党委の指示に背いて八月以降も工作組を駐留させ続けた。つまり、大半の県では、都市とは異なり、そもそも学生と学校指導幹部との対立が深刻化していなかったにもかかわらず、上級機関の指示により工作組が派遣されたが、その引き揚げも、学生と工作組の対立の結果としてではなく、上からの指示によって行われた。学生たちは、むしろ工作組が突如引き揚げられたことによって、その「方向性と路線性の誤り」を認識したといえる。

また、これらの県で学生と工作組との対立が拡大しなかったもう一つの理由として、「教師夏期集訓会」（以下、「教師集訓会」）によって教師が学生から隔離されたことがある。学校が夏期休暇に入った七月半ば以降、陝西省の各県ではすべての小中学校教師が一所に集められ、数ヶ月にわたる監禁の上、さまざまな迫害が加えられた。詳細は次章で述べるが、「集訓会」は教師・学校幹部を反抗的な学生から隔離することによって、県当局がより統制された環境で政治運動を行うことを可能にした。このように、学校に工作組が駐留した六月から七月にかけて、大半の県では、学生と工作組の対立は深刻化しておらず、また県党委に批判の矛先が向けられることもなかった。各県における文革は、八月半ばまではおおむね県党委（または、社教工作団[48]）の主導の下で進展したといえる。

四　造反運動の第一波（一九六六年八月）

七月一八日、南方の杭州で機をうかがっていた毛沢東が北京に戻り、攻勢に出た[49]。二四日、毛は学校への工作組の派遣と経験交流を禁止するやり方は「学生を弾圧」するものであると批判し、工作組撤収を命じた[50]。これらの措置は、いうまでもなく文革遂行のために学生のエネルギーを解き放つことを意図したものであった。八月八日、中共第八期中央委員会第一一回総会（一一中全会）において、毛の強力なイニシアティブの下、文革の全面展開を宣言する「プロレタリア文化大革命に関する決定」（「十六条」）が採択された（翌日公表）[51]。「十六条」は、「反動的学術権威」から「走資派」へと攻撃の矛先を転じたのみならず（第一条）、工作組が反抗的な学生に弾圧を加えた問題を厳しく叱責し、殺人、破壊行為など明らかな違法行為を除き、学生に対していかなる懲罰（整）も加えるべきではないとした（第七条）。これは、工作組派遣を全面否定することにより学生を解き放ち、工作組派遣の当事者であった地方党指導部に対する攻撃へと差し向けることを意図していた。

中央による突然の方針転換に、地方の指導者たちは不意を衝かれる結果となった。地方の指導幹部たちは、上級の指示に従って工作組を派遣したが、今度はそれが「方向、路線の誤り」であったといわれ、工作組を撤収するよう命じられたのである。これは、県指導部のみならず、省レベルでも同じことであった。西北局、陝西省党委は、八月三日、「工作組は大中小学校にあまり適合しておらず、撤収することを決定する。厳克倫を責任者とする交通大学の工作組は方向性、路線性の誤りを犯した」と発表することを余儀なくされた。これを受け、西安市街には、翌日の四日から学校党委、省党委を批判する大字報が貼り出され、「走資派」に対する批判闘争が至る所で発生した[52]。五日、西安交大では三日の工作組撤収の決定に基づき、「工作団」が活動を停止した[53]。一三日、同大学で一万人による弁論大会が開かれ、「工作団に反対することを手始めに、陝西省委、西北局の黒根黒線を深くえぐり出す」ことが提起された。翌一四日から一六日にかけて、西安交大の学生が「陝西省委を砲撃し、西北局を焼き払おう」のスローガンを貼り出したが、省党委の門前で取り囲まれ、殴打された。これに対し、西安交大、西北工業大学（西工大）などの学生・教員が一六日から一八日にかけて、省党委の門前で抗議の座り込みを行った。二〇日、西安市当局は五〇万人を動員して「文化大革命決起集会（誓師大会）」を挙行したが、その際にデモ行進中の西安交大の学生・教員七～八〇〇人が取り囲まれ、殴打される事件が発生した。このように、西安では、学生による造反運動の高まりに対し、西北局、省党委が「労働者、農民を学生にけしかける」事態が深刻化した。これに対し、中央は『人民日報』社説（一九六六年八月二三日）で、「労働者、農民を扇動して革命的学生と闘わせるやり方は、きわめて反動的で、党の路線に全く背くもの」であると警告を発した[54]。

県レベルでは、工作組撤収問題に関する対応が分かれた。例えば、楡林地区では、楡林県が八月六日に早くも工作組を撤収することを決定したが[55]、地区内の他の県は、これに倣って直ちに工作組を撤収したわけではなかった。府谷県では八月半ばに、県党書記が西北局での会議に出席後、常務委員会において突如、「府谷中学の工作組は『資反路線』を行った責任を負わなければならない」と発言して、同席者を当惑させた[56]。二〇日、省党委からの電話指示により、府谷中学の工作組は全校の学生・教師の面前で自己批判を行った。そして二三日になり、同中学の工作組は、巡視員、観察員、連絡員各一名を残し、ようやく撤収されたという。また、米脂県と綏徳県では、それぞれ一〇月、一一月になりようやく北京の各大学で紅衛兵が工作組を追い出したという消息が伝わり、中学生たちが「教師集訓会」に参加していた教師とともに工作組への批判を開始した。その結果、少数の連絡員を残し、工作組は撤退したという[57]。これらの県の指導幹部が上級の指示に反して工作組を撤収しなかったのは、工作組を引き揚げる必要性を感じていなかったためと思われる。このことからは、多くの県では学生と工作組の対立が深刻化していなかったこと、また県指導部内に工作組をめぐる中央の急な方針転換への戸惑いがあったことが窺える。

陝西省県域で最も早く県党委への造反が生じたのは、西安市近郊の県であった。前述のように、西安では八月四日以降、工作組と省党委への攻撃が行われるようになったが、一〇日頃からは西安交大、西工大、西北大、陝西師範大学（陝師大）、陝西工業大学（陝工大）などの学生が近隣の県の中学、師範学校などに手紙や資料（材料）を送ったり、直接経験交流に訪れるなどして扇動を始めた[58]。八月一三日、西安交大の学生は、西安の東隣の臨潼県華清中学を訪れ、学生・教師を扇動した。学生たちは工作組長を県党委へと連行し、県党委書記、副書記ともども批判闘争にかけた。[59]同じく一三日、西安の北西約六〇キロメートルに位置する礼泉県では、同県出身の西安交大、西北大の学生が「打回礼泉戦闘隊」を編成して帰郷し、地元の中学生と経験交流を行った。彼らと地元の中学生は、県内で最初の「革命無罪、造反有理」の大字報を貼り出し、教師集訓会を攻撃した。八月末、集訓会に参加した教師の一部がその他の教師・学生、農村の積極分子とつながりをつけ、県党委・人民委員会（以下、人委）指導者による「資産階級反動路線」を批判する一万人規模の大会を行った。[60]

八月一八日の天安門広場での紅衛兵接見大会以降、西安近郊での造反運動が本格化した。同日夜、毛による接見を受けた北京の紅衛兵の一部が西安を含む各地へと出発し、「経験大交流」を開始した。翌一九日、西安に到着したのは、北京の軍政学校、北京市第五七中学、北京市第八中学、育英中学などの学生たちであった。[61]八月二九日までの一〇日余りの間に、北京など省外から西安を訪れた学生は一万人以上に及んだという。北京の学生たちは西安の学生とともに省党委、西北局、陝西日報社を攻撃した。

北京からの紅衛兵来訪の影響は、西安近郊の県にも及んだ。西安の北西約七〇キロメートルの乾県では、八月中旬、北京の紅衛兵と西安交大の学生がともに来県し扇動（煽風点火）を行ったところ、教師集訓会が直ちに教師を組織して学生たちを袋叩きにした。[62]二五日、乾県師範、乾県一中の学生が、街頭を練り歩き、「革命無罪、造反有理」、「乾県党委を砲撃せよ」などの大字報を貼り出した。二八日夜、市街地で造反を吹聴していた学生を地元住民と集訓会の教師が取り囲み、大規模な衝突に発展した。また、翌日には、人民公社によって組織された農民が、隊列を組んで学生の造反に反対する街頭デモを行い、相前後して県内各所で農民が学生を袋叩きにする事件が発生した。このため、咸陽地区党委は、乾県党委に対してこの種の事件を直ちに抑制するよう要求したという。

経験交流を行う都市の学生たちは、次第に行程を延ばしていった。八月二九日、陝師大第二付属中学の学生二人が、西安の北西約一二〇キロメートルの彬県で地元の中学生を唆し、校外へ出て造反するよう仕向けた[63]。彼らは、県党委の門前で座り込みを行い、工作組を用いて「革命大衆運動」を抑圧したとして闘争の矛先を直接県党委に向けた。このように、造反運動は、経験交流を通じて西安近郊から周辺へと次第に拡大していった。

この時期の造反運動の多くは西安近郊で生じたが、一部は遠隔地域でも発生した。これには、二つのパターンが見受けられる。一つは、目敏い学生が、外部者の媒介なしにメディアや「口伝え」を通じて、中央の政策や北京の動向からヒントを読み取り、機をみて立ち上がったとされるケースである。例えば、省南西端に位置し甘粛省、四川省と境界を接する漢中地区寧強県の県第一中学では、学生たちが「十六条」公布直後に、学生の革命的行動を抑圧し、学生同士、大衆同士の闘争をけしかけたとして工作組の撤収を要求した[64]。八月一〇日、県党委は事態に迫られ工作組を撤収し、県党委書記、副書記らが公開の自己批判を行った。

いま一つは、遠隔の県と西安の学生との間に何らかの既存の関係、ネットワークが存在したケースである。例えば、西安の北約四〇〇キロメートルの米脂県では、西安で学生が造反を開始した頃、西安電訊工程学院（西軍電）の学生が社教（社会主義教育運動）工作隊員として県内に駐留しており、学生たちは、北京や西安の最新の動向を手紙のやり取りを通じてつかんでいた[65]。八月二九日夜、同県沙家店の社教工作隊に参加していた学生たちは県放送局に乱入し、「西北局を焼き尽くし、陝西省党委、楡林地区党委、米脂県党委を砲撃することに関する号外」を強引に放送した。「[地方権力機構の]上から下まで一条の反動的資産階級黒線が貫いている」としたこの「号外」は、全県に大きな衝撃をもたらした。このように、八月には一部の遠隔の県でも造反が生じたが、これらは特異な事例であったといえる。

以上のことは、県誌を基にしたデータからも裏付けられる。図1-1は、県党委への造反が早くも八月にピークに

図1－1　陝西省県域における最初の造反（1966年6月～12月）

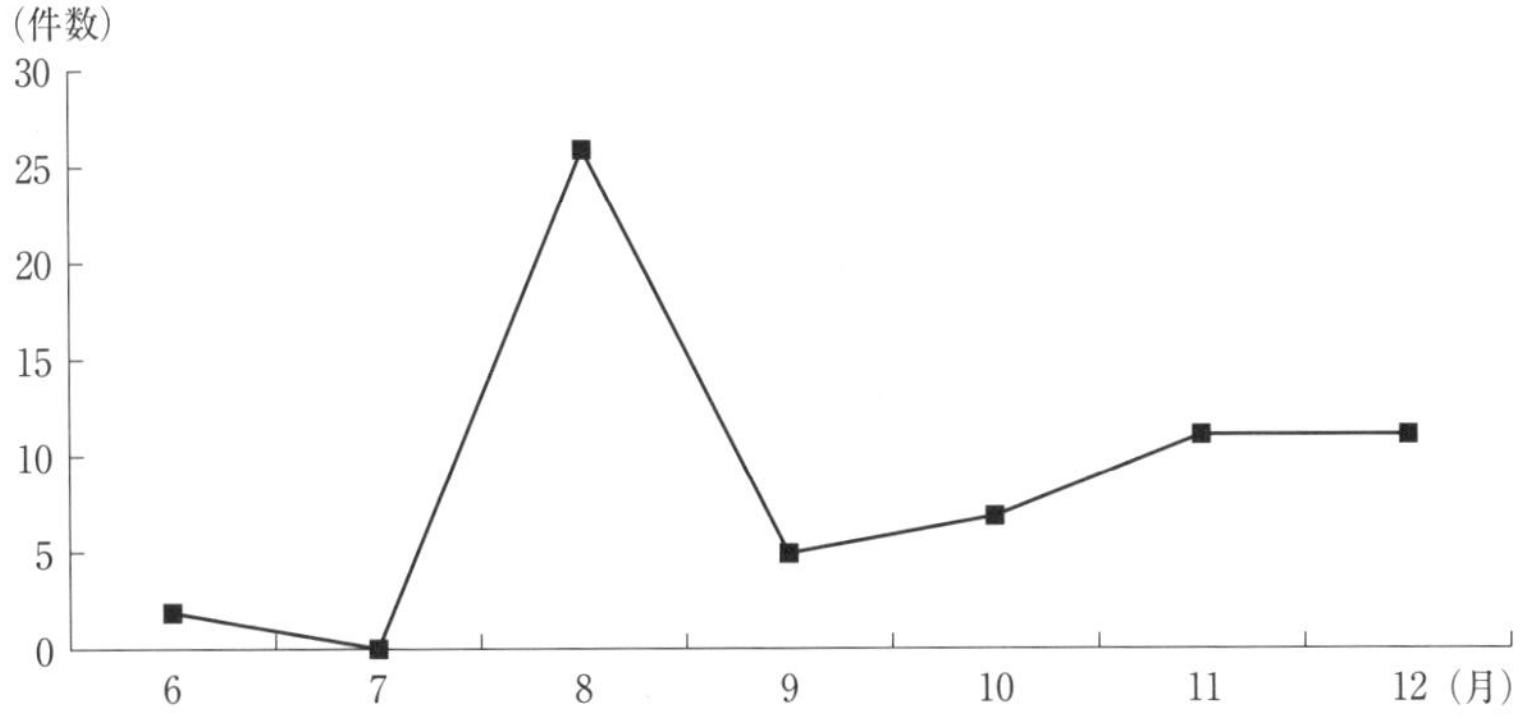

達したことを示している。八月だけで、三分の一以上の県で造反が生じたことになる（表1-1）。これらの県の西安からの平均距離は一五六キロメートルであった。また、それらのうち三分の二は関中平原地域（西安、咸陽、渭南、宝鶏の各地区を含む地域）で発生した。渭河流域の関中平原は、西安に近いのみならず、省内の多様な三つの地域（陝北高原、関中平原、秦巴山地）のなかで最も交通アクセスが良く、都市化が進んだ地域であった。つまり、造反運動の第一波は、西安に比較的近く、アクセスも良い地域を中心に拡がっていったといえる。

次に、主な発生原因についてみてみると、この時期に生じた造反の約半数は県外から経験交流に訪れる学生によって惹き起こされていることがわかる（表1-2）。それに対し、学生または幹部が「自発的」に造反したとされるケース、学生が中央の動向に呼応したとされるケースは、それぞれ約二〇パーセント、一〇パーセントにとどまる。つまり、大半の県では、地元住民は自発的に立ち上がったり、カリスマ的指導者に直接動員されたわけではなく、北京や西安から経験交流に訪れる学生に促されて造反したのであった。これは、マス・メディアを通じた中央の政策の宣伝や、学生・教師や幹部の「自発性」に頼るだけでは限界があり、都市の紅衛兵のブローカー的役割を通じてはじめて、農村住民を地方権

表 1-2　最初の造反の主な原因（1966 年 8〜12 月）（N=60）*

	外発的要因			内発的要因			
	県外の学生による扇動	旅から戻った地元学生による扇動	中央の動向に呼応	自発的な造反（幹部）	自発的な造反（学生）	原因不明	合計
8〜9 月（第 1 波）	15 (0.48)	1 (0.03)	3 (0.10)	4 (0.13)	3 (0.10)	5 (0.16)	31 (1.00)
10〜12 月（第 2 波）	16 (0.55)	5 (0.17)	1 (0.03)	3 (0.10)	1 (0.03)	3 (0.10)	29 (0.98)

（注）「主な原因」は、相互に排他的ではなく、関連しているといえる。つまり、造反の内発的要因は潜在したが、紅衛兵の「経験交流」という外部からの誘因を介して初めて顕在化したということが考えられる。したがって、ここで示した造反の「主な原因」とは、「唯一の原因」ではなく、県誌が最も強調している原因である。いずれにせよ、ここで著者が明らかにしようとしているのは、「造反の拡散」であり、「造反の原因」自体については本章の分析対象を超える。「拡散のプロセスとメカニズム」を明らかにするためには、造反運動がある地点からある地点へとどのように拡がったのかを知る必要があり、「主な原因」（または「直接的原因」）が「外発的」なものであったか「内発的」なものであったかを同定する必要があるのはそのためである。

*本稿の計量分析に用いられているサンプル 75 件（県）中、1966 年末までに造反が報告されていない 10 県、造反は報告されているがそのタイミングが明らかでない 3 県、7 月以前に造反が生じた 2 県を除外した結果、サンプル数は 60 となった。

表 1-3　陝西省各県で造反を扇動した県外の紅衛兵の出発地（1966 年 8〜12 月）

	北京	西安	漢中	宝鶏	北京以外の他省・市
8〜9 月（第 1 波）	4	10	3	1	0
10〜12 月（第 2 波）	1	12	2	0	2

（注）複数の異なる地域からの紅衛兵が造反を扇動したケースがあることから、数字には重複がある。

力機構への造反というリスクの高い行動へと立ち上がらせることができたことを示唆している。また、「毛主席の使者」として農村各県に現れた紅衛兵たちは、西安交大、西工大、西北大、西軍電など主に西安の大学生であった。当時の農村において、大学生のもつ威信は相当高いものであったと考えられ[66]、この威信が地元の中学生を県指導部への造反へと導く上で、重要なリソースとして作用したものと思われる。

都市の紅衛兵の足跡をさらに詳しくたどってみると、第一の波の場合、都市の紅衛兵によって惹き起こされた造反は、西安からの紅衛兵によるものが一〇件で、その他は北京四件、漢中三件、宝鶏一件であった[67]（表1-3）。また、八月に生じた県党委への造反のうち約九割[68]は、第一回紅衛兵接見大会が行われた一八日以降に生じており、北京からの紅衛兵到着が、西安から周辺諸県への経験交流の流れを活発化したことを窺わせる。ここからは、北京→西安（→省内の他の都市）→近郊各県という紅衛兵の流れを見出すことができる。つまり、造反運動の第一波は、都市の紅衛兵のブローカレッジによって、主要都市から近郊へと段階的・体系的に拡大されたといえる。

また、都市の学生による扇動は、地元幹部によって動員された農民、労働者、教師との衝突をしばしば惹き起こした。これは、「十六条」公布前後の急速に変化する政治環境のなかで、中央の意図を認知しきれない県指導幹部が、都市の学生に反感を抱いていた地元住民を動員して、惹き起こしたものであるといえる。しかし、その他の半数以上の県では、経験交流による影響はまだ及んでおらず、県指導部は、さらに数ヶ月間、造反を回避することができた。また、これらの県のなかには、まるで中央の政策変更などなかったかのように、工作組を駐留させ続けたところさえあった。

造反運動は、八月に急速な拡がりをみせた後、九月に入り一時的に沈静化した（図1-1）。これには、三つの理由があるように思える。一つには、九月一四日に中央がいわゆる「農村五ヵ条[69]」を通達し、秋の収穫期を前に、県以下の農村への経験交流を禁止したことによる。これは、三ヵ月後の「農村十ヵ条[70]」によって正式に取り消されるのであるが、一時的に都市から農村への経験交流を停滞させる結果をもたらした。次に、地方農村部の学生が、大挙して県外に経験交流の旅に出たことも、造反運動を一時的に停滞させる原因となったと思われる。八月にみられた学生の移動は、主に都市部から農村部への移動に限られていたが、前述のように九月五日に中央が地方の学生に対し、無料で北京を訪れ経験交流を行うよう呼びかけた後、農村部から都市部への学生の流れが急増した。多数の学生が県外へと流出したことは、反抗的な学生たちを県外に追い出すことができたという意味で、少なくとも最初のうちは、県指導幹部たちに幸いしたと思われる。最後に、八月後半以降、全国に拡大した「四旧打破」[71]運動は、攻撃対象を一時的に「走資派」から「五類分子」と「妖怪変化」（牛鬼蛇神）へと変化させ[72]、学生の目を党指導幹部（＝「走資派」）から逸らす効果をもたらした。以上の三つの要因により、造反運動の拡散は一時的に停滞した。

五　資反路線批判と造反運動の第二波（一〇月～一二月）

一〇月初め、毛沢東は、「資産階級反動路線（以下、資反路線）」批判運動を発動した[73]。一〇月三日発行の『紅旗』第一三期社説[74]は、「一部の地方、一部の部門では二つの路線（無産階級革命路線と資産階級反動路線）の闘争はなお非常に先鋭であり、非常に複雑である。ごく少数の人々は、新たな形式を用いて大衆を欺き、十六条に抵抗し、頑なに資産階級反動路線に固執し、大衆をけしかけて大衆と闘わせる方法で、彼らの目的を遂げようと躍起になっている」と指摘した。また、「路線の誤り」を犯した者に対しては、大衆の面前で誤りを認めること、「『反革命』、『反党分子』、『右派分子』、『偽の左派、真の右派』に仕立て上げられた革命的大衆に対して……公開でその名誉を回復[75]」することが求められた。

この「資反路線」批判を遠隔地における造反運動へと結び付けたのもやはり紅衛兵の経験交流であった。造反運動の第一波が主に西安から都市近郊の県への学生の流れによって生じたことはすでに触れたが、第二波でも西安の学生は遠隔地域への造反運動の拡大に主要な役割を演じた（表1-3）。例えば、秦嶺山脈東部の洛南県では、一〇月二九日、過去に同県の社教運動に参加した際につるし上げを受けた西工大の教師と学生各一名が、「洛南へ戻り、革命をやり遂げよう」というスローガンの下、四〇〇人あまりの教員・学生を引き連れてやってきた[76]。彼らは、「洛南県委を砲撃せよ」、「打倒［県党委書記］李偉」、「打倒［県長代理］袁生玉」などのスローガンを貼り出すとともに、「資反路線」を実行したとされる社教総団に対し[77]、自己批判と西工大の教師・学生二名の名誉回復を迫った。一方、西安市の北約二五〇キロメートルに位置し、革命の聖地として知られる延安県（現在の延安市宝塔区）では、九月にはすでに西安の学生が到着し始めていたが、一〇月に入り、彼らは党政機関の中下層幹部をけしかけ、内部から造反の手本を示すよう仕向けた[78]。以後、攻撃の矛先は「資反路線」を実行したとされる各級の党委に向けられ、「延安地委を砲撃せよ」、「延安県委内のひとつまみの走資派を砲撃せよ」などのスローガンが書かれた横断幕、ビラ、大字報が市中に溢れた。

第一波に比べ、第二波では、西安の学生による経験交流がより組織的に行われるようになった。一一月、西安交大、西軍電、西北農学院などの紅衛兵は「北上点火隊」を組織し、西安の北約一七〇キロメートル、延安に向かう途上の洛川県で扇動を行った[79]。学生たちは、県党委書記劉新懐を批判する大字報を貼り出し、県内の造反派を扇動して「司令部を砲撃せよ」、「洛川県委を焼き払え」などのスローガンを街頭に貼り出させた。省南部の諸県でも、西安の大学生から成る「南下造反団」、「南下串連団」が扇動を行った[80]。一一月から一二月にかけて、西安の学生は、西安の北方三〇〇～四〇〇キロメートルの綏徳県、子長県、安塞県、南方約二〇〇キロメートルの白河県など省内の至る所で騒動を惹き起こした。

一〇月以降、西安の学生に加え、経験交流の旅から戻った地元学生が、第二波の造反運動を生み出すもう一つの原動力になった。農村各県から旅に出た学生には、県当局によって公式に組織されたグループとそれ以外の非公式なグループが存在したが、一度旅から戻るとこれらのグループは似通った役割を演じた。例えば、渭南地区華県では、県当局が北京に派遣した学生・教師によって、最初の造反が開始された。同県では、学生代表五五五人、教師代表五四人からなる代表団が一一月末に戻った際、県党委・人委の指導幹部が銅鑼や太鼓の音とともに総出で出迎え、学生の首都での「文革経験」に耳を傾けた。しかし、翌日、指導幹部たちは、「旧二委（県党委・人委）を叩き潰し、革命をやり抜こう」というスローガンや大字報が市街地一面に拡がるのをただ見守るのみであった。[81]

前述のように、九月初めの「党中央・国務院通知」は、反抗的な学生を県外に追い出すことができたという意味で、当初は県指導幹部にとって好都合であったかもしれない。しかし、一〇月になり、学生たちが帰郷し始めると、それが県指導幹部にとってさらに深刻な問題をもたらすことが明らかになった。帰郷した学生たちは、胸に無数の毛主席バッジを着け、道中各地で集めたビラや大字報の写しを持ち帰った。また、彼らは、都市の紅衛兵がどのようなスローガンを用い、どのように指導幹部をつるし上げたかなどについての「闘争経験」をもたらした。[82]旅から戻った地元学生が、県内で最初の造反を行ったケースは、他に五件報告されている。

この時期、各県を訪れる紅衛兵の数が増加し、西安や北京のみならず全国各地から学生が訪れるようになった。一九六六年末までに、ほぼすべての県（九五パーセント）で県外からの紅衛兵の来訪が報告され、そのうち約三分の一の県では省外から学生が訪れたという。[83]特に「革命の聖地」として知られる延安県には二〇万人以上が訪れ、周辺各県や交通の要所にも多数の学生が訪れた。また、省境の県にも多くの学生が訪れた。例えば、内モンゴル自治区に隣接する楡林地区神木県には、一九六六年末に内蒙古農学院の紅衛兵が来訪したが、彼らは神木県の文革を「穏やか過ぎる」と考え、神木中学の学生を扇動して造反組織（「衛東公社」）を組織させ、「県委司令部砲撃大会」を開催させた。[84]また、甘粛省に隣接する漢中地区略陽県では、蘭州市、新疆ウイグル自治区などから相次いで学生が訪れ、県党委・人委に対する造反を煽った。[85]紅衛兵は、行く先々で「同じ観点をもつ」（観点相同）学生や住民とつながりをつけ、地方政治指導部への攻撃を煽った[86]。一九六六年末の三ヶ月間、紅衛兵が省内を縦横無尽に動き回ったことにより、各県の政治状況は急速に流動化していった。

以上のように、一〇月から一二月にかけて、省内の遠隔地へと行動範囲を拡大した西安の大学生、県外から戻った地元学生、そして全国各地の紅衛兵という三つの流れが合流して第二の波となり、新たに二九県で政治指導部への造反が生じた（表1-1）。一九六六年末までに、省内の九割近くの県で県党委への造反が生じたことになる。第一波が及んだ県は西安から平均一五六キロメートルに位置していたのに対し、第二波は平均二三五キロメートルのところまで及び、約八〇キロメートル拡大した。また、第一波の場合、造反の三分の二が比較的交通アクセスの良い関中平原で生じたのに対し、第二波ではその八割以上が陝北高原か秦巴山地で発生した。つまり、造反運動は、第一波から第二波へと、都市近郊から遠隔地へと順次拡大していったことがわかる。

造反の主な原因については、第一波と同様、第二波でも県外からの学生による扇動が過半数を占めた（表1-2）。また、この時期、新たな要因として、経験交流から戻った地元学生による扇動が五件確認されている。第二波の場合、県外からの学生と帰郷した地元学生による扇動を合わせるとすべての原因の七〇％を占めることとなり、遠隔地域における造反運動の大半は経験交流によって惹き起こされたと結論づけることができる。また、第二波では、地元学生による中央の動向への直接的な（県外の紅衛兵を媒介しない）呼応や「自発的な」造反がほとんど見受けられない。これは、都市近郊に比べ、遠隔地域ではメディアを通じた宣伝や学生の自発性に訴えることがさらに困難であったことを窺わせる。

次に、県外からの紅衛兵の足跡をたどってみると、西安の紅衛兵が惹き起こした造反が一二件と圧倒的に多く、その他は漢中二件、北京一件、北京以外の他省・市二件であった。この時期、造反運動の中心が都市近郊から遠隔地へと移ったこともあり、北京からの紅衛兵が現地で扇動を行うケースは少なくなった。その一方で、西安の学生による活動は、次第に組織的・計画的なものとなり、造反運動の遠隔地域への拡大に中心的な役割を果たした。また、北京以外の省・市からの学生による扇動が二件確認されたことは、一九六六年秋から冬にかけて、紅衛兵の行動範囲が拡大するにつれて、拡散パターンも多様化していったことを示唆している。

おわりに

以上、陝西省の各県を事例に、造反運動が都市から近郊、そして遠隔地へと段階的に拡散していったこと、またその過程で紅衛兵の経験交流が主要な役割を果たしたことを確認した。冒頭で示した大衆社会的イメージ、集合行為的イメージ、ネットワーク・イメージという三つのイメージ（仮説）についても、主に経験交流というネットワーク構築のメカニズムを通じて造反運動が拡大されたことが県誌データによって裏付けられた。また、造反運動が第一波から第二波へと次第に遠隔地へと拡大していくにつれて、経験交流が果たした役割はさらに顕著なものとなった。これは、紅衛兵のブローカレッジなしには、造反運動が遠隔地まで拡大することはなかったことを示唆している。毛沢東が文革を発動した目的の一つが、大衆動員の手法を用いた地方権力機構への攻撃・粛清にあったとすれば、経験交流こそがそれを可能にしたといえる。

しかし、すべての造反が都市の紅衛兵（または帰郷した地元学生）の扇動によって惹き起こされたわけではなく、本章で考察した二つの時期を通じて一〇〜二〇パーセントは内発的要因によって生じたと報告されている（表1-2）。内発的な造反は、党政機関幹部と地元学生によるものの二つに分かれる。幹部による造反は、第一波、第二波ともに約一〇パーセントみられることから、都市近郊、遠隔地などの地理的条件にかかわらず一定の割合で発生したと考えられる。これは、学生やその他の非エリート集団に比べ、幹部が情報にアクセスしやすい立場にあったことと関係していると思われる。一部の県では、中下層幹部が機を見て党政機関内部から造反し、大字報を貼り出したり、上司である県党委書記や県長を批判闘争にかけたりした[87]。また、幹部間の不和、怨恨によるものと思われる造反も生じた[88]。このように、県誌の記述からは、幹部による造反には、機会主義と個人的怨恨という二つの動機を読み取ることができるが[89]、これらはどの時代、場所にもランダムに存在しており、なぜ文革初期のこの時期に表面化したのかという問いに答えることができない。つまり、個人的怨恨や機会主義という内発的要因は、中央による宣伝や紅衛兵のブローカレッジなどの外発的要因と補完的関係にあったとみるのが妥当であろう。

次に、幹部によるものよりもさらに少数ではあるが、地元学生による自発的な造反も報告されている。これらは、地元学生と工作組との対立が、県外の学生による媒介なしに、責任機関としての県党委への造反へと発展したとされるケースである。北京の大学生は、工作組派遣の責任機関であった中央官庁へと押し寄せ[90]、西安の大学生は、同じ理由で省党委へと矛先を向けた。これらの都市と同様、学生と工作組との対立が「内発的」に県党委への造反へと発展したとされるケースが、一部の県でみられた。しかし、この種のケースは四例と少なく、そのうち三例は八月に生じていることから（表1‐2）、都市や都市近郊に特有なパターンとみなすことができる。都市近郊では、農村部よりも早く何らかの形で工作組反対に関する情報が伝わっていたと考えられ、それが工作組、県党委への造反を比較的早い時期に生じさせる原因となったものと思われる。遠隔地域では、このような「内発的」造反はほとんどみられず、地元学生は都市の紅衛兵に促されてはじめて造反へと立ち上がったのであった。このように、内発的要因、メディアを通じた「大衆」の直接的動員は、ともに造反運動の拡散を充分に説明することができず、造反運動は紅衛兵のブローカー的役割を通じて遠隔地へと拡大されたといえる。

註

（1）Andrew G. Walder and Yang Su, "The Cultural Revolution in the Countryside: Scope, Timing and Human Impact," ***The China Quarterly***, No. 173 (March 2003), pp. 74–99.

（2）文革の都市から農村への拡散を実証的に分析した唯一のものとして、R・ボウムによる研究を挙げることができる。ボウムは、一九七〇年代初期の時代的・資料的制約のなかで、中国国内や香港の報道、紅衛兵新聞などからデータを作成し、緻密な分析を行った。それによれば、文革の拡散パターンは主要諸都市から近郊地域への「スピルオーバー」として特徴付けられる。文革は、「池に立つさざなみ（ripples in a pond）」のように都市から近郊へと同心円状に拡がっていった。紛争が農村部へと及んだ場合にも、都市近郊の人民公社や生産隊に限られ、地方の大部分は暴力を免れた。したがって、文革は「主に都市の現象」であったとされる。Richard Baum, "The Cultural Revolution in the Countryside: Anatomy of a Limited Rebellion," in Thomas W. Robinson, ed., ***The Cultural Revolution in China***, Berkeley: University of California Center for Chinese Studies, 1971, pp. 367–476.

（3）例えば、一九八九年の「第二次天安門事件」へと至る学生・市民運動は、都市に限定された現象であったことを想起されたい。

（4）加々美光行編『現代中国の挫折——文化大革命の省察』（アジア経済研究所、一九八五年）、加々美光行『歴史のなかの中国文化大革命』（岩波書店、二〇〇一年）、スチュアート・R・シュラム（北村稔訳）『毛沢東の思想——～一九四九年／一九四九～七六年』（蒼蒼社、一九八九年）、中嶋嶺雄『北京烈烈——文化大革命とは何であったのか』（講談社学術文庫、二〇〇二年）、Lowell Dittmer, ***Liu Shao-ch'i and the Chinese Cultural Revolution: The Politics of Mass Criticism***, Berkeley: University of California Press, 1974; Roderick MacFarquhar, ***The Origins of the Cultural Revolution I:***

Contradictions among the People, 1956–1957, New York: Columbia University Press, 1974; Roderick MacFarquhar, *The Origins of the Cultural Revolution II: The Great Leap Forward, 1958–1960*, New York: Columbia University Press, 1983; Roderick MacFarquhar, *The Origins of the Cultural Revolution III: The Coming of the Catalysm, 1961–1966*, New York: Oxford University Press, 1997.

（5）また、エリート政治ではなく国家・社会関係に焦点を当てた研究のうち、毛沢東時期の一連の「国家の政策」が受動的・画一的な集団を生み出し、文革の大衆運動と暴力をもたらしたとする見方がある。以下を参照。Xueguang Zhou, "Unorganized Interests and Collective Action in Communist China," *American Sociological Review*, Vol. 58, No. 1（February 1993）, pp. 54–73; Lynn T. White III, *Policies of Chaos: The Organizational Cause of Violence in China's Cultural Revolution*, Princeton, New Jersey: Princeton University Press, 1989.

（6）ウィリアム・コーンハウザー（辻村明訳）『大衆社会の政治』（東京創元社、一九六一年）。

（7）Charles Tilly, *From Mobilization to Revolution*, Reading, Mass.: Addison-Wesley, 1978; Doug McAdam, *Political Process and the Development of Black Insurgency, 1930–1970*, Chicago: University of Chicago Press, 1982; and Sidney Tarrow, *Power in Movement: Social Movements, Collective Action and Mass Politics in the Modern State*, Cambridge: Cambridge University Press, 1994.

（8）Hong Yung Lee, *The Politics of the Chinese Cultural Revolution: A Case Study*, Berkeley: University of California Press, 1978; Anita Chan, Stanley Rosen, and Jonathan Unger, "Students and Class Warfare: The Roots of the Red Guard Conflict in Guangzhou," *The China Quarterly*, No. 83（Autumn 1980）, pp. 397–446; Stanley Rosen, *Red Guard Factionalism and the Cultural Revolution in Guangzhou*（*Canton*）, Boulder: Westview Press, 1982; Jonathan Unger, *Education under Mao: Class and Competition in Canton Schools, 1960–1980*, New York: Columbia University Press, 1982; 楊麗君『文化大革命と中国の社会構造——公民権の配分と集団的暴力行為』（御茶の水書房、二〇〇三年）。

（9）しかし、この「社会的解釈」（social interpretations）には、ウォルダーが指摘するように、急速に変化する政治環境のなかで、人々がどのように「政治的機会」を看取し、自らの利益に合致した行動を導き出すのかという問題が残される。Andrew G. Walder, "Beijing Red Guard Factionalism: Social Interpretations Reconsidered," *The Journal of Asian Studies*, Vol. 61, No. 2 (May 2002), pp. 437–471.

(10) ネットワーク動員については、R・グールドによる以下の研究を参照。Roger V. Gould, "Multiple Networks and Mobilization in the Paris Commune, 1871," *American Sociological Review*, Vol. 56, No. 6 (December 1991), pp. 716–729; "Patron-Client Ties, State Centralization, and the Whiskey Rebellion," *American Journal of Sociology*, Vol. 102, No. 2 (September 1996), pp. 400–429; *Insurgent Identities, Class, Community, and Protest in Paris from 1848 to the Commune*, Chicago: University of Chicago Press, 1995, pp. 153–194.

(11) Andrew G. Walder, "The Chinese Cultural Revolution in the Factories: Party-State Structures and Patterns of Conflict," in Elizabeth J. Perry, ed., *Putting Class in Its Place: Worker Identities in East Asia*, Berkeley: University of California Institute of East Asian Studies, 1996.

(12) 具体的には、県党委員会自体に加え、県党委員会書記、同副書記に対する批判・攻撃も含むこととする。また、「造反」とは、これらの対象に対する学生、中下層幹部、労働者などによる、スローガン・大字報・ビラなどを用いた批判・攻撃や、つるし上げ、市中引き回し、殴打、監禁などの精神的・肉体的暴力のことを指す。

(13) また、資料分析の必要上、「最初の造反」が県誌に比較的詳細に記述されていることも同イベントを選んだ理由である。

(14) 王年一『大動乱的年代』(河南人民出版社、一九九六年)七九頁。

(15) 「中共中央関於文化大革命的八条指示(概要)」(一九六六年六月三日)、宋永毅主編『中国文化大革命文庫(CD-ROM)』(香港中文大学中国研究服務中心、二〇〇二年)、所収。

(16) 厳家祺・高皋(辻康吾監訳)『文化大革命十年史』(岩波書店、一九九六年)三一-四二頁。

(17) 同右、八〇頁。

(18) 以後、毛沢東は一一月まで八回にわたり全国から訪れた約一千百万人の学生・教師を接見した。

(19) 陳東林・苗棣・李丹慧主編、加々美光行監修『中国文化大革命辞典』(中国書店、一九九七年)四六〇頁。
(20)「中共中央、国務院関於組織外地高等院校革命学生、中等学校革命学生代表和革命職工代表来京参観文化大革命運動的通知」(中発〔六六〕四五〇号、一九六六年九月五日)、『中国文化大革命文庫』、所収。
(21)「周恩来在中央工作会議上的講話」(一九六六年一〇月二八日)、『中国文化大革命文庫』、所収。
(22) 厳・高『文化大革命十年史』八六頁。
(23)「中共中央、国務院関於革命師生進行革命串連問題的通知」(中発〔六六〕五五四号、一九六六年一一月一六日)、『中国文化大革命文庫』、所収。
(24)「中共中央関於停止全国大串連的通知」(中発〔六七〕一〇六号、一九六七年三月一九日)、『中国文化大革命文庫』、所収。
(25) 厳・高『文化大革命十年史』v頁。また、同書の第五章には、毛沢東が経験交流を推し進めた意図、中央文革と北京の紅衛兵との関係についての興味深い指摘がみられる。
(26) 李遜『大崩潰——上海工人造反派興亡史』(時報出版、一九九六年)三〇-四〇頁、楊麗君『文化大革命と中国の社会構造』一二三〇-一二三四頁、金野純『中国社会と大衆動員——毛沢東時代の政治権力と民衆』(御茶の水書房、二〇〇八年)二七四-二九〇頁。
(27) Doug McAdam, Sidney Tarrow, and Charles Tilly, *The Dynamics of Contention*, New York: Cambridge University Press, 2001, p. 157; Charles Tilly, *The Politics of Collective Violence*, New York: Cambridge University Press, 2003, p. 21; Charles Tilly and Sidney Tarrow, *Contentious Politics*, Boulder, Colo.: Paradigm Publishers, 2007, p. 215.
(28) 当時、陝西省の各県には高等教育機関はほとんど存在せず、一部の県に師範学校があったが大半の県は中学校のみであった。
(29) 陝西省地方誌編纂委員会編『陝西省誌・中国共産党誌(下)』(陝西人民出版社、二〇〇二年)九二四頁。
(30) 陳他編『中国文化大革命辞典』四四九頁。

（31）『陝西省誌・中国共産党誌（下）』九二四頁。
（32）同右、陝西省地方誌編纂委員会編『陝西省誌・大事記』（三秦出版社、一九九六年）四六一頁、陝西省地方誌編纂委員会編『陝西省誌・政務誌』（陝西人民出版社、一九九七年）六七一－六七二頁。
（33）陳他編『中国文化大革命辞典』四四九頁。
（34）『陝西省誌・中国共産党誌（下）』九二四頁。
（35）同右。
（36）陳他編『中国文化大革命辞典』四四九頁。
（37）楡林市誌編纂委員会編『楡林市誌』（三秦出版社、一九九六年）四七七頁。当時、楡林県党委の政務は地区党委が組織した「社教総団」によって代行されていた。学生の批判が県党委ではなく、地区党委に向けられたのはそのためであったと思われる。
（38）耀県誌編纂委員会編『耀県誌』（中国社会出版社、一九九七年）四七八頁。
（39）県誌によれば、省内で最初に工作組を派遣した県は延安地区の富県（六月二日）で、最も遅かったのは渭南地区の耀県（七月一二日）であった。
（40）北京の大学・中学への工作組派遣のプロセスについては、以下を参照。Andrew G. Walder, "Beijing Red Guard Factionalism: Social Interpretations Reconsidered," *Journal of Asian Studies*, 61, No. 2 (May 2002), pp. 437–471, at pp. 443–451; Andrew G. Walder, *Fractured Rebellion: The Beijing Red Guard Movement*, Cambridge, Mass.: Harvard University Press, 2009, Chapter 2; Lee, *The Politics of the Chinese Cultural Revolution*, pp. 27–31; 張承志（小島晋治・田所竹彦訳）『紅衛兵の時代』（岩波新書、一九九二年）六二－八一頁。
（41）工作組の成員数は、学校の規模に応じて決められたものと思われる。しかし、子長県の子長中学に派遣された工作組のように、最初は三人であったものが二週間後には三〇名へと一〇倍に増員されたケースもあった。子長県誌編纂委員会編『子長県誌』（陝西人民出版社、一九九三年）八二八頁。

(42)「大いに意見を述べ、大胆に意見を発表し、壁新聞を貼る」ことの意で、これに「大弁論（大いに論争する）」を加えて、「四大」と呼ばれた。
(43) 府谷県誌編纂委員会編『府谷県誌』（陝西人民出版社、一九九四年）五七六頁。
(44) 宜川県地方誌編纂委員会編『宜川県誌』（陝西人民出版社、二〇〇〇年）五八八-五八九頁。
(45)『府谷県誌』五七六頁。
(46)『華県誌・「文化大革命」誌』（編著者不明、未公刊原稿）五-六頁。
(47) 子洲県誌編纂委員会編『子洲県誌』（陝西人民出版社、一九九四年）五五八頁。
(48) 一部の県では、文革初期に社会主義教育運動（社教）が同時に行われており、県党委が社教工作団（または社教団、社教総団）に取って代わられていた。この点については、次章を参照。
(49) 毛沢東は、一九六五年一一月に北京を離れ、一九六六年七月一八日に帰京するまでの間、主に杭州にいた。工作組の派遣は、「5・16通知」により彭真ら「文化革命五人小組」が失脚に追い込まれた後に、劉少奇が、周恩来、鄧小平らと相談の上、北京の大学・中学に工作組を派遣することを決定したとされ、地方でもこの方法が採用された。五月二八日、新たに「中央文化革命指導小組」が設立されたが、康生、江青ら主要なメンバーは工作組の派遣に反対した。
(50) Roderick MacFarquhar and Michael Schoenhals, *Mao's Last Revolution*, Cambridge, MA: The Belknap Press of Harvard University Press, 2006, pp. 83–84; 毛沢東（東京大学近代中国史研究会訳）『毛沢東思想万歳（下）』（三一書房、一九七五年）三三八-三四一頁。学校への工作組の派遣と経験交流の禁止という二つの措置が、後に「劉・鄧資産階級反動路線」として批判されるようになる。
(51)「中国共産党中央委員会関于無産階級文化大革命的決定」（一九六六年八月八日）、『中国文化大革命文庫』、所収。
(52)『陝西省誌・政務誌』六七二頁。
(53) 工作団の撤収は八月一六日に、省党委によって正式に宣布された。西安交通大学党委宣伝部「校史沿革・『文革』動乱時期・一九六六年五月後」『西安交通大学・校慶専題網』http://newsxq.xjtu.edu.cn/xsyg/2006-03/1142645323d299.shtml

（二〇〇九年九月一日にアクセス）。
(54) また、毛沢東は、九月七日の指示で、「青島、長沙、西安等の状況は皆同じで、労働者、農民を組織して学生に反対させるものである」と指摘している。毛沢東「関於不准調動工農干預学生運動的批語」（一九六六年九月七日）、『中国文化大革命文庫』、所収。
(55) 『楡林市誌』四七七頁。
(56) 『府谷県誌』五七六頁。
(57) 米脂県誌編纂委員会編『米脂県誌』（陝西人民出版社、一九九三年）三八九頁、中共綏徳県委史誌編纂委員会編『綏徳県誌』（三秦出版社、二〇〇三年）八一四頁。
(58) 咸陽市地方誌編纂委員会編著『咸陽市誌（第一巻）』（陝西人民出版社、一九九六年）七〇九–七一〇頁。
(59) 陝西省臨潼県誌編纂委員会編『臨潼県誌』（上海人民出版社、一九九一年）六七二頁。
(60) 礼泉県誌編纂委員会編『礼泉県誌』（三秦出版社、一九九九年）九九三、九九五頁。
(61) 陝西省地方誌編纂委員会編『陝西省誌・大事記』（三秦出版社、一九九六年）四六二頁。
(62) 乾県県誌編纂委員会編『乾県誌』（陝西人民出版社、二〇〇三年）四八〇頁。
(63) 彬県誌編纂委員会編『彬県誌』（陝西人民出版社、二〇〇〇年）五七九頁。
(64) 寧強県誌編纂委員会編『寧強県誌』（陝西師範大学出版社、一九九五年）六七〇頁。
(65) 『米脂県誌』三九〇頁。
(66) 都市の大学生の威信は、場合によっては県指導幹部よりも高かったかもしれず、そうであれば、地元の中学生に県党委への造反を促す上で、重要なリソースになったと考えられる。この点については、A・ウォルダー氏の教示を受けた。
(67) これらの数字には重複があり、三つの事例では西安と北京の紅衛兵がともに関わっていた。
(68) 八月に造反が生じた二六県のうち、日付が明らかなものは一九県であった。そのうち一八日以降に造反が生じたのは一七県で、八九％を占めた。

(69)「中国共産党中央委員会関於県以下農村文化大革命的規定及附件」(中発〔六六〕四七八号、一九六六年九月一四日)、『中国文化大革命文庫』、所収。
(70)「中共中央委員会関於農村無産階級文化大革命的指示(草案)」(中発〔六六〕六一二号、一九六六年一二月一五日)、『中国文化大革命文庫』、所収。
(71)「四旧」とは、旧思想、旧文化、旧風俗、旧習慣のことを指す。
(72)「五類分子」とは、地主、富農、反革命分子、悪質分子、右派分子とその家族のことを指し、「妖怪変化」とは、「搾取階級」出身者と「反動的ブルジョワ学術権威」のことをいう。いずれも、反右派闘争や社教運動など過去の政治運動で処罰された幹部を除き、厳密には、「走資派」を含まない。
(73)一〇月一日の国慶節での講話において、毛の意を受けた林彪は「資産階級反対革命路線」という表現を用い、その二日後、『紅旗』第一三期社説において、「資産階級反動路線」との表現が正式に使用された。印紅標「批判資産階級反動路線：造反運動的興起」劉青峰編『文化大革命：史實與研究』(香港中文大学出版社、一九九六年)一七九–一九〇頁の一八二頁。
(74)「在毛沢東思想的大路上前進」『紅旗』(第一三期社論、一九六六年一〇月三日)。
(75)「以毛主席為代表的無産階級革命路線的勝利」『紅旗』(第一四期社論、一九六六年一一月一日)。
(76)洛南県誌編纂委員会編『洛南県誌』(作家出版社、一九九九年)四二四頁。
(77)この時期、陝西省県域では、社教工作団に対して自己批判や被迫害者の名誉回復を求める動きが少なからずみられた。「資反路線」とは、厳密には文革初期の学校への工作組派遣と「教師集訓会」を指し、社教運動は含まれない。しかし、陝西省県域では、文革開始当初、社教が同時並行で行われており、また一部の県では県党委が社教工作団に取って代わられていたために、実際にはこの線引きは恣意的なものであったといえる。そのため、中央は、社教で処分された者を名誉回復することを禁止する通知を出している(「中共中央関於保衛四清運動成果的通知」中発〔六七〕三〇号、一九六七年一月二五日、『中国文化大革命文庫』、所収)。この点について、詳しくは次章を参照。

(78) 延安市誌編纂委員会編『延安市誌』(陝西人民出版社、一九九四年)八二五頁。
(79) 洛川県誌編纂委員会編『洛川県誌』(陝西人民出版社、一九九四年)一九九頁。
(80) 嵐皋県誌編纂委員会編『嵐皋県誌』(陝西人民出版社、一九九三年)五八八頁、平利県地方誌編纂委員会編『平利県誌』(三秦出版社、一九九五年)六九八頁、洋県地方誌編纂委員会編『洋県誌』(三秦出版社、一九九六年)八六五頁。
(81)『華県誌・「文化大革命」誌』一〇–一一頁。
(82) 白河県地方誌編纂委員会編『白河県誌』(陝西人民出版社、一九九六年)六三四頁、黄陵県地方誌編纂委員会編『黄陵県誌』(西安地図出版社、一九九五年)七五八頁。
(83) 県誌は、県外からの紅衛兵が重要な事件に関わった場合のみ、その紅衛兵がどこから来たのかについて言及する傾向があるため、他の省から紅衛兵が訪れた県の数は実際にはさらに多かったものと思われる。
(84) 神木県誌編纂委員会編『神木県誌』(経済日報出版社、一九九〇年)四一一頁。
(85) 略陽県誌編纂委員会編『略陽県誌』(陝西人民出版社、一九九二年)三八七頁。
(86) 延川県誌編纂委員会編『延川県誌』(陝西人民出版社、一九九九年)八二四頁、富県地方誌編纂委員会編『富県誌』(陝西人民出版社、一九九四年)五五四頁。
(87) 合陽県誌編纂委員会編『合陽県誌』(陝西人民出版社、一九九六年)九二四頁、鎮安県地方誌編纂弁公室編『鎮安県誌』(陝西人民教育出版社、一九九五年)六三八–六三九頁。また、宝鶏地区麟游県のように、社教運動の幹部や積極分子が造反したケースもあった。県外での社教運動への参加は、幹部間に新たな人的つながりと情報をもたらし、造反派の形成を促したものと思われる。麟游県地方誌編纂委員会編『麟游県誌』(陝西人民出版社、一九九三年)四一六頁。
(88) 嵐皋県誌編纂委員会編『嵐皋県誌』(陝西人民出版社、一九九三年)五八八頁。
(89) ここで、「機会主義」とは、政治的形勢の変化をみて、それを狭い個人的な利害、目的のために利用しようとする個人または集団の考えや行為のことを指す。機会主義と個人的怨恨は相互に排他的ではなく、現実には互いに関係している。
(90) Walder, "Beijing Red Guard Factionalism," pp. 451–453.

第二章　造反派の成立から二極化へ

はじめに

これまで文化大革命（以下、文革と省略）の派閥抗争についての研究は、社会構造に原因を求めるものが多かった。激しく競合し、一見相容れないようにみえる派閥組織は、一方ではいずれも毛沢東思想と毛個人への忠誠を標榜しており、こうした言説とは裏腹に実際には自らの利益を追求していたと理解された[1]。この見方によれば、文革が開始され、ひとたび権力者への造反と自由な組織化が奨励されると、文革以前の社会に潜在していたさまざまな矛盾が噴出したとされる。

つまり、文革の派閥抗争とは、毛沢東時代の政治・社会的格差を背景とした、「現状」（status quo）をめぐる争いであった[2]。具体的には、この争いは社会セクター間で異なるかたちを採って現れた。都市のエリート（初級・高級中学校では、縮小しつつある大学進学機会と都市での雇用機会をめぐって、「紅五類[3]」家庭出身の高級幹部子女と専門職・中間層の子女が競い合っていた。一九六〇年代半ば以降、大学入学基準に「出身階級」（階級成分）と「政治態度」（政治表現）が重視されるようになったことにより、これらのエリート学生集団間の対立はさらに深まり、ひとたび文革が開始されると、「出身階級の良い」紅衛兵と「造反派」紅衛兵との派閥抗争へと発展した。[4] 工場では、職場内に垂直に張りめぐらされた党ネットワークをめぐって、党員・積極分子から成る既得権益勢力と一般労働者・職員など排除された勢力との抗争として現れた。[5] このように、具体的な現れ方は社会セクターによって異なるものの、文革とは（平等社会を追求したはずの）毛沢東体制下における格差をめぐる闘いであったと理解される。

一方、A・ウォルダーは、北京の大学における紅衛兵運動についての最近の研究[6]で、このような「社会的解釈」(social interpretations) に疑問を呈している。それによれば、文革初期のように急速に変化する政治状況のなかでは、個々人は自らの（客観的な）利害関係を正確に認識し、行動することはきわめて困難であり、その結果、派閥組織への所属は、「出身階級」や党ネットワークなど既存の社会構造よりも、政治プロセスやアクター間の相互作用に左右される。つまり、①派閥組織への所属は、文革以前の個々人の社会的地位からアプリオリに導き出せるものではなく、②個別の政治プロセス＝各アクター間の相互作用を通じて状況依存的に決定される。また、③派閥組織への所属や組織形態も一定ではなく、政治プロセスとともに変化する。したがって、方法論的には、個別の政治プロセスを丁寧に跡づけ、その上で浮かび上がってくるパターンを抽出するという作業が必要になってくる。毛沢東時代の社会構造の理解に加え、文革の政治プロセスに注目する必要があるのはこのためである。

ここでは、陝西省の九三県（一九六六年当時）を事例に、造反派の出現から二大派閥形成に至る政治プロセスを跡付けることにより、農村部における派閥形成のパターンを抽出したい。[7] その際のデータは、各県の「県誌」に記されている文革に関する記述と、それを基に主要な事件のタイミングや犠牲者数などをコーディングした計量データを用いる。[8]

農村の造反派は、①学校への工作組派遣、「教師夏期集訓会」（以下、教師集訓会または集訓会）、社会主義教育運動（以下、社教運動または社教）という文革初期の粛清・迫害運動が各社会集団内に亀裂をもたらし、その後、②都市の紅衛兵によるブローカレッジ（＝「経験交流」[9]）を通じて、中央による急激な方針転換（＝工作組批判、「資産階級反動路線」批判）が農村に伝達されることにより、造反派としてのアイデンティティを獲得し、組織化していった。③造反派の出現は、党幹部による対抗動員を惹き起こしたが、一方で、④一九六七年初めの「奪権」闘争は、造反派同士の権力争いを生じさせ、これらの性格の異なる対立をはらみながら、派閥組織は次第に二大派閥へと分岐していった。以上のプロセスは、「政策主導者」としての中央、その実行者としての県指導部・工作組、そして非エリート（体制外）・アクターとしての学生、教師、（粛清された）基層幹部などの相互作用によって構成される。

ここで従来の研究と異なるのは、派閥組織形成のプロセスと二極化のプロセスを区別している点である。「二極化」（polarization）とは、「抗争的エピソードにおいて、当事者の間の政治的・社会的距離が拡大し、以前は中立あるいは穏健な立場に立っていたアクターが両極のどちらかに引き寄せられていく[10]」ようなプロセスのことをいう。二極化はまた、「穏健な中道派を退潮させ、過去の連合の再構築を阻む一方で、未来の連合への新たなチャネルをつくり出し、また政策的問題のうち最も実際的なものでさえ、解決を困難にするようなイデオロギー的内容で満たし、抑圧や武力衝突、内戦へと至らしめることがある」。文革の文脈では、「二極化」と「派閥主義」（factionalism）を区別することが重要である。「派閥主義」とは、特定の社会集団（政党、職場、学校、国家など）内に、異なる思想や意見をもったより小規模な集団が形成されるプロセスのことをいう。二極化と異なり、派閥主義は、「当事者間の政治的・社会的距離の拡大」をともなう必然性はなく、複数の派閥は互いにさまざまな距離を保ちながら母体集団内に共存することができる。権力闘争やイデオロギーの急進化といった政治的要因は、派閥集団間の距離を拡大し、中道派を両極へと引き寄せることがあり、派閥が二極化するかどうかはこれらの政治的要因に左右される。

図2－1　陝西省各県における最初の造反と造反派組織の成立

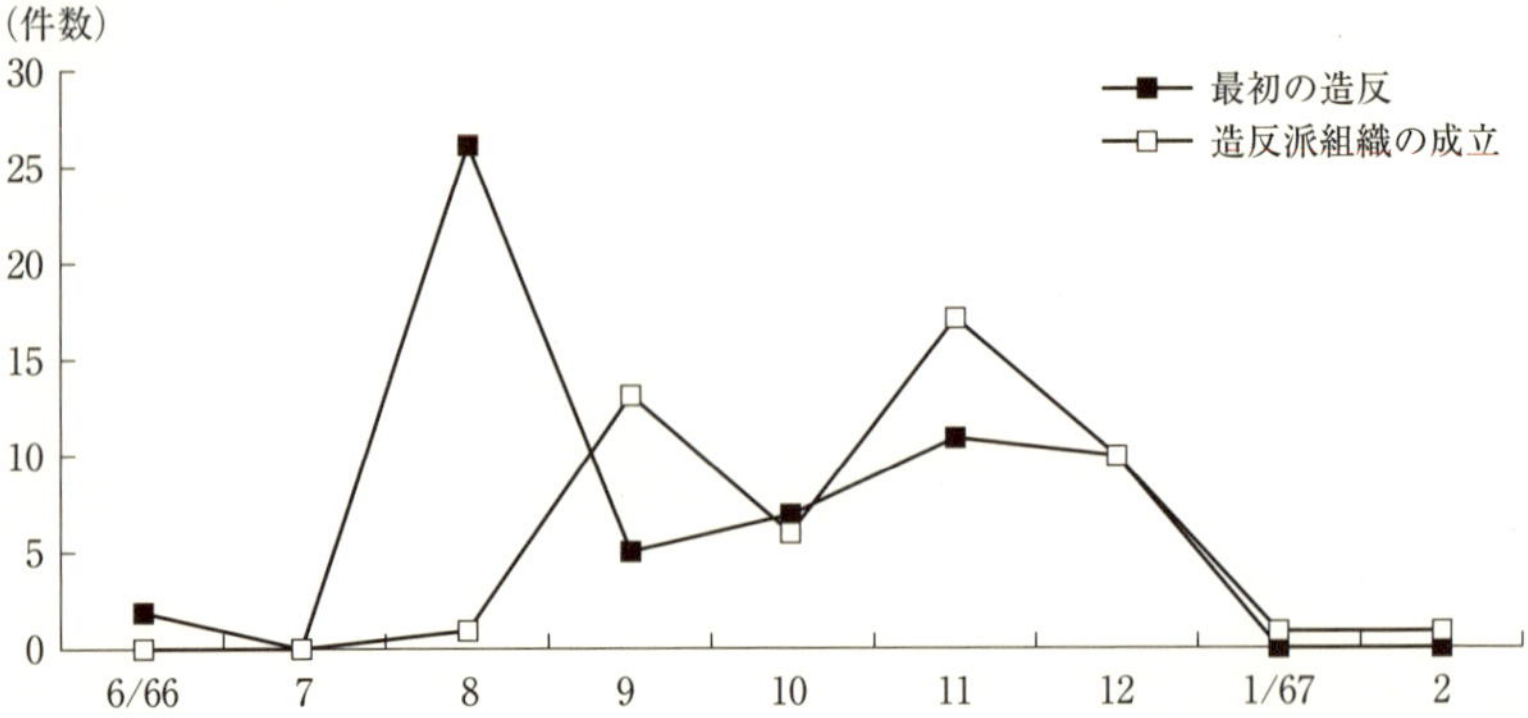

文革における派閥組織の二極化は、単に派閥抗争を激化したのみならず、一九六七年夏以降の武力抗争（＝武闘）への道を開いた。派閥組織の形成から二極化へと至るプロセスは、派閥主義と武闘という二つの現象を結びつける重要な結節点であるといえる。本章が派閥組織の形成に加え、派閥の二極化のプロセスに焦点を当てるのはこのためである。

一　造反派の形成

自明なことではあるが、造反派の組織化の動きは、造反運動が拡散していくプロセスに関連している（図2-1）。前章で述べたように、陝西省県域では、造反運動は主に紅衛兵の「経験交流」（串連）を通じて拡散していったが、「十六条」[11]が公布され、経験交流が公式に開始された八月には、造反運動の「第一波」が都市近郊で生じ、「資産階級反動路線」（資反路線）批判が展開された一〇月から一二月にかけては、「第二波」が遠隔地域で発生した。一方、造反派の組織化は、造反運動の発生にやや遅れて、最初のピークが九月、第二のピークは一一月から一二月にかけて訪れている。このことは、農村では、造反派組織もまた、都市の紅衛兵との接触を通じて形成されたことを示唆している。

一方、造反運動の拡散と造反派の形成には、異なる原因とプロセスが関係している。造反運動がある場所から他の場所へと拡散していくプロセスに一定のパターンを見出すことは比較的容易であるが、造反派の形成はより内的な要因や個別の状況に左右される。農村における造反運動の拡散は、主に紅衛兵の経験交流という外発的要因に依っていたが、造反派の形成は、内的な要因とプロセスにより大きく規定される。そのため、本章では、省全体を俯瞰する手法ではなく、各県の個別のプロセスを並置し、共通項と相違点を浮かび上がらせる方法を採りたい。

（一）文革初期の粛清運動

陝西省の各県における造反派の起源は、文革初期に行われた学生、教師、幹部に対する粛清・迫害に求めることができる。まず、中学校では、工作組の派遣とその後の中央による急な方針転換が、学生の間に亀裂をもたらした。各県では、六月半ばに工作組が学校に派遣され、八月半ばまで（一部の県では秋まで）駐留して文革を主導した。工作組は撤収前後、学校内に「文化革命準備委員会」（以下、準委会）や最初の紅衛兵組織を成立させるに当たり、「紅五類」家庭出身の学生からメンバーを選出した。このプロセスは、ウォルダーが明らかにした北京の大学における学生と工作組の関係とは重要な点で異なっていた[12]。都市の多くの大学・中学では、工作組が進駐する以前にすでに紅衛兵組織が成立しており、工作組と学生との対立は、「制御と反制御の矛盾[13]」から生じた。しかし、農村部の中学では、多くの場合、紅衛兵組織は、工作組進駐後にその指導の下で組織された。また、工作組が「出身階級」を基準に紅衛兵組織のメンバーを選出した結果、派閥構成は「出身階級」をより反映することとなった。

工作組によるこのようなやり方は、紅衛兵組織のメンバーに選ばれた「紅五類」学生と排除されたその他の学生との間に楔を打ち込む結果となった。当時、紅衛兵組織のメンバーとなることは、毛主席の親衛隊として、「四大[14]」や

「四旧打破」[15]などの「革命運動」に参加することであった。また、軍装に紅衛兵の腕章という独特の装いも、彼らの威信を高める役割を果たした。このため、貧農、下層中農出身の学生が地主、富農出身の学生を見下したり、さらには「黒五類」[16]出身者全員を農村へ追いやり、肉体労働をさせるべきだと県文教局に圧力をかける者まで現れた。[17]紅衛兵組織への参加を「紅五類」出身の学生のみに制限したことが、その他の学生との軋轢を生み、造反派形成の原因の一つとなった。[18]

また、工作組は、一部の学生・教師を取り込むとともに、彼らを反抗的な学生・教師を弾圧するために利用した。例えば、楡林地区定邊県の定邊中学では、工作組は反右派闘争と社教の経験を基に、出身階級と文化大革命への態度を基準に学生・教師を「左」と「右」に分け、「左派」に依拠して「右派」に打撃を加えた。[19]同県では、一一月末から一二月にかけて、経験交流に出かけていた紅衛兵が相次いで帰郷した影響で、定邊中学の工作組によって「左派」、「反動」とされた学生をそれぞれ中心とする二つの派閥組織が成立した。後者は、前者を「官製紅衛兵」、「保皇派」と非難した。このように、各県の中学校では、工作組が学生を振り分ける際に出身階級を基準にしたことから、結果的に出身階級が派閥形成に反映したところが多かった。

一部の県では、学生ではなく、迫害された教師が造反派の組織化を主導した。陝西省の各県では、学校が夏期休暇に入る七月半ばから一ヶ月〜三ヶ月にわたり、すべての小中学校教師が一所に監禁され、さまざまな肉体的・精神的虐待が加えられた。「教師集訓会」は、工作組の主導の下、一般の学生から隔離された環境で行われ、教師たちは左派、中間派、右派などに区分された上、互いの「問題」を暴露することを強要された。過去に教学、私生活上の「問題」があった教師、出身階級の良くない教師が標的にされ、学生、教師、農民の積極分子によってさまざまな虐待が加えられた。[20]全教師のうち約一五〜三〇パーセントが「右派」、「特務」、「妖怪変化」などの汚名を着せられた。これらの迫害された教師のうちの一部が、八月以降の政治環境の変化を読み取り、自らの名誉回復（平反）を求めて造反派組織を成立させた。

例えば、咸陽地区の礼泉県では、九月末、集訓会に参加した一部の教師が、県内で最初の造反派組織（「紅色造反聯合会」）を成立させた[21]。続いて、中学生、機関幹部、農民の順に造反派組織が成立し、その基礎上に「紅色造反聯合会」を核（骨干）とする全県の統一組織（「礼泉紅色革命造反聯合委員会」）が組織された。また、西安市の南隣に位置する長安県では、集訓会でつるし上げられた教師たちが、「紅五類」紅衛兵と文革初期に工作組の命令に従った者たちを「保皇派」と非難するとともに、教育機関の造反派を糾合して「紅造司」を成立させた[22]。

また、一部の県では、社教運動で粛清された基層幹部たちが造反派の組織化を主導した。省内の一部の県では、文革が開始されたときまだ社教運動が行われており、一九六六年末まで二つの政治運動は並行して行われた[23]。これらの県では、上級機関によって送り込まれた社教工作団（または社教総団、社教団）が県党委員会（以下、党委員会は党委と省略）に取って代わっていたため、学校への工作組の派遣、教師集訓会など後に「資反路線」と批判される路線を実行したのも社教工作団であった。これらの県の社教は、文革と相まって急進化し、多数の冤罪・でっち上げ・誤審（冤假錯案）を作り出した。このため、これらの県では、県党委ではなく、社教工作団が造反運動のターゲットとなり、文革の派閥抗争も社教が争点になる場合が多かった[24]。

例えば、藍田県では、「五・一六通知」で文革が正式に開始されたとき、「第三期社教」が始まってまだ二〇日しか経っていなかった[25]。「社教県団」は、社教と文革をともに指導し、「革命と運動を両立」（革命、運動両不誤）させたため、「文革の間違った指導思想と残虐手段が組織的な指導による上から下への幹部・大衆の迫害」へと発展した。八月、「十六条」が発布されると、社教県団の「左傾の誤りはますます甚だしくなり」、大衆組織も相次いで成立して幹部・大衆を攻撃したことから、社教運動の成果を肯定する者と否定する者の対立がますます先鋭化した。一九六六年五月から一二月の間に、党員九八一名が「党内にまぎれこんだ地富反壊右分子、階級異分子、堕落変質分子」として除名され、国家幹部六一二名（総数の三〇パーセント）が処分を受けた。さらに、県部局、区社の指導幹部八二名（五〇パーセント）が処分され、農村の現職幹部の八〇パーセントが失脚に追い込まれた。また、七名が殺害され、一二名が身体障害を負い、二五七名が「死に追いやられた」（逼死）。社教運動は、「貧農・下層中農出身の積極分子を利用し、貧農・下層中農出身の幹部に大きな迫害を加えたため、大分裂、大破壊を惹き起こし、この矛盾は文革中の二大対抗派閥の闘争へと発展した」。したがって、同県では、「出身階級」による分裂ではなく、社教に対する見方によって二大派閥が形成された。運動中の積極分子を主体とする社教肯定派と、運動中に迫害された者、連座させられた者を主体とする社教否定派が生まれ、前者は後者を「翻案狼」と罵り、後者は前者を「保皇狗」と誹謗した。

同じように社教工作団が文革の指導に当たっていた涇陽県でも、社教への見方をめぐって両大派が形成された。一派は、社教を毛主席の革命路線を執行したものであり、プロレタリアート独裁を打ち固め、資本主義の復活を防止した正しい路線であると主張する多くの行政幹部、社教工作隊員と積極分子、学生からなり、他派は、それを「資反路線」であり、「走資派」が工作隊を操って大衆を迫害したと主張する社教中に粛清された幹部、教師と学生たちであった[26]。このように、文革初期に社教が行われていた県では、同運動が派閥抗争の争点になったところが少なくなかった。

（二）紅衛兵の経験交流

農村部では、文革初期の粛清・迫害運動による犠牲者が必ずしも自発的に造反派を組織したわけではなかった。多くの場合、組織化の契機は都市の紅衛兵の「経験交流」を通じて外からもたらされた。この点については、前章で論じた造反運動の拡散プロセスと重複するため詳述は避けるが、要するに、これらの粛清・迫害の犠牲者たちは、自らの窮状に意味とそれを表現するための言葉を付与されてはじめて、組織化に必要な共通のアイデンティティをもつことができた。この意味と言葉（＝「フレーム」）は、紅衛兵の経験交流によって外から農村各県に持ち込まれなければならなかった。

例えば、省北端に位置し、内モンゴル自治区と山西省に接する府谷県では、一〇月四日、県文革当局が県内の各中学校から「由緒正しい」（根正苗紅）学生を選抜して「紅衛兵代表隊」を組織し、毛沢東の接見を受けるために北京へと送り出した。[27]しかし、これらのえり抜きの紅衛兵たちは、ひとたび帰郷すると自ら既存の紅衛兵組織を解体し、学級、クラスの境界を越えて思い思いのやり方で紅衛兵組織を作り始めた。

また、同じ楡林地区の靖邊県では、一一月初めに瀋陽と隣の定邊県から相次いで紅衛兵の「長征隊」が訪れ、靖邊中学の学生の関心を惹いた。[28]これら二つの「長征隊」による経験交流の影響を受け、一一月五〜六日、靖邊中学の学生二〇数名が秘密裏に最初の造反派組織（「魯迅戦闘隊」）を成立させた。一〇日、「魯迅戦闘隊」は今後「文革臨時委員会」[29]の指導を受けないと宣言し、徒歩で北京への経験交流を開始した。その後、他の中学生もこれに倣って「戦闘隊」を組織し、相次いで経験交流の旅に出た。

経験交流が造反派の成立を促したのは、遠隔地域のみではなく、西安近郊では、西安の紅衛兵の影響によって造反派組織が形成されたケースが少なくない。例えば、西安の北約四〇キロメートルの三原県では、「紅五類」学生主体の「三原県紅衛兵司令部」が成立していたが、九月、一部の学生が西安の大学生の支持を受け、「三原地区造反司令部」を成立させた。[30]同県では、「一部の学生が経験交流を経て、元の文革組織から分かれ、両大派へと分化した」という。

このように、陝西省の各県では、学校への工作組の派遣、教師集訓会、社教運動という文革初期の粛清・迫害運動が造反派形成の原因となった。その後、主に紅衛兵の経験交流によって中央の方針転換（＝「政治的機会」の変化）を認知した運動の犠牲者たちが主体となり、造反派が形成された。

二　資反路線批判と「平反」要求――造反派の連合

粛清・迫害運動の犠牲者たちは、一九六六年一〇月に開始された資反路線批判を通じて、名誉回復（平反）を求めて社会集団を越えた連合を行い始めた。「資産階級反動路線」とは、「毛主席の無産階級革命路線」に対抗して、「走資派」が資本主義と搾取階級の復活のために実行している路線とされ、具体的には、学校への工作組の派遣、教師集訓会など文革初期に地方党委が行った「大衆をけしかけて大衆と闘わせるやり方[31]」のことを指す。一部の県では、九月に早くも粛清された教師によって名誉回復を求める動きがみられたが[32]、この動きが本格化したのは、いわゆる「平反文章[33]」が中央によって伝達され、資反路線批判が開始された一〇月初め以降のことであった。「平反文章」は、「凡そすべての運動初期に学院・大学党委と工作組に『反革命』、『反党分子』、『右派分子』、『偽の左派、真の右派』などとされた同志については、一律に無効を宣言し、処分を取り消し、公衆の面前で名誉回復を行うべきである」と要求したため、犠牲者たちからは、名誉回復を求める運動が巻き起こった。また、地方党委が指導した運動が否定されるや否や、「党委を蹴散らし、革命をやろう」のスローガンが巻き起こり、各レベルの党委は造反派への統制力を急速に失っていった。

前述の靖邊県では、一一月二八日、徒歩で北京に向かっていた靖邊中学の「魯迅戦闘隊」が太原に到着した際、学校に残っていたメンバーに手紙を書き、資反路線を実行したとして「文化革命臨時委員会」を批判し、「県［党委］常委を砲撃せよ」のスローガンを最初に提出するよう求めた[34]。これ以後、文革初期に「反革命［分子］」、「反動分子」とされた者や、攻撃や抑圧を受けた人々が、名誉回復と「罪状資料」（罪証材料）の処分を要求し始めたが、工作組を派遣して政治運動を行う「伝統方式」に慣れていた県指導幹部は、これを受け入れるどころか理解することさえできず、手をつかねてなすところを知らなかった。一二月半ばから下旬にかけて、中学生たちが経験交流から相次いで帰郷するや、名誉回復を求める運動はさらに拡大した。市街地から農村まで、さまざまな「戦闘隊」や「造反兵団」が相次いで生まれたが、闘争の矛先は工作組と各級の「文革委員会」、「文革小組」に向けられ、闘争の目的は実質的に「平反」の二文字であった。

一部の県では、粛清・迫害された教師と学生が、資反路線の犠牲者という共通のアイデンティティを基に連合し始めた。蒲城県では、北京の動静が伝わった八月には早くも、学生が隊列を組んで教師集訓会に押し入り、「工作組派遣と教師集訓会はともに大衆の手足を束縛する資反路線である」と訴えた[35]。その後、学生は連日押し掛け、集訓会は解散に追い込まれた。

この迫害された教師と造反派学生との協力関係は、教師と「紅五類」出身学生との関係からも推察することができる。集訓会では、「紅五類」学生は、工作組によって「問題のある教師」に批判闘争（批闘）を加えるために利用された。例えば、太白県では、六六名の「学生代表」が、二〇名の「貧農・下層中農」とともに集訓会に派遣され、教師への批判闘争を担わされた[36]。工作組は、教師の「档案」（身上調書）の公開、「大鳴、大放、大字報、大弁論」などの方法で学生を煽り立て、教師の「歴史上、工作上、生活上の問題」を批判させた[37]。また、「積極分子」学生と批判された教師との間に衝突が生じたところもあった。[38]したがって、「紅五類」学生によって迫害された教師が、彼らと対立していた造反派学生との間に利害の一致を見出したとしても不思議はなかった。

このように、資反路線批判は、造反派学生と迫害された教師に共通の利害関係を認識させ、共通のアイデンティティの形成を促したが、一方で、社教運動で粛清された基層幹部たちの事情は少し異なっていた。それはひとえに、社教運動が学校への工作組の派遣、教師集訓会と同様に、資反路線に含まれるのかどうかという点にかかっていた。この問題をめぐっては、一九六七年一月に中央が社教運動で処分された幹部の名誉回復を行うことを禁止する通知[39]を出しており、このことからも全国の農村で混乱が生じていたことが窺える。中央は、社教運動を学校への工作組派遣や集訓会と公式に区別し、その「成果」を維持することを宣言したが、上述のように、文革初期に社教運動が同時並行で行われ、県党委が社教工作団によって取って代わられていた県では、事情はそれほど単純ではなかった。それらの県では、資反路線を実行したのは、県党委ではなく社教工作団だったのであり、同じ社教工作団によって粛清された大勢の基層幹部が、学生や教師とともに名誉回復を求めても何ら不思議はなかったのである。

例えば、社教運動が派閥抗争の争点となった藍田県では、造反派学生と粛清された農村幹部との間に協力関係が生まれた。[40]一二月初め、「紅衛一中」の「臨委会」は、社教運動の状況を調査するために人員を農村に派遣して報告書を作成するとともに、社教中に用いられた二二種の残酷な刑罰を絵にして公表するなどして、社教を否定する世論を喚起した。一方、同じ「紅衛一中」の対立派（「造委会」）は、農村に入り「貧協」（貧農・下層中農協会）[41]と連携して、「断固として貧農・下層中農の側に立ち、社教運動の偉大な成果を守り抜こう」、「貧農・下層中農のみが造反すべきで、地主・富農・反動分子・悪質分子の反乱は許すべきではない」などのスローガンを掲げた。このように、藍田県では、社教運動を対立軸として、粛清された基層幹部と学生との連携が生まれ、両大派が形成されていった。

また、鎮巴県では、興味深いことに、造反派が文革初期に批判を受けた人々のみならず、文革以前に批判や処分を受けた人々についても名誉回復を求めたり、幹部を観察した資料まで「黒材料」として焼却することを要求したという。[42]このように、「平反」を求める運動は、学生、教師のみならず、社教運動で粛清された基層幹部をも巻き込んで、造反派の連合を促していった。

三　党ネットワークによる動員

A・ウォルダーによれば、都市の工場における派閥抗争は、工場内に垂直に張りめぐらされた党員と積極分子のネットワークを軸に、それを守ろうとする勢力とネットワークから締め出された勢力との抗争であったとされる。[43]農村でも、造反派による攻撃への対抗手段として、党ネットワークを通じた動員が行われた。農村における共産党の最も忠実な支持者は、「貧農・下層中農」出身の農民たちであった。前述のように、彼らは社教運動中の一九六四年に「貧協」として正式に組織化されており、県から生産隊に至るまで各レベルの社教運動を指導する役割を担っていた。また、すでにみたように、文革初期には、貧協の積極分子が教師集訓会に派遣され、工作組を補佐した。つまり、貧協は党幹部にとって最も信頼できる支持者・協力者であった。

省南端に位置し、四川省（現在は重慶市）と境界を接する嵐皋県では、一九六六年末から翌年初めにかけて、労働者、学生、集訓会に参加した教師などから成る「工農聯盟」と、近隣の石泉県で社教運動を行っていた県幹部を主体とする「総部」の二大派閥が成立した。[44]六月初め、「総部」は、「貧農・下層中農代表会」の場を利用して派閥勢力の拡大を画策した。「総部」は、「貧農・下層中農総部」を成立させ、その下部組織として県内の七区四二人民公社すべての貧農・下層中農の「造反組織」を傘下におさめたことにより、多数派の地位を占めるに至った。

その他の多くの県でも、党幹部による貧農・下層中農の動員が報告されている。ある県では、学生が県長など県指導幹部を袋叩きにしたことを聞きつけた農民が、鋤や鶴嘴を担いで県城に進入し、数日間にわたって街路を埋め尽くし、「県党委を守ろう」などのスローガンを声高に叫んだ。[45] 他の県では、農民は県城でのデモ行進や批判闘争集会、糾弾集会に数百人から数万人規模で動員された。[46] また、派閥抗争が武闘へと発展すると、各人民公社から兵役経験のある農民を動員し、県城の防備を強化するために修築工事を行わせたり、武闘に参加させたりするところもあった。[47] このように、農村部では、党幹部と貧農・下層中農の協力関係は多岐にわたり、「貧協」ネットワークは現状維持勢力による対抗動員に重要な役割を果たした。

造反派による攻撃が激しさを増すなか、党幹部にとってのもう一つのよりどころは、「文化革命準備委員会」（準委会）と初期の紅衛兵組織に選抜された学生たちであった。先にみたように、これらの学生は、文革初期に工作組・県党委の指導の下、「出身階級が良く」、党幹部に忠実な学生のなかから選出された。また、彼らは、工作組の指導を受け入れ、積極分子として教師や学生の迫害に加担した。ところが、ひとたび工作組批判が展開されると、彼らは造反派から「保皇派」、「官製組織」と揶揄されることとなった。このような経緯から、準委会・初期紅衛兵と党幹部の関係は、貧農・下層中農と党幹部の関係とは異なるものになっていった。一般に、これらの学生の対応は、派閥間の勢力バランスの変化に応じて、①引き続き党幹部の側に立ち続ける、②造反派の側に鞍替えする、③新たに別組織を成立させる、の三つに分かれた。いうまでもなく、①は党幹部が主導する派閥勢力が優勢を維持した県に多くみられた。②は、造反派の勢力が増大し、党幹部を中心とする派閥勢力が瓦解した場合に多くみられ、後述するように、軍当局（県人民武装部、またはその他の駐留部隊）による造反派支持が打ち出されたところに多かった。③は、工作組や県党委への批判が高まるなか、それらと距離をとる必要を感じた準委会のメンバーが分離したケースで、新たな組織は「文化革命臨時委員会」（臨委会）と称される場合が多かった[48]。なかには、準委会と臨委会の分裂がそのまま県レベルでの二大派閥へと発展したところもあった[49]。このように、党幹部の側に立ち続けた貧農・下層中農とは異なり、当初工作組・県党委に協力的であった学生の派閥組織への帰属は、各県の政治プロセスに応じて変化していった。

四　奪権闘争から派閥組織の二極化へ

一九六七年一月四日に上海の文匯報社が社内の造反組織に奪権されたことに端を発する奪権闘争は、毛沢東の意を受けた『人民日報』社説[50]などメディアの鼓舞により、瞬く間に全国へと拡がった。しかし、奪権闘争のプロセスは、毛沢東や他の中央指導者によって事前に練られたシナリオに基づいて展開したわけではなく、政治的・経済的混乱を収拾するための急場しのぎの方策が推進されたに過ぎなかった。毛沢東は当初、「走資派」からの奪権後は、造反派を容易に連合させることができると考えていた。しかし、権力機構への造反という共通の目的の下で結束していた造反派は、奪権により権力の空白が生まれるや、毛の予想を裏切り、権力の座をめぐって互いに争い始めたのであった[51]。

農村部における「奪権」の形態や性格はさまざまであったが、同時にそれは単に前年来の造反運動の延長線上に捉えることのできるものではなく、文革の派閥抗争における重要なターニングポイントとしての意味をもつものであった。「奪権」は、大半の県で権力機構を麻痺状態に陥れ、抗争のベクトルを政治指導部に対する造反から派閥組織間の抗争へと変化させた。奪権闘争以前は、造反運動の主な争点は工作組派遣をめぐる資反路線に置かれ、批判の対象は責任機関としての県党委と工作組、そしてそれらの庇護を受けた「保守派」に向けられていた。しかし、「奪権」

図2－2　造反派組織の成立と派閥の二極化

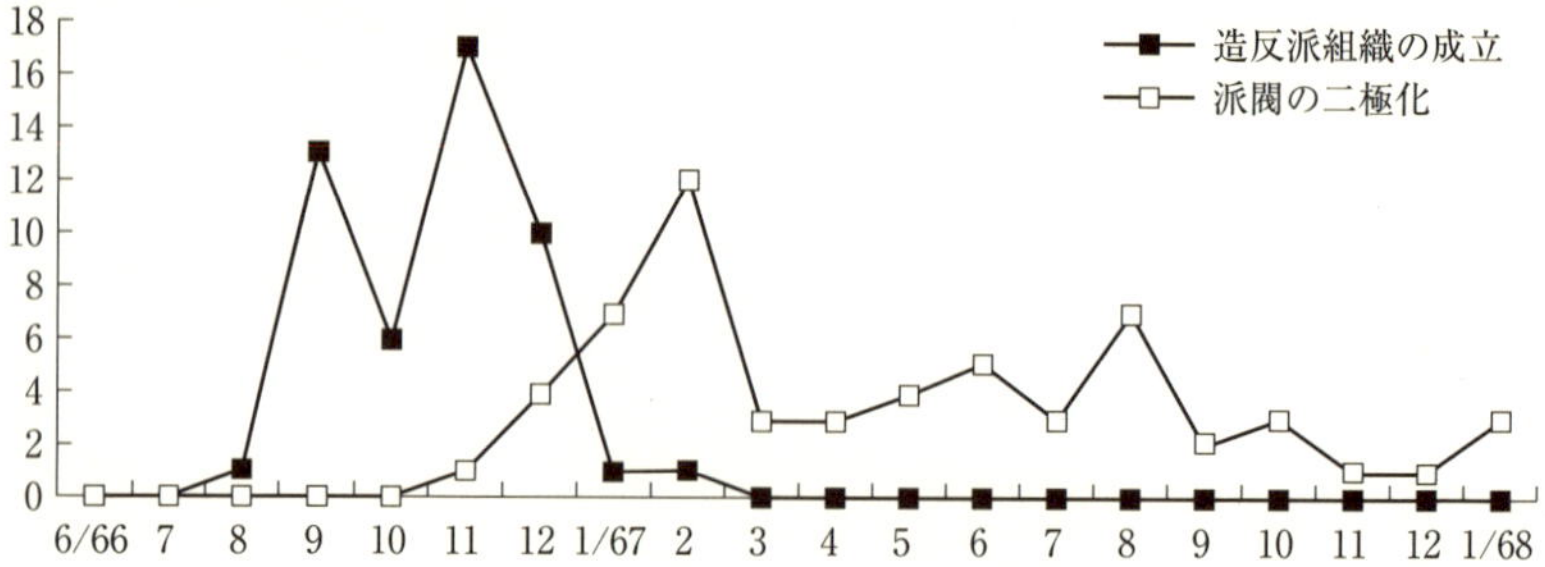

以後は、大半の指導幹部が失脚へと追い込まれたことにより、造反の対象を失った造反派が無政府状態のなか、権力と「革命左派」の称号をめぐって互いに抗争を繰り広げるようになった。派閥組織は、「奪権」の正当性、「実権派」のうち誰を攻撃対象とするのか、軍隊による「支左」などをめぐって対立し、次第に二極化していった。都市近郊や地区政府所在地などでは、一九六六年末の資反路線批判の高まりのなかで早くも二大派閥が成立し始めていたが、大半の県では派閥の二極化は翌年初めの奪権闘争のプロセスとともに進展した（図2-2）。つまり、農村部における派閥組織の二極化は、奪権闘争が生み出した権力の空白をめぐる争いによって促進されたのである。

ここで、「奪権」の定義について触れておかなければならない。「一月奪権」の発端となった上海のケースは、実際には多くの場合、職場内部の「造反派」による接収管理か、中央文化革命小組（以下、中央文革）の意を受けたパワー・ブローカー＝張春橋によって仕組まれた労働者造反組織（＝「工総司」）による権力掌握のプロセスであった[52]。また、上海市の権力機構である上海市党委からの奪権の試みは幾度となく「流産」に終わっているが[53]、実際には、一月六日の「工総司」による「市委打倒大会」後、上海市党委は麻痺状態に陥っていた[54]。したがって、「奪権」は、それが含意するものとは異なり、必ずしも「下からの」権力奪取を意味するものではなかったが、結果的に既存の権力機構を覆すか、少なくとも麻痺状態に陥れる作用

表 2-1　陝西省各県における「奪権」の類型

反抗型	職場内型	連合型
10 (0.29)	14 (0.41)	10 (0.29)

をもたらしたといえる。

また、そもそも何をもって「奪権」とするか（機関の印章が奪われた時点か、指導幹部が失脚に追い込まれた時点か、または奪権宣言が行われた時点か）を厳密に定義することは困難である。そのため、本論では、特定または複数の大衆組織によって県党委の権力が奪われるか、機能停止（麻痺）状態に陥った場合、「奪権」が行われたとみなすことにする。報道、公安、工場、学校などさまざまな機関が奪権のターゲットとなるなか、県党委を取り上げるのは、いうまでもなく県党委が県レベルにおける権力の中枢であったためである。このように定義した場合、陝西省内の八七パーセントの県で「奪権」が行われたことになる。[55] これらの「奪権」の形態や性格、担い手は多様であったが、概ね「反抗型」、「職場型」、「連合型」の三つに分類することができる。これら三つのタイプの「奪権」は、それぞれ異なるプロセスをともないながらも、いずれも派閥組織の二極化を促していくことになる。

（一）反抗型奪権

「反抗型奪権」とは、学生、教師、労働者など非エリート集団を中心とする勢力による地方政権からの権力奪取のことである。省内の各県で行われた「奪権」のうち、この類型に当てはまるものは三〇％以下であった（表2–1）。この「下からの」権力機構への挑戦が生じるには、造反派の動員・組織化がある程度進んでいることが条件であった。そのため、このタイプの奪権は、都市近郊や地区政府所在地など経験交流の影響を受けやすかった地域で多くみられた。

反抗型奪権から派閥組織の二極化へと至るプロセスには、大きく三つのパターンを見出すことができる。一つは、奪権以前には造反派の動員のみがみられ、造反派による奪権が「保守派」の連合を促したケースである。西安近郊の三原県では、一月三一日、「工農司」、「紅三司」など同じ観点をもつ造反派組織が、上海の「一月風暴」に倣って県党委と人民委員会(以下、人委)の権力を奪った。[56]これに対し、三月一日、県人民武装部(以下、武装部)と駐留部隊は、労働者、貧農・下層中農、幹部など「工農司」と対立する十大組織を連合した「三原県革命委員会準備委員会」(「三準」)を成立させた。奪権を強行した「工農司」とそれに対抗して軍主導の下で組織された「三準」が原型となり、三原県の二大派閥が形成された。

一方、第二、第三のパターンは、ともに奪権以前にすでに造反派の動員が「保守派」の対抗動員を惹き起こし、「造反派」対「保守派」という対立軸が生じていた点では共通していた。しかし、両者は奪権闘争を境として、「保守派」がその後も存続したか、あるいは分解したかによって区別することができる。前者の場合では、奪権闘争後、「造反派」と「保守派」の対立がそのまま先鋭化していった。例えば、西安の北東約一〇〇キロメートルの蒲城県では、官製の「文革準備委員会」をめぐる対立から、すでに一九六六年一二月にともに学生を主体として労働者、農民、機関幹部などを連合した「準派」と「臨派」の二大派閥が形成されていた。[57]翌年二月三日、「臨派」は県党委へと押し入り、印章を奪った。この事件は、「大部分の幹部と大衆の強烈な反対」を惹き起こしたが、同時に「奪権風」を巻き起こし、各レベルの党政機関を麻痺状態に陥れた。

また、西安の北約二〇〇キロメートル、延安への途上に位置する富県では、全国各地から「革命の聖地」へ向かう多数の紅衛兵が経験交流に訪れた影響で、一一月にはともに中学生と機関幹部を主体とする「紅造司」と「統指」が成立していた。[58]一月二八日夜、「紅造司」が県党委を急襲し、県党委書記と県長を批判闘争にかけて印章を奪った。「紅造司」は、「一・二八『奪権』の勝利によって富県の党政財文等一切の権力は『紅造司』に帰属する」と全県に布告した。以後、「一・二八奪権」は合法的な革命行動か、または非合法な簒奪行為かをめぐって、老若男女を巻き込む大論争となった。両派の対立は日増しに激化し、七月六日、対立派の「統指」による「反奪権」へと発展した。

最後に三つ目のパターンは、主に西安市や漢中県などの都市や工業地域でみられた類型である。西安市では、「保守派」の「工農総部」が奪権闘争前後に打倒され、その後「造反派」が分裂して「西派」と「東派」の両大派が形成された。「西派」と「東派」の対立は、どの指導幹部を打倒し、誰と「結合」するのかなどの問題をめぐって、「西派」の西北工業大学（西工大）、西安電訊工程学院（西軍電）などの学生が、「東派」の西安交通大学（西安交大）の学生を「右傾日和見主義」（右傾機会主義）と批判したことによって深刻化した[59]。漢中県でも、西安市と同じようにどの指導幹部を打倒すべきか（誰と結合すべきか）をめぐって「造反派」が分裂し、次第に「統派」と「聯派」の二大派閥組織が形成された[60]。しかし、これらのケースに類似した例は、農村部の県ではほとんど見受けられず、都市部に特有のパターンであったと考えられる。

以上のように、反抗型奪権から派閥の二極化のプロセスには、奪権前には「造反派」の動員のみがみられ奪権闘争が「保守派」の対抗動員を促したケース、奪権前にすでに「造反派」と「保守派」が形成されていて奪権闘争によって両派の対立が深刻化したケース、さらには「保守派」が打倒され「造反派」の分裂によって二大派閥が形成されたケースという、三つの異なるパターンが存在した。また、反抗型奪権は、奪権以前の比較的早い時期に造反派の動員が生じていた都市や都市近郊の県で多くみられた。

（二）職場型奪権

次に、「職場型奪権」（搶班奪権）とは、県党委内の「造反派」による職場権力の奪取のことである。この権力機構内部からの「奪権」は、クーデター的性格が強く、多くの場合、一部の指導幹部の暗黙の了解または支持のもとで行われた。反対派は、この密室での奪権を「偽奪権」、「宮廷政変」、「保皇奪権」などと非難した。職場型奪権の正当性をめぐる論争は、造反派の動員を惹き起こし、派閥の二極化をもたらした。職場型奪権は、奪権以前には造反派の動員が緩慢であった遠隔の県に多く、省内で発生したすべての「奪権」のうち四〇パーセント以上がこのタイプであった（表2-1）。

例えば、渭南地区の華陰県では、一月二三日と二八日に、県党委と人委の「造反派」組織がそれぞれ内部から「奪権」を行った[61]。二月九日、学生約三〇人が、これを「宮廷政変」、「偽奪権」、「保皇奪権」と非難し、責任者を引きずり出して「奪権」の正当性について問いただした。これ以後、「造反派」は二つに分裂したが、互いに遅れをとるまいと「実権派」をつるし上げる一方で、「走資派による陰での操縦」を非難し合った。さらには、「お前が闘争すれば、おれは守る」（暗保）、「お前が守れば、おれは闘争する」（假闘）という現象も生じた。

省北端の府谷県では、一二月、県党委機関の「毛沢東思想戦闘隊」（後に「東方紅」に所属）が県党委弁公室主任を罷免し、「搶班奪権」の先鞭をつけたが、この「奪権」の正当性をめぐる論争が、全県の「造反派」を巻き込み、次第に両大派（「東方紅」と「指揮部」）が形成された[62]。両派は、ともに府谷中学の紅衛兵組織を核として形成されたが、一方の「指揮部」は市街地住民、財貿、政法などの単位を主体としていたのに対し、「東方紅」は党政機関と多数の人民公社から構成されていた。「指揮部」は「東方紅」を「保皇派」と責め立て、反対に「東方紅」は「指揮部」を「妖怪変化」（牛鬼蛇神）と罵った。両派は、互いに「走資派による舞台裏での操縦」を非難し合う一方で、ともに県内の「最大の走資派」として県党委書記を標的にし、繰り返し尋問や批判闘争を行った。また、大半の中級以上の指導幹部は、脇へ追いやられるかつるし上げられ、全県の行政機能は麻痺状態に陥ったが、興味深いことに、「罷免」

された指導幹部はなおもどちらかの派閥組織への支持表明（表態）を迫られた[63]。

また、同じ楡林地区の米脂県のケースは、派閥組織の「黒幕」として指導幹部が果たした役割を如実に物語っている。一月二五日、楡林地区党委の一部の幹部が来県し、「妖怪変化に奪権させるぐらいなら、革命的労働者に奪権してもらったほうがよい」と宣伝して回った[64]。翌日、米脂県党委・人委の「毛沢東思想防衛戦闘隊」は機関の印章を取り上げ、米脂中学準備委員会などその他の「保守派」組織も型どおりに「搶班奪権」を行ったが、対立派はこれを「偽奪権、本当は保皇」と批判した。二七日、米脂中学の造反派「一〇一」と観点を同じくする組織が連合して「米脂県一〇一革命造反統一指揮部」（「一〇一」）を成立させた。二八日、米脂中学準備委員会と同じ観点の組織が連合して「米脂県無産階級連合総部」（「総部」）が成立した。幹部、学生、大衆がこれら二つの組織の旗印の下に連合したが、「総部」は「一〇一」に対して多数派を占めた。「一〇一」は「総部」を「保守派」、「保皇のイヌ」と罵り、反対に「総部」は「一〇一」を「妖怪変化の寄せ集め」と罵倒した。抗争はますます尖鋭化し、両派とも自らが「走資派」とみなす指導幹部を批判闘争にかけ、自派が真の革命派であることを示そうと躍起になった。

このように、職場型奪権が行われた県では、学生や教師、労働者などの造反派が弱体であったために、県党委機関内部の派閥組織が「奪権」の担い手となった。これらの県では、「奪権」の正当性をめぐる論争が造反派の動員を促し、その結果、党政機関幹部を中心とする「保守派」とそれに対抗する学生、教師などからなる「造反派」へと二極化していく傾向があった。また、農村部の県に多くみられた職場型奪権には、「走資派による操縦」、すなわち県指導幹部による派閥抗争への関与が窺えるケースも少なくなかった。

（三）連合型奪権

「連合型奪権」（連合奪権、または監督奪権）とは、「造反派」組織の「大連合」を通じた権力の接収のことであり、多くの場合、軍当局の主導の下で行われた。このタイプの「奪権」は、全体の三〇パーセント弱を占めた（表2−1）。一月二二日の『人民日報』社説[65]は、「無産階級革命造反派は奪権闘争を展開するにあたり、必ず大連合を行わなければならない」としている。また、その翌日の二三日、中央は解放軍部隊に対し、それまでの文革への「不介入」を改め、「積極的に広大な革命左派大衆の奪権闘争を支持」するよう求めた[66]。県軍当局の主導による「連合奪権」もこれらの中央の指示に基づいて行われたものと思われる。連合型奪権は、「造反派の大連合」がその後分裂して二大派閥が形成されるケースが多かったが、一部では軍当局の強い主導の下、派閥対立が収束に向かったケースも見られた。

延安県では、一月二六日、造反派学生が延安地区党委と専署（専員公署）[67]から奪権したが、翌二七日、延安県党委内の「捍衛毛沢東思想戦闘隊」、「東方紅戦闘隊」、「永紅戦闘隊」は大連合を実行し、「延安県委機関造反団」を成立させるとともに、武装部と軍分区の支持を得て、同日夜に七名（学生四名、幹部三名）からなる「接管委員会」を組織し、「奪権」の儀式を行った[68]。二月一七日、「接管委員会」は、『紅旗』社説[69]に基づき、軍代表、大衆代表、指導幹部代表からなる「三結合」の「延安県革命委員会」を成立させ、県の党政権力を掌握した。しかし、五月一五日、「延安県委機関造反団」内部の意見の相違から一部のメンバーが離脱し、「五・一五戦闘隊」を成立させた。一部の学生はまた「接管委員会」を離脱し、「三結合」を解散すべきであると主張した。延安県の各「造反組織」は、「奪権」をめぐる相違から次第に「県指」と「県総」の両大派へと分岐していった。「県指」が「一・二七奪権」を「革命的な三結合」であるとみなして擁護すべきであると主張したのに対して、「県総」はそれを「保皇派の寄せ集め（三湊合）」とみなして解散を主張した。その後、両派間の武闘が激しくなり、「奪権」後に成立した「革命委員会」は解散に追い込まれた。

また、咸陽地区の礼泉県では、学生、教師、機関幹部、農民などの「造反組織」を傘下におさめる全県統一組織「紅聯会」が奪権以前に成立しており、一月二四日、「紅聯会」は県党委、人委に進駐して「監督奪権」を実行した。[70] 二月、「紅聯会」に所属していた一部の中学生が、「監督奪権は徹底した奪権ではなく、修正主義である」とする大字報を貼り出した。二月末、二つの学生組織が「紅聯会」を正式に脱退し、「聯指」を成立させた。教師、機関幹部、学生など残された「紅聯会」のメンバーは「紅造」を成立させ、両大派が形成された。

一方、軍当局がその庇護下の派閥組織による「連合奪権」をお膳立てし、対立派を瓦解させたケースもあった。延安地区の黄龍県では、一月二七日、武装部の副政治委員が「無総」に対する支持（「支左」）[71]を表明すると、他の「造反組織」は相次いで「無総」へ靡き、「大連合」が成立した。[72] 二九日、「無総」は、武装部と公安・検察・裁判所（公検法）の支持の下、党・政府・財政・教育の全権力を一挙に奪取した。二月四日、新たに「革命指導幹部」、「駐軍代表」、「造反派組織の責任者」からなる「三結合」の臨時権力機構、「黄龍県無産階級革命臨時委員会」（臨委会）が成立した。これにより、黄龍県は「無総」派が支配することとなり、対立派の「紅総」の残党は県外に逃亡した。また、渭南地区臨潼県や宝鶏地区千陽県のように、県内か近隣に解放軍主力部隊が駐留していた一部の県では、主力部隊による積極的介入により、派閥対立が比較的早期に収束した。[73]

以上のように、陝西省の各県における「奪権」は、その形態や性格、担い手、軍の関与の有無などの点で多様であった。しかし、反抗型、職場型、連合型という三つのタイプの「奪権」は、それぞれ異なるプロセスをともないながらも、多くの場合、派閥組織の二極化へと導いていった。これは、「奪権」がその多様な性格にもかかわらず、いずれも地方権力機構を麻痺状態に陥れたことにより、さまざまな背景と利害関係をもつ「造反派」が権力の空白をめぐる争いを開始したためであった。

おわりに

派閥組織の二極化が生じた県の数は、奪権闘争の高まりとともにピークを迎えたが、その後も徐々に増加し、一九六七年八月には再び高い伸びを示した（図2-2）。これは、一つには、奪権以後、各県の派閥組織が自派の勢力拡大のために、県境を越えて互いに提携関係を築き始めたことと関係している。都市近郊や地区政府所在地などでは、二大派閥組織が比較的早い時期に成立し、勢力も強大であったため、両派が競って近隣の県へ経験交流に出かけ、干渉を行った。一方、周辺の県では、派閥組織が県内での勢力拡大のため、近隣のより強大な派閥組織と結び付く傾向があった。このように、県境を越えた相互干渉は、周辺の県における派閥の二極化を促していった。

また、八月に派閥組織の二極化が再び増加した理由として、軍隊「支左」をめぐる争いと武闘の激化を挙げることができる。軍隊「支左」については、次章で詳しく述べることとし、ここでは各県軍当局の「支左」表明をめぐって派閥組織間の競争が激化し、二極化を促したと指摘するに留めておく。また、武闘の拡大も一種の「攻守同盟」を促し、派閥組織の二極化を進展させた。

以上、陝西省の各県を事例に、造反派の成立から二極化に至るまでのプロセスを考察したが、最後に明らかになった点をまとめておく。まず、造反派の起源については、文革初期の上からの粛清運動が、学生、教師、基層幹部の間に潜在的な利害対立と亀裂をもたらしたことが原因となった。学校への工作組の派遣は、初期の紅衛兵、「準委会」

のメンバーなど工作組＝県党指導部に取り込まれ、積極的に協力した学生と、排除された学生との間に亀裂をもたらした。「教師集訓会」は、一部の教師を標的に仕立て上げ、さまざまな迫害を加えたことにより、これらの教師による名誉回復を求める運動を促した。同時に、集訓会は、学生や貧農・下層中農の積極分子を利用して教師に迫害を加えさせたため、これらの集団間に遺恨を残すこととなった。また、文革初期に社教運動が同時に行われていた県では、処分を受けた多くの基層幹部が造反運動の機を捉えて名誉回復を要求したため、社教の「成果」を守ろうとする社教幹部や積極分子、貧農・下層中農との対立をもたらした。

しかし、「細胞化」(cellularized) された当時の農村社会において、[74] 紅衛兵の経験交流がなければ、これらの亀裂が顕在化することはなかったかもしれない。実際に、文革以前にも粛清運動は繰り返し行われていたにもかかわらず、農村で大規模な抗議運動は生じなかった。[75] 工作組の派遣から撤収、そして資反路線批判に至る中央の方針転換は、都市の紅衛兵を通じて農村部へ伝わり、造反派の組織化を促していった。都市近郊や地区政府所在地など一部の県では、一九六六年末の資反路線批判の高まりのなかで、文革初期の工作組による弾圧からの救済、名誉回復を求めて造反派が連合し始め、それに対して「保守派」が対抗動員を行った結果、派閥組織の二極化が生じていた。しかし、大半の県では、派閥組織の二極化は奪権闘争の結果生じたといってよい。農村各県における「奪権」は、反抗型、職場型、連合型というように多様な性格とプロセスをともなうものであったが、多くの場合、地方権力機構を麻痺状態に陥れた。その結果生じた権力の空白をめぐる争いが、県レベルでの派閥組織の二極化のプロセスに拍車をかけたのであった。

註

（1）この見方の典型例として、合理的選択モデルを用いた王紹光の研究を挙げることができる。それによれば、一見非合理的にみえる毛沢東の「信奉者」（true believers）の集合行為への参加は、個人レベルでは基本的には合理的選択に基づいており、合理的アクターとしての自らの利益の追求と独自のアジェンダが毛沢東の計画を挫折へと導いたとされる。Shaoguang Wang, ***Failure of Charisma: The Cultural Revolution in Wuhan***, Hong Kong: Oxford University Press, 1995.

（2）Hong Yung Lee, ***The Politics of the Chinese Cultural Revolution: A Case Study***, Berkeley: University of California Press, 1978.

（3）「労働者、貧農・下層中農、革命幹部、革命軍人、革命烈士」とその子女のこと。「出身血統主義」をめぐる論争については、以下が詳しい。加々美光行編訳『資料・中国文化大革命――出身血統主義をめぐる論争』（りくえつ、一九八〇年）。

（4）Anita Chan, Stanley Rosen, and Jonathan Unger, "Students and Class Warfare: The Roots of the Red Guard Conflict in Guangzhou," ***The China Quarterly***, No. 83 (September 1980), pp. 397–446; Stanley Rosen, ***Red Guard Factionalism and the Cultural Revolution in Guangzhou (Canton)***, Boulder: Westview Press, 1982; and Jonathan Unger, ***Education under Mao: Class and Competition in Canton Schools, 1960–1980***, New York: Columbia University Press, 1982.

（5）Andrew G. Walder, "The Chinese Cultural Revolution in the Factories: Party-State Structures and Patterns of Conflict," in Elizabeth J. Perry, ed., ***Putting Class in Its Place: Worker Identities in East Asia***, Berkeley: University of California Institute of East Asian Studies, 1996, pp. 167–198; and Elizabeth J. Perry and Li Xun, ***Proletarian Power: Shanghai in the Cultural Revolution***, Boulder: Westview Press, 1997, pp. 71–95.

（6）Andrew G. Walder, "Beijing Red Guard Factionalism: Social Interpretations Reconsidered," ***The Journal of Asian Studies***, Vol. 61, No. 2 (May 2002), pp. 437–471; "Ambiguity and Choice in Political Movements: The Origins of Beijing Red Guard Factionalism," ***American Journal of Sociology***, Vol. 112, No. 3 (November 2006), pp. 710–750; "Factional Conflict at Beijing University, 1966–1968," *The China Quarterly*, No. 188 (December 2006), pp. 1023–1047; and *Fractured Rebellion: The Beijing Red Guard Movement*, Cambridge, Mass.: Harvard University Press, 2009.

（7）本論で、「造反派」（または、「造反派組織」）とは、文革初期の粛清・迫害運動において、工作組（隊）によって迫害、排除された学生、教師、幹部などを主体として形成された集団・組織のことで、工作組、党指導部、「官製」紅衛兵・大衆組織への対抗動員としての性格が強かったものを指す。一方、文革期に現れたさまざまな性格をもつ大衆組織の総称として、「造反組織」と称することがあるが、本論では混乱を避けるため、これらを「派閥組織」と呼ぶこととする。

（8）「県誌データ」については序章を参照。

（9）第一章を参照。

（10）Doug McAdam, Sidney Tarrow, and Charles Tilly, *The Dynamics of Contention*, New York: Cambridge University Press, 2001, p. 322.

（11）「中国共産党中央委員会関於無産階級文化大革命的決定」（一九六六年八月八日）、宋永毅主編『中国文化大革命文庫（CD-ROM）』（香港中文大学中国研究服務中心、二〇〇二年）、所収。

（12）Walder, "Beijing Red Guard Factionalism"; "Ambiguity and Choice in Political Movements"; "Factional Conflict at Beijing University, 1966–1968"; and *Fractured Rebellion*.

（13）張承志（小島晋治・田所竹彦訳）『紅衛兵の時代』（岩波新書、一九九二年）六八頁。

（14）「四大」とは、「大鳴」（大いに意見を出す）、「大放」（大いに討論する）、「大字報」（大字報を貼る）、「大弁論」（大いに弁論する）のことを指す。

（15）「四旧」とは、旧思想、旧文化、旧風俗、旧習慣のこと。

（16）「黒五類」とは、地主、富農、反動分子、悪質分子、右派分子のことを指す。

（17）南鄭県誌編纂委員会編『南鄭県誌』（中国人民公安大学出版社、一九九〇年）四八四頁。

（18）甘泉県地方誌編纂委員会編『甘泉県誌』（陝西人民出版社、一九九三年）四八五-四八六頁、嵐皋県誌編纂委員会編

『嵐皋県誌』（陝西人民出版社、一九九三年）五八七頁。

(19) 定邊県誌編纂委員会編『定邊県誌』（方志出版社、二〇〇三年）七六三–七六四頁。

(20) 「教師集訓会」の開催期間は、各県を所轄する地区によって異なるが、西安市周辺では一ヶ月程度、遠隔地では三ヶ月程度のところが多かった。また、工作組人員の数は、収容されていた教師の総数の五～一〇パーセント程度であったものと思われる。例えば、府谷県では、収容された教師五九二名に対して、三五名の幹部からなる工作組が送り込まれ、さらに労働者三名、農民二六名、学生二〇名がそれに加わった（府谷県誌編纂委員会編『府谷県誌』陝西人民出版社、一九九四年、五七六頁）。寧強県では、一一〇〇名の教師に対して一二〇名の幹部からなる工作組が派遣された（寧強県誌編纂委員会編『寧強県誌』陝西師範大学出版社、一九九五年、六七〇頁）。

(21) 礼泉県誌編纂委員会編『礼泉県誌』（三秦出版社、一九九九年）九九四頁。

(22) 長安県誌編纂委員会編『長安県誌』（陝西人民教育出版社、一九九九年）六〇一頁。

(23) 社教運動（または、「四清」）と文革の関係は、一九六六年九月の「農村五か条」では「『四清』の部署に文革を結びつける」とされたが、一二月の「農村一〇か条」では「四清運動を文化大革命のなかに取り込む」として、両者の関係を逆転させている。これは、九月の段階では、県以下の農村では文革を制限する方針であったものが、一二月には、農村でも文革を全面的に実行する方針へと転換されたことを意味している。「中国共産党中央委員会関於県以下農村文化大革命的規定及附件」（中発［六六］四七八号、一九六六年九月一四日）、「中共中央関於農村無産階級文化大革命的指示（草案）」（中発［六六］六一二号、一九六六年一二月一五日）、『中国文化大革命文庫』、所収。また、社教運動と文革との関係についての優れた研究として、以下を参照。Richard Baum, "Revolution and Reaction in the Chinese Countryside: The Socialist Education Movement in Cultural Revolution Perspective," *The China Quarterly*, No. 38, 1969, pp. 92–119; Richard Baum and Frederick C. Teiwes, *Ssu-Ch'ing: The Socialist Education Movement of 1962–1966*, Berkeley: University of California Press, 1968.

(24) 楊麗君は、地方都市の工場でも社教運動が派閥組織への所属を決定付けたと述べている。楊麗君「文革期における派閥構造と成因――資源動員論のアプローチから」『アジア研究』（第五一巻第四号、二〇〇五年一〇月）三三―四九頁。
(25)　藍田県地方誌編纂委員会編『藍田県誌』（陝西人民出版社、一九九四年）七八五―七八八頁。
(26)　涇陽県県誌編纂委員会編『涇陽県誌』（陝西人民出版社、二〇〇一年）七四三頁。
(27)　府谷県誌編纂委員会編『府谷県誌』（陝西人民出版社、一九九四年）五七八頁。
(28)　靖邊県誌編纂委員会編『靖邊県誌』（陝西人民出版社、一九九三年）三三五頁。
(29)　「文革臨時委員会」とは、県当局によって組織された学校の文革指導機関のこと。多くの県では、当初「文革準備委員会」が組織され、後に「文革臨時委員会」と改称された。また、一部の県では、「準備委員会」から「臨時委員会」が分離し、互いに対抗する派閥勢力となった。
(30)　三原県誌編纂委員会編『三原県誌』（陝西人民出版社、二〇〇〇年）七二五頁。
(31)　「在毛沢東思想的大路上前進」『紅旗』（第13期社論、一九九六年一〇月三日）、『中国文化大革命文庫』、所収。
(32)　『礼泉県誌』九九四頁、『南鄭県誌』四八四頁。
(33)　「中共中央批轉軍委、総政関於軍隊院校無産階級文化大革命的緊急指示」（中発［六六］五一五号、一九六六年一〇月五日）、『中国文化大革命文庫』、所収。
(34)　『靖邊県誌』三三五頁。
(35)　蒲城県誌編纂委員会編『蒲城県誌』（中国人事出版社、一九九三年）付録一頁。
(36)　太白県地方誌編纂委員会編『太白県誌』（三秦出版社、一九九五年）四二二頁。
(37)　宜川県地方誌編纂委員会編『宜川県誌』（陝西人民出版社、二〇〇〇年）五八八頁。
(38)　武功県地方誌編纂委員会編『武功県誌』（陝西人民出版社、二〇〇一年）八五〇頁。
(39)　「中共中央関於保衛四清運動成果的通知」（中発［六七］三〇号、一九六七年一月二五日）、『中国文化大革命文庫』、所収。
(40)　『藍田県誌』七八七頁。

(41)「貧協」は、一九六四年に制定された「中華人民共和国貧農・下層中農協会組織条例」に基づいて全国の農村で設立された。同年一一月、党中央は、「四清」運動の重点地区においては、一切の権力を貧協に移行させることを指示した。陳東林・苗棣・李丹慧編、加々美光行監修『中国文化大革命辞典』（中国書店、一九九七年）二七九頁。

(42)鎮巴県誌編纂委員会編『鎮巴県誌』（陝西人民出版社、一九九六年）三八頁。

(43)Walder, "The Chinese Cultural Revolution in the Factories: Party-State Structures and Patterns of Conflict"; and Perry and Li, *Proletarian Power*, Chapter 3.

(44)『嵐皋県誌』五八八–五八九頁。

(45)『蒲城県誌』付録二頁。

(46)隴県地方誌編纂委員会編『隴県誌』（陝西人民出版社、一九九三年）六九〇頁。

(47)黄龍県誌編纂委員会編『黄龍県誌』（陝西人民出版社、一九九五年）六七六頁、延川県誌編纂委員会編『延川県誌』（陝西人民出版社、一九九五年）八二五頁。

(48)『蒲城県誌』付録三頁、『華県誌・「文化大革命」誌』（編著者不明、未公刊原稿）八頁。

(49)『蒲城県誌』付録三頁。

(50)社論「無産階級革命派大連合、奪走資本主義道路当権派的権！」『人民日報』一九六七年一月二二日。

(51)Wang, *Failure of Charisma*, pp. 112–119.

(52)金野純『中国社会と大衆動員――毛沢東時代の政治権力と民衆』（御茶の水書房、二〇〇八年）三四八–三五四頁。

(53)李遜『大崩潰――上海工人造反派興亡史』（時報出版、一九九六年）三〇九–三三六頁、金野『中国社会と大衆動員』三五一–三五四頁。

(54)席宣・金春明（岸田五郎他訳）『文化大革命簡史』（中央公論社、一九九八年）一七二頁。

(55)本論で計量分析に用いるサンプル数七五（序章参照）のうち、六〇県で「奪権」が報告されたが、九県では奪権は未遂に終わるか行われず、六県は不明であった。

(56)『三原県誌』七二五–七二六頁。
(57)『蒲城県誌』付録三頁。
(58)富県地方誌編纂委員会編『富県誌』(陝西人民出版社、一九九四年)五五五頁。
(59)西安地区大中学校文革聯合指揮部、紅衛兵造反司令部印「陳毅接見西安地区赴京代表団時的講話(一九六七年一月一七、一八日)」『無産階級文化大革命文献八、中央領導同志講話(二)』(一九六七)、「陳毅接見西安交大及西安医学院部分師生時的談話(一九六七年二月五日)」北京玻璃総廠紅衛兵聯絡站編『中央首長講話(二)』(一九六七年三月)。
(60)漢中市地方誌編纂委員会編『漢中市誌』(中共中央党校出版社、一九九四年)九四三頁。
(61)華陰県誌編纂委員会編『華陰県誌』(作家出版社、一九九五年)八五八–八五九頁。
(62)『府谷県誌』五八〇頁。
(63)例えば、ある県党副書記は当初は両派の攻撃の対象になっていなかったが、後に「東方紅」支持の立場を明らかにした(亮相)ために、「指揮部」から「偽党員」、「大衆運動を弾圧する首切り役人」とされ、何度も市中を引き回された。
(64)『米脂県誌』三九〇–三九一頁。
(65)前掲、「無産階級革命派大連合、奪走資本主義道路当権派的権!」。
(66)中共中央、国務院、中央軍委、中央文革小組「関於人民解放軍堅決支持革命左派群衆的決定」(中発［六七］二七号、一九六七年一月二三日)、『中国文化大革命文庫』所収。
(67)延安専署は、一九六九年に地区人民政府、一九九六年には市人民政府となった。
(68)延安市誌編纂委員会編『延安市誌』(陝西人民出版社、一九九四年)八二六頁。
(69)「論無産階級的革命規律和革命権威」『紅旗』(第三期社論、一九六七年二月三日)。なお、「三結合」についてのより詳細な説明は、一月後に同じ『紅旗』社説で行われた。社論「必須正確地対待幹部」『紅旗』(一九六七年第四期、一九六七年三月一日)。
(70)『礼泉県誌』九九四–九九六頁。

（71）「支左」について詳しくは次章を参照。
（72）『黄龍県誌』六七五–六七七頁。
（73）千陽県県誌編纂委員会編『千陽県誌』（陝西人民出版社、一九九一年）二八〇頁、陝西省臨潼県誌編纂委員会編『臨潼県誌』（上海人民出版社、一九九一年）六七五–六七六頁。なお、解放軍主力部隊と地方部隊の違いについては次章を参照。
（74）Vivienne Shue, *The Reach of the State: Sketches of the Chinese Body Politic*, Stanford: Stanford University Press, 1988.
（75）しかし、土地改革や集団化への宗教・秘密結社勢力による抵抗・反乱など、小規模で局地的な反乱は全国の農村で頻繁に生じていた。この点については以下を参照。Elizabeth J. Perry, "Rural Violence in Socialist China," *The China Quarterly*, No. 103 (September 1985), pp. 414–440.

第三章 「支左」政策と軍の分裂

はじめに

一九六七年夏、中国は各地で「全面内戦」に陥ったといわれる。(1)同年初めの奪権闘争以後、激しさを増した派閥抗争は、派閥組織が武装化し、対抗同盟を繰り返したことにより、大規模な武力抗争(=武闘)へと転化した。文化大革命(以下、文革)期の武闘(2)については、上海ディーゼルエンジン工場(3)や広州(4)、武漢(5)、成都、重慶(6)などの都市の事例が比較的よく知られているが、本論で取り上げる陝西省農村部における武闘もそれらに勝るとも劣らないほど激しいものであった。陝西省県域における武闘による死者数は、各県の『県誌』に記載されているものだけでも四五六五人に上り、これを一県当たりの平均でみると四九人と、全国平均の三六人と比較してもかなり高いことがわかる。(7)また、陝西省の武闘の激しさは、一九六八年七月に中央が二度にわたって発した武闘の即時停止命令のうちの一つが陝西省に向けられていたことからもわかる。(8)しかし、省内のすべての県が同様の人的被害を被ったわけではない。一部では、派閥抗争が比較的早期に収束し、局地的な紛争に抑制されたが、他所では、派閥抗争は特定の地域を越えて拡大し、内戦さながらの武力抗争へとエスカレートしていった。何がこのような違いをもたらしたのであろうか。

すでに論じたように、従来の文革についての研究は、基層レベルの派閥構成やその起源についての論考が多く、これらはなぜ派閥抗争が武力抗争へと転化したのかという問いに答えることができない。研究者たちは、異なる社会集団の分析を通じて、利益・ステイタス集団[9]、政治ネットワーク[10]、「心理・文化的志向[11]」、政治的相互作用[12]などのうち、どの理論枠組みが派閥組織への帰属を最もうまく説明できるのかについて議論してきた。このように理論的見地が異なるにもかかわらず、これらの研究はすべて文革初期の派閥現象に焦点を当てていたという点では共通していた。一九六七年初めに全国で吹き荒れた「一月風暴」を境に、それまで乱立していた派閥組織は離合集散を経て、全国各地で二大派閥へと収斂していき、同年夏以降、両大派閥間の武闘へと発展した。一般に、派閥現象は暴力をともなう場合もあればともなわないこともあり、派閥の形成と暴力的抗争の発生という二つのプロセスは、分析的に異なるプロセスであるといえる[13]。前章でみたように、陝西省ではほとんどの県で派閥の二極化が生じていたにもかかわらず、一部の県では派閥抗争の暴力化は抑制され、他所では大規模な武力抗争へと発展していった。つまり、暴力の拡大には別の要因とプロセスが関わっていたはずである。

一方、近年になり、暴力の問題が文革研究における一つの空隙となっているとの認識が生まれつつあり[14]、一部の研究者はすでにこの問題に取り組み始めている。印紅標は、「武装左派」と「文攻武衛」という「指導者の誤った政策と指導」が武闘拡大の原因となったと主張している[15]。M・シェーンハルスは、印と同様に、毛沢東による「左派を武装せよ」との呼び掛けが一九六七年夏の武闘激化の原因であったとの見方に立った上で、その責任が江青や林彪など取り巻きにではなく、毛沢東本人にあったことを立証しようとした[16]。両者が主張するように、派閥組織の武装化なしには、派閥抗争が武力抗争へと転化することもなかったことは事実である。しかし、一方では、「武器強奪」は陝西省のほぼすべての県（九七パーセント）で生じており、なぜ一部では武闘による暴力が拡大し、他所では沈静化したのかという重要な差異（variations）を説明することはできない。

次に、蘇陽による文革期の「大量虐殺」についての三省（湖北、広東、広西）の比較研究は、文革の人的被害に焦点を当てたものとしては、今までで最も体系的な研究である。[17] 蘇の研究は、革命委員会成立後の抑圧的暴力に[18]焦点を当てたものであるが、それによれば、「大量虐殺」は国家権力の及ばない辺境地域や基層レベルで生じる傾向があったという。これに対して、派閥組織間の武闘の暴力について論じた本論の第三章から第六章では、[19]武闘拡大の原因は、中央政府からの地理的・行政的な遠隔性にではなく、人民解放軍（以下、解放軍または単に軍と省略）地方部隊への統制力の欠如にあったことが明らかにされる。

本論は、派閥組織間の武闘の拡大は、主に地方軍事機構の崩壊によって惹き起こされたことを実証的に明らかにする。軍隊の分裂は、直接的には一九六七年一月に出された軍隊「支左」政策[20]に原因を求めることができるが、より本質的には地方の党政指導幹部と軍幹部が重複し合う解放軍地方部隊の構造に起因するものであった。地方部隊と地方党委員会（以下、党委員会は党委と省略）の「共棲関係」[21]によって、軍幹部と地方党指導幹部の間には利害の一致が生まれていた。このため、軍隊「支左」政策が各レベルの地方部隊に「左派を支持」するよう求めた際、多くの地方部隊幹部は毛沢東の意に反して、より穏健な一派を支持するか「不介入」の立場を採った。その結果生じた地方部隊の分裂は、奪権闘争によってすでに地方党政機関が麻痺状態に陥るなか、治安維持の最後の砦としての軍隊を無力化させ、地方を無政府状態に陥れた。さらに、軍の分裂は、地方部隊を派閥抗争に巻き込み、派閥組織への武器流出や軍事支援を通じて、派閥抗争が武力抗争へと転化する直接の原因となった。

一　軍の二重構造

軍隊「支左」政策が軍の分裂をもたらしたプロセスを検討する前に、文革当時の解放軍の構造的特徴について触れておく必要がある。解放軍の組織は伝統的に「主力部隊」と「地方部隊」に分かれる。[22] 主力部隊とはかつての「野戦軍」で（一九八五年以降は「集団軍」に再編）、国防を主な任務とする精鋭部隊である。主力部隊は名目上「大軍区」に属するが、実際には（党）中央軍事委員会の総参謀部の直接指揮下にあった。[23] 一方、「主力部隊」を除く正規部隊と予備役部隊、民兵からなる「地方部隊」は、「省軍区」の管轄下に置かれていた。地方部隊の主な任務は国内の治安維持であり、省軍区の最も重要な役割は民兵の編成と訓練にあった。省軍区の下には、地区（専区）ごとに「軍分区」、県ごとに「人民武装部」[24]（以下、武装部と省略）が置かれていた。

ここで重要なことは、地方部隊が上級司令部と地方党委の二重の指導の下に置かれていたということである。地方部隊と地方党委は、民兵のもつ国家の安全と経済建設という二つの任務を統合するために「結合」された。県武装部は、生産・治安維持を目的として民兵を動員する際には、省軍区や軍分区を経ずに直接県党委から指示を受けていたとされる。[25]

さらに重要なことは、地方部隊と地方党委の要職は兼任されることが多かった。省レベルでは、省党委の高級幹部が同時に省軍区の第一政治委員を務めることになっていた。[26] 県レベルでは、通常、武装部の政治委員は県党委書記が兼任し、一部の県では、武装部部長は同時に県党委常務委員の職を占めた。[27] この地方部隊と地方党委の指導幹部職の兼任制度は、両組織間に少なくとも共通の利害関係が存在したことを示唆している。また、地方部隊には、上級軍司令部と地方党委という二重の忠誠対象が存在したことになり、これが地方部隊の指導幹部の間に分裂を生じさせる原因となったことも考えられる。例えば、軍分区司令員、武装部部長など一部の指導幹部が上級司令部の指示に忠実であろうとする一方で、政治委員（または副政治委員）が地元党委の意向に影響されるということがあったかもしれない。

一方、主力部隊の司令官は地方党委の要職を兼任することはなかった[28]。また、すでにみた通り、主力部隊は総参謀部の直接の指揮下にあり、大軍区の指揮の下にはなかった。したがって、人的つながり、指揮系統の両面からみて、地方部隊は地方党委への結びつきがより強く、主力部隊は地方政権からより自律した存在であったといえる。これが、後述するように、「支左」をめぐって中央と省軍区との対立が生じた際に、中央が主力部隊を各省に派遣し、省軍区に取って代わらせた理由であった[29]。

また、造反派の目からみて、地方党委との「共棲関係」は、地方部隊の軍事組織としての威信を失墜させるものであった。造反派の目には、政治ポストを兼任する軍幹部はまさに「軍内の走資派」と映ったことであろう。つまり、地方党委と不可分の関係にあった地方部隊は、初めから派閥抗争を仲裁する立場になかったどころか、造反派による攻撃の対象に容易になり得るきわめて脆弱な存在であったといえる[30]。

次に挙げる二つの事例は、造反派が地方部隊をどのようにみていたかを如実に示している。西安近郊の咸陽地区では、主力部隊と県武装部が派閥への支持をめぐって対立した。同地区の興平県では、駐留していた第八一五七部隊が「急進派」に武器を供与するなど支援していたが[31]、隣の礼泉県では、武装部が「穏健派」を支持していた。礼泉県武装部が「保守派」と共謀しているとみなした興平県の「急進派」は、一九六七年一〇月一三日、礼泉の「急進派」とともに、「兵士が武装部を管理する」（兵管武装部）と称して礼泉県武装部と武器庫を襲撃し、占拠した[32]。主力部隊の支持を受けていたこの「急進派」の声明からは、彼らが武装部を「兵士以下」とみなしていたことが窺える。

また、同じく咸陽地区の三原県では、武装部が「穏健派」を支持していたが、「空軍〇三〇軍事学院」の造反組織、「紅縦」が「急進派」への支持を表明し、対立していた。「紅縦」はさらに、独自の「支左弁公室」を設置し、「支左人員」を機関、学校、事業企業単位に進駐させた。この結果、「軍隊がそれぞれ別の一派を支持し、両派組織が相対する軍隊と与する深刻な対立局面が形成された」。「穏健派」は、「軍事学院は支左の任務を持たないし、「学生は」軍装を身に着けた大学生に過ぎない」と非難し、対する「急進派」は、「武装部は、軍装を身に着けた地方幹部である」と応じた[33]。

これらのエピソードは、「急進派」が主力部隊と地方部隊である武装部を明らかに区別していたこと、そして武装部が県党委と不可分の関係にあったことを見抜いていたことを示唆している。「急進派」にとって、武装部幹部は「軍人・兵士以下」の「軍装を身に着けた地方幹部」であって、これはより一般的には地方部隊の幹部が「軍内の走資派」として容易に批判の標的となり得ることを意味していた。このように、地方党委との結びつきは、地方部隊を窮地に陥れる結果となった。

二　軍隊「支左」政策に対する地方部隊の当初の反応

（一）中央と省軍区の対立

「一月風暴」は、解放軍の文革不介入方針を転換させた。全国に吹き荒れた奪権闘争の嵐が地方権力機構を麻痺状態に陥れるなか、毛沢東はこれを「介入か不介入かの問題ではなく、革命派を支持するか、保守派または右派を支持するかの問題」であるとし、解放軍を派閥抗争の渦中に放り込んだのである。中央が一月二三日に発した「中国人民解放軍が断固として左派大衆を支持することに関する決定」[34]は、解放軍部隊に対し、それまでの文革不介入を改め、「積極的に広大な革命左派大衆の奪権闘争を支持し」、「無産階級革命左派に反対する反革命分子、反革命組織は断固として鎮圧」するよう求めた。したがって、解放軍は、中立な調停者としての役割ではなく、当事者として「左派」を支持し、それに反対する人々、組織は「反革命」として弾圧することを求められた。毛沢東の意図は、解放軍を用いて「左派」をてこ入れすることにあり、単に治安の回復と維持を目的にしていたのではなかった。

当初、軍隊「支左」の任務を与えられたのは各レベルの地方部隊であった。大軍区、省軍区のみならず、軍分区、人民武装部もまた「革命左派」を支持するよう求められた。主力部隊は当初は「支左」には関与せず、国内の騒乱や外国の侵略に備えるために温存された[35]。

軍隊「支左」政策には、そもそも「左派」とはどのような集団や組織のことをいい、またそれをどのように支持するのかという定義上、政策実施上のあいまいさという本質的な欠点が存在した。各県では、ほぼすべての大衆組織が自らを「造反派」、「左派」と主張し、相手を「保守派」、「保皇派」と非難するなかで、「左派」を同定する作業は困難をきわめた。また、それらの組織は自らを「革命左派」であることを証明するために、「走資派」や「裏切り者」をつるし上げることを互いに競い合った。このような状況の下、多くの地方部隊は、地元の「穏健派」へと傾倒していった。王年一によれば、大半の「大軍区」は、短い調査とためらいを経て、党員と共産主義青年団(共青団)員、「出身の良い」者、復員軍人、労働模範が多く、比較的規律を守り、軍隊を擁護する一派、すなわち「多数派」(大派)を支持したという[36]。王は、このように「大軍区」が「支左」の判断基準を広く認められた経歴と軍に対する態度に置いたことは、「論理に適う」ものであったと述べている。また、地方部隊が「穏健派」へと傾倒したもう一つの理由として、すでにみた地方部隊と地方党委の「共棲関係」を挙げることができる。このように、「支左」政策のもつあいまいさは、多くの場合、地方部隊をより穏健で、「現状維持」勢力の多い一派と提携させる結果をもたらした。このことは、毛沢東を始めとする中央の急進派の目には、地方軍当局が「保守派」と連合したと映ったことであろう。

一方、激しさを増しつつある造反派による解放軍部隊、施設への攻撃に危機感を覚えた林彪は、毛沢東に部隊や施設を保護するための規定を出すことを認めさせた。「支左」決定から五日目に出された「軍委八条」[37]は、軍隊内の「軍備・機密系統」への攻撃と経験交流を禁じるとともに、「支左」決定を補足するかたちで「証拠が確実な反革命組織と反革命分子」に対しては「独裁措置」、すなわち超法規的な弾圧を行うことを求めた。多くの地方軍当局は、「軍委八条」を治安の回復を求めたものと解釈し、軍に敵対的な造反派組織への弾圧を開始した[38]。続く数ヶ月の間、全国各地で軍当局による造反派組織の弾圧事件が頻発した。なかでも悪名高いのが、二月下旬に西寧市で起こった「趙永夫事件」である。青海省軍区副司令員であった趙永夫は、青海日報社に立て篭もる「八・一八」のメンバーに対して発砲を命じ、一六九人を殺害、一七八人を負傷させた[39]。また、四川省では、成都軍区の本部が一週間にわたり急進的な造反派組織に取り囲まれた事件を契機として、解放軍部隊が全省内で取締りを行い、一〇万人近い「造反派」を逮捕・拘留した[40]。解放軍部隊による造反派組織への弾圧は、他に安徽省、内モンゴル自治区、河南省、新疆ウイグル自治区などでも行われた。

これに対し、中央は、三月末から五月初めにかけて、相次いで省軍区の決定を覆す「通知」や「決定」を出し、省レベルにおける奪権の正当性、誰が責任者となるべきか、「反革命組織」の指定などについて直接命令を下し始めた[41]。その頃には、毛沢東は地方の解放軍部隊が造反派勢力を抑圧しているとみなし、「方向と路線の錯誤」を正さなければばならないと考えるようになっていた。一連の「通知」、「決定」の要点は、林彪によって新たに「軍委十条[42]」としてまとめられ、毛沢東の承認を得て、四月六日に伝達された。「軍委十条」は、解放軍部隊が大衆組織に発砲することを禁じるとともに、中央の許可なしに大衆組織を反動組織、反革命組織と宣告したり、逮捕したりすることを禁止した。同時に、軍事機関を攻撃した大衆に対しては責任を追及しないことが求められるなど、先の「軍委八条」を事実上覆す内容を含むものであった。このため、「軍委十条」が下達されると、これを以前の「支左」が「大方向」の誤りであった証とみなした「急進派」は勢いづき、軍隊をさらに激しく攻撃するようになった[43]。また、「軍委十条」は地方部隊の手足を縛る結果となり、派閥抗争に対処する上での地方部隊の行動を著しく制限することとなった。

陝西省では、西安の派閥抗争が「大混乱」に陥ったことを受け、一九六七年二月半ばに、北京軍区所属の解放軍第二一軍が山西省太原市から西安（一部は宝鶏地区に駐留）に移され、省の支左工作を主導することとなった[44]。同時に、造反派の批判を受け病気療養中であった省軍区司令員の胡炳雲に代わり、第二一軍の軍長胡煒が省支左工作の責任者となった[45]。第二一軍を西安に進駐させるにあたり、周恩来は軍長の胡煒を北京に呼び寄せ、「西安の両派はともに革命大衆組織である……両派大衆組織を促し連合させよ」と指示したとされる[46]。着任後、胡煒は実際に西安の各大学に部隊の兵士たちを送り込んで軍事教練（軍訓）を行わせるなど、両派の連合を促進する工作を行った。しかし、省軍区司令員の突然の交代と、外部からの「地元の事情をよく知らない」主力部隊の導入は、「軍隊と地元の民衆の間、そして軍隊内部に溝（隔閡）と紛糾（糾紛）をもたらした[47]」。したがって、省レベルにおける突然の軍指揮権の交代は、地方部隊の指揮系統を混乱させた。

（二）軍分区と県人民武装部の混乱

一方、軍分区・県人民武装部の多くも、当初はより党員や出身階級（階級成分）の良いメンバーが多い大衆組織に好意的であったと思われる。しかし、省軍区における突然の指揮権交代は、下級の軍分区・武装部指導幹部に警戒心を抱かせるとともに、既存の指揮管理系統と人的つながりを混乱させた。また、西安の派閥抗争に対する第二一軍の曖昧な態度も、軍分区・武装部の決断を遅らせる原因となったものと思われる。

一部ではあるが、一九六七年二月の省軍区における指導権交代以前に、すでに「支左」の態度表明を行っていた軍分区・武装部も存在した。例えば、楡林地区では、軍分区とその指揮下の米脂県武装部が相対する派閥組織に支持を表明し、対立していた。中央の「支左決定」が出された二日後の一月二五日、楡林軍分区は内部に意見の相違があったにもかかわらず、「そそくさと」（匆匆）党政機関幹部が多数を占める「穏健派」への支持を表明してしまった。[48] 五日後、上級司令部の決定に反して、米脂県武装部は地元の「急進派」への支持を表明した。[49] 米脂県武装部の政治委員崔孝堂は、軍分区、県党委、人民委員会（以下、人委）による批判、警告にも立場を変えることはなかった。

一方、省南部の安康地区では、軍分区が態度を明確にしなかったことが管轄下の県武装部に混乱をもたらした。以下の平利県武装部が編纂した内部資料は、[50]「支左」が地方部隊にもたらした混乱をよく伝えている。

一九六七年三月［原文ママ］、毛沢東主席は、「軍隊を差し向け、左派の広大な大衆を支持させるべきである」と提起した。いったい「左派」とは何で、「支持する」とは何を行うことなのか？　決して明確な基準と方法があるわけではなかった。武装部は猫をまねて虎を描く（照猫画虎）ごとく模倣して直ちに通知を出し、専任の武装幹部と民兵に「革命左派の奪権を支持」させ、また武装幹部に各「造反」派メンバーの調査を行わせ、党員、幹部と貧農・下層中農出身の多寡によって、「革命大衆組織」、「一般大衆組織」、「重大な錯誤のある大衆組織」とに区分するための根拠とした。「十五総」は党員、幹部が多く、出身階級が純粋であった。「六聯総」は出身階級が複雑で、党員が少なかった。したがって初めのうちは、「十五総」を「左派」として味方し、宣言はしないもののひそかに支持していた。五月下旬、武装部党委は、「『支左』は唯成分論ではなく、『造反精神を大方向とする』必要がある」とする安康軍分区の指示を伝達した。[51] ただしそのとき、安康地区のすべて「の部隊」は等しく、態度を明確にしていなかった。

隣接する湖北省における「支左」表明は比較的早く、この年の八月一三日、竹渓県の自称「革命左派」数十人が同県武装部の副政治委員（姓名不詳）に率いられ平利にやってきた。一行は、西河堰大橋で平利「十五総」と小競り合いになり、「十五総」のメンバーが県外から来た「造反派」の旗を引き裂いた。竹渓の「造反派」は、平利「六聯総」百人以上と連合して平利武装部を包囲し、政治委員（武装部党委副書記）陳昌明に自らを「左派」と承認し、旗を弁償するよう要求した。陳は手をつかねてなすところを知らず、生産弁公室に趙光岐（武装部部長兼書記）を尋ねた。趙は「武闘してはならず、文闘しなければならない」とだけ強調し、どちらが「革命大衆組織」であるかを表明することは拒否した。……「造反派」が趙を安康軍分区へ連行しようとしたところ、県城から西へ七キロ行ったところで、「十五総」派の農民数百人に誘拐され、翌日軍分区の楊政治委員の仲裁によってようやく解散した。

平利武装部は、「誰が左派か」をめぐって見方が分かれ、副部長の史羊城は「六聯総」に味方し、観点は比較的明らかであった。「十五総」は史にたびたび論争を挑み、一度など彼は軍分区に逃げ込まなければならなかった。

ただし、上級の意図によれば、「左派」は「六聯総」に決めるべきものであった。八月末、「支左」の責任者が陳昌明政治委員から趙光岐部長に代わっても、「支左」表明を行うことはなかった。趙はただ、「支左」は「唯成分論」に基づかないことは肯定したが、「いかなる派も武器を流用してはならない」と上級の規定を言い渡すのみであった。

以上のように、当初「穏健派」へと傾倒した平利県武装部は、「急進派」の激しい圧力にさらされ、半ば分裂しながらも「不介入」の立場をとり続けた。また、平利県武装部は、「造反精神を大方向とする」とした軍分区の指示に従わなかったのみならず、隣の湖北省竹渓県武装部の副政治委員が率いる「造反派」に「急進派」への支持を迫られるなど、指揮系統は錯綜をきわめた。

このように、地方部隊の指揮系統は下級になればなるほど混乱せざるを得ず、軍分区・県武装部の「支左」工作は、分裂か「不介入」(または「不決断」)のいずれかに陥った。省内の他の軍分区でも状況は同じで、一九六七年春までに「支左」表明を行った軍分区・県武装部は一部に留まり[52]、大半は態度を明らかにせず、概ね以下の二つの立場のどちらかを採った。一つには、少なくとも表面上は不介入の方針を採り続けた部隊が多かった。この「表面上の不介入」には、①支持表明を行わずに暗黙の支持を与える、②様子を見る、③統一した行動が採れない、の三つが含まれていた。いずれにせよ、軍分区・武装部は、明確な立場を表明できずにいる間に、事態の急激な変化に圧倒され、主導権を失っていった。対応のもう一つのパターンは、派閥組織の「大連合」による「奪権」を主導するというものであった。しかし、「奪権」直後からその正当性や派閥組織間の主導権争いが生じ、「大連合」は、多くの場合、まもなく崩壊した(第二章四の(三)参照)。奪権闘争後、各県の派閥組織は急速に二極化し、軍当局に対して支持表明を求める圧力はさらに増していった。

三　軍隊への攻撃

中央と地方部隊との矛盾は、武漢の「七・二〇事件」で頂点に達した。同事件は、武漢軍区の兵士数百人が、多数派の「百万雄師」とともに中央文化革命小組（以下、中央文革）の王力を監禁・殴打した事件である。王力は、公安部長の謝富治とともに、武漢で大軍区による「百万雄師」支持を覆す工作を行っていた。中央は、同事件を「反革命事件」と断罪し、軍区司令員の陳再道を解任した[53]。七月二二日、武漢軍区の反乱に衝撃を受けた江青は、「文で攻撃し、武で防衛する」とのスローガンを提起し、派閥組織間の武闘を煽る結果となった[54]。また、中央文革の王力と関鋒は、地方軍事機構内の反対派を取り除くために、「軍内のひとつまみを引きずり出す」（揪軍内一小撮）運動を拡大しようとした[55]。毛沢東は八月半ばに、これを「提起の仕方としてまずい策略」（提法上不策略）であるとして中止させたが[56]、軍指導者さえも「走資派」として標的にできるとのシグナルを与えることになり、地方部隊をさらに窮地に追い込む結果となった。

陝西省の省都、西安では、七月二七日、西北工業大学（西工大）、西安電訊工程学院（西軍電）、「工聯」などからなる「西派」が省軍区に対して、「軍内のひとつまみの愚か者（混蛋）をつまみ出せ」のスローガンを掲げて、門前で数千人規模の座り込みを行った[57]。一方、八月五日から九月一七日にかけて、今度は西安交通大学（西安交大）の学生と「工総司」の労働者を主体とする「東派」が七九九の単位から九万八千人を動員し、省支左委員会と第二一軍に対して、「党内、軍内のひとつまみの走資派を打倒せよ」のスローガンを掲げて市内の建国路で座り込みを行った。

彼らは、省支左委員会弁公ビルを占拠し、第二一軍の司令部でも座り込みを行った[58]。西安では、一月初めに造反派が党政指導幹部を擁護していた「保守派」組織を壊滅させたが、その後主導権をめぐる争いから市内を二分するかたちで「東派」と「西派」に分裂していた[59]。第二一軍の軍長胡煒は、「西安の両派はともに革命大衆組織である」とした周恩来の命を受け、両派の連合を促進したが、同時に西工大、西軍電などの「軍事院校」を主体とする「西派」に傾倒していたともいわれる。また、「西派」への支持を表明していた省党委第一書記の霍士廉を第二一軍がかくまったことが、「東派」の抗議の座り込みにつながった。

これ以後、省内の各県でも、軍当局に対する同様の攻撃が頻発し、「武装した劉、鄧」に対するつるし上げが至る所で発生した。『陝西省誌・軍事誌』によれば、「省軍区、軍分区そしてほぼすべての県と市の人民武装部は攻撃され、占拠され、さらには『民管』されたところさえあり、多くの指導者はつるし上げられ、市中を引き回され、首から名札を掛けられるなどされ、兵団司令員三名と師団司令員四名が殺害された[60]」。したがって、すでに「軍委十条」によって手足を縛られた状態にあった地方軍当局は、一九六七年七月末に拡がった「軍内のひとつまみを引きずり出せ」のスローガンによって、造反派の攻撃に無防備にさらされることとなり、急速に麻痺状態に陥っていった。

また、毛沢東が「左派の武装」を提起したのもこの局面においてであった。毛が最初に「労働者、学生を武装させる」ことを思いついたのは、七月一八日、武漢においてであった。同地を訪れていた毛は、「保守派」組織（「百万雄師」）が優勢に立っているのをみて、急進派を増強するために武装することを提案したといわれる[61]。「左派の武装」は、八月四日に行われた政治局拡大会議で公式の政策となり、公式文書や指導者の講話にも現れるようになった[62]。

「左派の武装」が実際にどの程度、派閥組織の武装化をもたらしたのかについては、今日でも政治的にデリケートな問題であるため、刊行・公表された資料からその実態を知ることは難しい。しかし、平利県の武装部が編纂した内

図3－1　最初の武器強奪と武闘による死者数の推移（月毎）

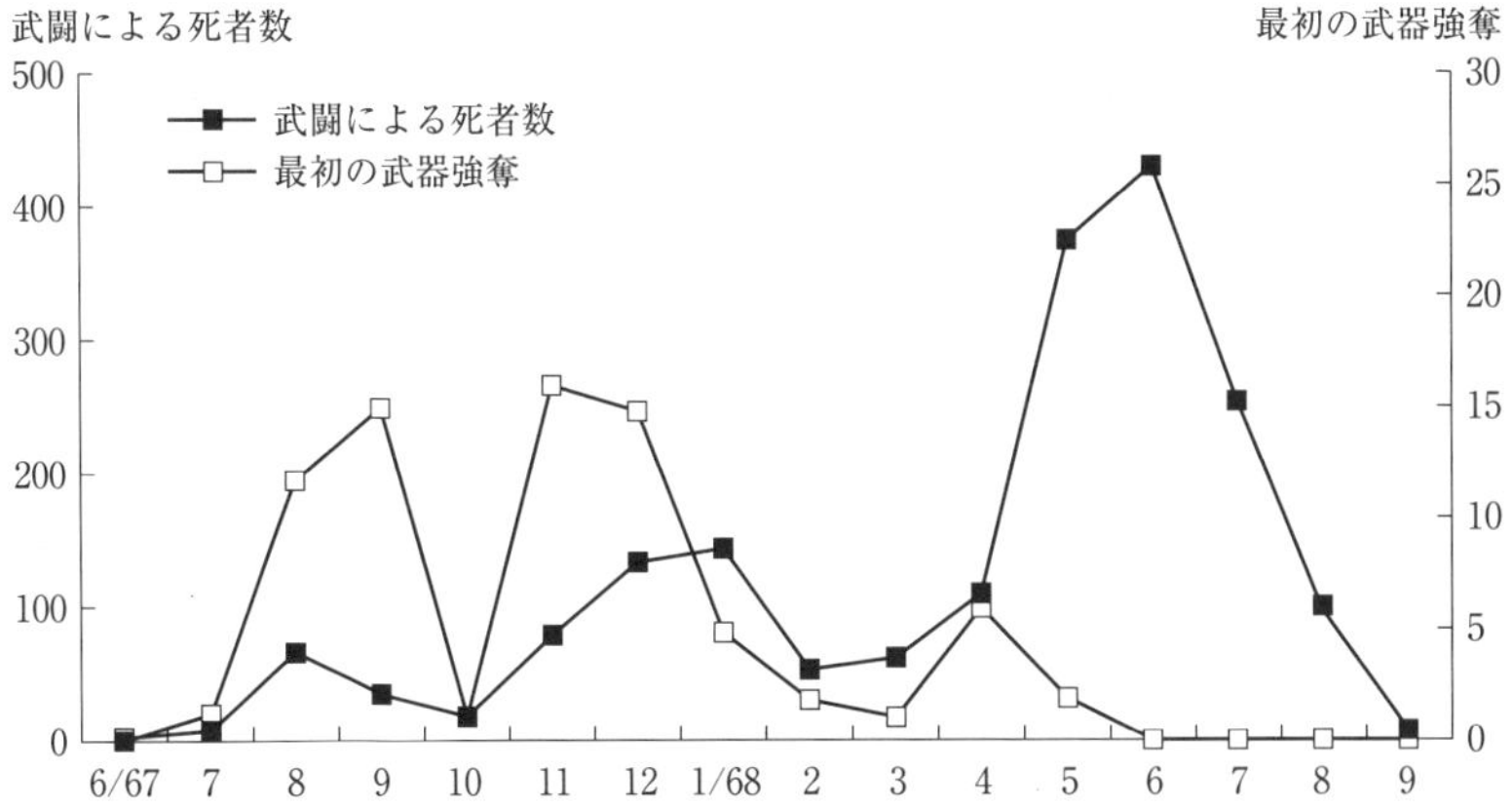

部資料によると、省南部の同県でも造反派組織が「左派の武装」を要求し、「[銃器を] 支給しなければぶち壊す」と迫ったという[63]。また、図3−1が示すとおり、陝西省の各県における「最初の武器強奪」は、「左派の武装」が提起された八月から九月にかけて急増している。一一月から一二月にかけて二度目のピークがみられるが、前者は主に都市近郊の諸県で、後者は遠隔の諸県で生じたものと考えられる。このように、毛沢東による「左派の武装」のもくろみは、実際に地方部隊から派閥組織への武器流出を促した可能性が強い。

しかし、図3−1は、武闘による死者数のピークが一九六八年五月から七月に訪れていることを示しており、これは武器強奪の増加とは直接関連しない。この時期の陝西省県域における武闘による人的被害の急増は、省内の政治プロセスによって説明することができる。西安では、両大派間の形式的な「大連合」が成立し、五月一日に省革命委員会が発足した[64]。省都における「大連合」の成立によって、派閥抗争の焦点は省県域へと移り、農村部での武闘を激化させる結果となった。以下の章で詳述するように、延安や安康、漢中といった解放軍主力部隊のプレゼンスが薄かった遠隔の地区では、派閥抗争が県境を越えて拡大し、内戦さながらの武力抗争へと発展していったのである。いずれにせよ、一九六七年夏以降の武闘の拡大は、単に毛沢東が提起した「左派を武装せよ」のスローガンが原因となったのではなく、同年初めの軍隊「支左」政策がもたらした地方部隊の分裂、さらには「軍委十条」と「軍内のひとつまみを引きずり出せ」による軍隊の無力化が背景となっていたといえる。

おわりに

従来、研究者の間では、文革の争乱は軍隊の介入によって秩序回復がなされたと理解されてきた。この見方は、大きな文脈ではその通りであろう。しかし、軍隊の介入とは、具体的には「三支両軍」[65]（支左、支農、支工、軍管、軍訓）のことであり、その中核をなす「支左」が一九六七年夏から一九六八年夏にかけて全国各地を「全面内戦」に陥れた直接的原因であったことはあまり知られていない。前述のように、一九六七年一月に発せられた軍隊「支左」は、それまでの軍による文革不介入の方針を一八〇度転換し、軍を「急進派」のてこ入れに用いようとするものであったが、その後その他の生産、治安の回復・維持のための任務が加えられ、三月になって「三支両軍」へと拡大されたというのが実情である。その後、「支左」は一九六八年一月二八日の『解放軍報』社説[66]で事実上取り消されるまで、一年間にわたり、「三支両軍」の中核であり続けた。以下の各章でみるように、「支左」は、解放軍地方部隊の分裂を惹き起こし、派閥抗争を武力抗争へとエスカレートさせた。軍隊「支左」をめぐる政治プロセスは、従来の文革研究ではあまり注目されてこなかったが、武闘の拡大を理解する上で重要な鍵を握っているといえる。

当初「支左」の任務を与えられた解放軍地方部隊は、地方党委と不可分の関係にあり、「穏健派」へと傾倒する構造的要因をもっていた。「支左」の実施状況を軍の系統別にみてみると、主力部隊は「急進派」組織に支持を集中さ

表 3-1　部隊の系統別にみた「支左」の分布

	「急進派」	「穏健派」
人民武装部	16	5
主力部隊	8	0

（注）武装部は、他に内部で分裂していたケースが５例報告されている。

せていたのに対し、県武装部の支持は両派間で分裂していたことがわかる（表３-１）。つまり、軍の分裂は、一部の地方部隊が「穏健派」を支持したことが原因となっていたのである。また、軍の分裂は、①主力部隊と地方部隊との対立、②地方部隊同士の対立、という二つのかたちをとって現れたことになる。

地方部隊が「穏健派」を支持したり、態度を明確にしないという事態に直面し、中央は大軍区・省軍区の「支左」工作を「通知」や「決定」で覆したり、外部から主力部隊を進駐させることによって自らの意思を貫徹しようとした。しかし、中央によるこれらの措置は地方部隊の指揮管理系統を混乱させ、省軍区以下の軍分区、県武装部を混乱に陥れた。このようななか、「軍内のひとつまみを引きずり出せ」のスローガンは、地方党委と「共棲関係」にあった地方部隊の指導幹部に対する造反派の「軍内の走資派」批判へとつながり、地方部隊は麻痺状態に陥った。一方、各県（そして人民公社）の武装部には武器庫が備えられており、ひとたび武装部が派閥抗争に巻き込まれるか、無力化した際には、武器が派閥勢力の手に落ちる危険性があった。このように、文革期の農村部における武闘の拡大を理解するためには、軍隊「支左」をめぐる政治プロセスと解放軍地方部隊の構造についての考察が不可欠であるといえる。

註

（１）「全面内戦」とは、一九七〇年一二月一八日のエドガー・スノーとの朝食の際に、毛沢東自身の口から出た言葉とされる。Roderick MacFarquhar and Michael Schoenhals, ***Mao's Last Revolution,***

Cambridge, MA: The Belknap Press of Harvard University Press, 2006, p. 542, n. 2より引用。

（2）ここで、「武闘」とは、一九六七年初めの奪権闘争から一九六八年の県革命委員会成立までの期間に生じた派閥組織間の武力抗争のことを指す。したがって、ここでは、主に一九六六年夏から奪権前後までの期間に生じた紅衛兵や「造反派」による教師、幹部、「黒五類」などへの迫害と暴力、一九六八年以降に生じた革命委員会樹立後の抑圧的暴力は、「武闘」には含めない。印紅標を始めとする中国の研究者の間では、後者の二つの暴力の形態を含めたより広い意味で「武闘」が論じられる傾向があるが、それらは異なる対象、手段、目的をもつものであり、分析的に区別されるべきであろう。広義の「武闘」については、以下を参照。印紅標「文化大革命中的武闘」『中国研究』（香港）第二期、一九九六年秋、五三–六七頁。

（3）李遜『大崩潰——上海工人造反派興亡史』（時報出版、一九九六年）三〇九–三三六頁、金野純『中国社会と大衆動員——毛沢東時代の政治権力と民衆』（御茶の水書房、二〇〇八年）三六〇–三六八頁。

（4）海楓『広州地区文革歴程述略』（友聯研究所、一九七一年）、劉国凱『文化革命簡析』（博大出版社、二〇〇六年）、劉国凱『広州紅旗派的興亡』（博大出版社、二〇〇六年）。

（5）Shaoguang Wang, ***Failure of Charisma: The Cultural Revolution in Wuhan***, Hong Kong: Oxford University Press, 1995.

（6）Thomas Jay Mathews, "The Cultural Revolution in Szechwan," in Ezra F. Vogel, ed., ***The Cultural Revolution in the Provinces*** (Harvard East Asian monographs no. 42), Cambridge, Mass.: Harvard University Press, 1971, pp. 95–146; 鄭光路『文革武闘——文化大革命時期中国社会之特殊内戦』（美国海馬図書出版公司、二〇〇六年）。

（7）ウォルダーと蘇は推計に当たり、一五三〇冊の県誌を文革に費やされた文字数を基準に三つのグループに分け、最も信頼できる記述（文革についての記述が八〇〇〇字以上）のみを用いている。以下の論文の表4を参照。Andrew G. Walder and Yang Su, "The Cultural Revolution in the Countryside: Scope, Timing and Human Impact," ***China Quarterly***, No. 173 (March 2003), pp. 74–99, at p. 87.

（8）中共中央、国務院、中央軍委、中央文革布告（中発［六八］一〇三、一一三号、一九六八年七月三日、七月二四日）、

宋永毅主編『中国文化大革命文庫（CD-ROM）』（香港中文大学中国研究服務中心、二〇〇二年）、所収。前者（中発［六八］一〇三号）は広西壮族自治区、後者（中発［六八］一一三号）は陝西省に対して出されたものである。

（9）Hong Yung Lee, *The Politics of the Chinese Cultural Revolution: A Case Study*, Berkeley: University of California Press, 1978; Anita Chan, Stanley Rosen, and Jonathan Unger, "Students and Class Warfare: The Roots of the Red Guard Conflict in Guangzhou," *The China Quarterly*, No. 83 (Autumn 1980), pp. 397–446; Stanley Rosen, *Red Guard Factionalism and the Cultural Revolution in Guangzhou (Canton)*, Boulder: Westview Press, 1982; and Jonathan Unger, *Education under Mao: Class and Competition in Canton Schools, 1960–1980*, New York: Columbia University Press, 1982.

（10）Andrew G. Walder, "The Chinese Cultural Revolution in the Factories: Party-State Structures and Patterns of Conflict," in Elizabeth J. Perry (ed.), *Putting Class in Its Place: Worker Identities in East Asia*, Berkeley: University of California Institute of East Asian Studies, 1996, pp. 167–198; and "When States Unravel: How China's Cadres Shaped Cultural Revolution Politics," in Kjeld Erik Brødsgaard and Susan Young (eds.), *State Capacity in East Asia: Japan, Taiwan, China, and Vietnam*, Oxford: Oxford University Press, 2000, pp. 157–184.

（11）Elizabeth J. Perry and Li Xun, *Proletarian Power: Shanghai in the Cultural Revolution*, Boulder: Westview Press, 1997.

（12）Andrew G. Walder, "Beijing Red Guard Factionalism: Social Interpretations Reconsidered," *Journal of Asian Studies*, 61, No. 2 (May 2002), pp. 437–71; "Ambiguity and Choice in Political Movements: The Origins of Beijing Red Guard Factionalism," *American Journal of Sociology*, 112, No. 3 (November 2006), pp. 710–750; "Factional Conflict at Beijing University, 1966–1968," *China Quarterly*, No. 188 (December 2006), pp. 1023–1047; and *Fractured Rebellion: The Beijing Red Guard Movement*, Cambridge, Mass.: Harvard University Press, 2009.

（13）Charles Tilly, *From Mobilization to Revolution*, Reading, MA: Addison-Wesley, 1978, pp. 182–183.

（14）Joseph W. Esherick, Paul G. Pickowicz, and Andrew G. Walder, "The Chinese Cultural Revolution as History: An Introduction," in Joseph W. Esherick, Paul G. Pickowicz, and Andrew G. Walder, eds., *The Chinese Cultural Revolution as*

History, Stanford, CA: Stanford University Press, 2006, pp. 1–28.

（15）印「文化大革命中的武闘」。また、印は、「暴力崇拝」的な当時の思想と文化が武闘の遠因になったとも述べており、この点は、L・ホワイトが以下の研究で行った主張と類似している。Lynn T. White, III, *Policies of Chaos: The Organizational Causes of Violence in China's Cultural Revolution*, Princeton, N. J.: Princeton University Press, 1989.

（16）Michael Schoenhals, "'Why Don't We Arm the Left?' Mao's Culpability for the Cultural Revolution's 'Great Chaos' of 1967," *China Quarterly*, No. 182（June 2005）, pp. 277–300. See also, MacFarquhar and Schoenhals, *Mao's Last Revolution*, p. 214.

（17）Yang Su, "Mass Killings in the Cultural Revolution: A Study of Three Provinces," in Esherick et al., eds., *The Chinese Cultural Revolution as History*, pp. 96–123, and *Collective Killings in Rural China during the Cultural Revolution*, New York: Cambridge University Press, 2011.

（18）ここで、「抑圧的暴力」とは、革命委員会成立後に行われた違法な拘禁、拷問による自白強要、批判闘争、集団的暴行などさまざまな精神的・肉体的虐待（虐殺）のことを指し、いわゆる「大衆独裁」（群衆専政）型の暴力のことをいう。

（19）革命委員会の下での抑圧的暴力に関しては、本書の第七章で論じることとする。

（20）中共中央、国務院、中央軍委、中央文革小組「関于人民解放軍堅決支持革命左派群衆的決定」（中発［六七］二七号、一九六七年一月二三日）、『中国文化大革命文庫』、所収。

（21）David Shambaugh, "Civil-Military Relations in China: Party-Army or National Military?" *Copenhagen Journal of Asian Studies*, Vol. 16（2002）, pp. 10–29.

（22）Harvey Nelsen, "Military Forces in the Cultural Revolution," *China Quarterly*, No. 51（Jul.–Sep. 1972）, pp. 444–474.

（23）同右、四四七頁。H・ネルソンによれば、「大軍区司令員は、管轄下の軍団の『司令官』（commander）というよりは『管理者』（administrator）に過ぎない」。

（24）武装部の主な任務は、予備役の管理、徴兵、民兵業務の指揮である。「人民武装部」の名称からもわかるように、武装部は軍分区の指揮下にあると同時に、県党委員会と県人民委員会の軍事部門を担当する部署でもある。
(25) Nelsen, "Military Forces in the Cultural Revolution," p. 448.
(26) 同右。
(27) 中共韓城市委組織部編『中国共産党陝西省韓城市組織史資料（一九二七・八―一九八七・一〇）』（陝西人民出版社、一九九四年）八五―八六、二三五頁、中共宜君県委組織部等編『中国共産党陝西省宜君県組織史資料（一九三六・七―一九八七・一〇）』（陝西人民出版社、一九九三年）一〇七―一〇八、三三九頁、中共渭南市委組織部等編『中国共産党陝西省渭南市組織史資料（一九二五・一二―一九八七・一〇）』（陝西人民出版社、一九八九年）一二三、三〇五頁、鎮坪県地方誌編纂委員会編『鎮坪県誌』（陝西人民出版社、二〇〇四年）四〇四、五三八頁。
(28) Nelsen, "Military Forces in the Cultural Revolution," p. 454.
(29) 同右。
(30) また、唐亮は、現代中国の派閥（「山頭」）現象そのものが、革命戦争期の解放軍の形成過程と密接に関わっており、文革の派閥抗争もその文脈から理解すべきであると指摘しているが、この点は本論の対象を超えている。唐亮「政治権力闘争の展開と軍指導権の掌握」国分良成編著『中国文化大革命再論』慶應義塾大学地域研究センター叢書、慶應義塾大学出版会、二〇〇三年、一〇三―一一七頁。
(31) 興平県地方誌編纂委員会編『興平県誌』（陝西人民出版社、一九九四年）八三二―八三三頁。
(32) 礼泉県誌編纂委員会編『礼泉県誌』（三秦出版社、一九九九年）九九七頁。
(33) 三原県県誌編纂委員会編『三原県誌』（陝西人民出版社、二〇〇〇年）七二六―七二七頁。
(34) 前掲、「関于人民解放軍堅決支持革命左派群衆的決定」。
(35) Nelsen, "Military Forces in the Cultural Revolution," p. 454.
(36) 王年一『大動乱的年代』（河南人民出版社、一九九六年）二一〇頁。また、李可と郝生章によれば、地方部隊は「造反派」に対して「嫌悪と反感」を抱いていたという。李可・郝生章『「文化大革命」中的人民解放軍』（中共党史資料出版社、一九八九年）二三二頁。

(37)「中央軍委八条命令」（一九六七年一月二八日）、『中国文化大革命文庫』、所収。

(38)王『大動乱的年代』二〇三–二一六頁、MacFarquhar and Schoenhals, *Mao's Last Revolution*, pp. 175–183.

(39)MacFarquhar and Schoenhals, *Mao's Last Revolution*, p. 179.

「趙永夫事件」（「青海二二三事件」）については異なる見解があり、真相は未だに明らかにされていない。例えば以下を参照。王『大動乱的年代』二一三–二一五頁、丁抒「青海二二三事件」、宋永毅主編『文革大屠殺』（開放雑誌社、二〇〇二年）三七–五七頁。

(40)MacFarquhar and Schoenhals, *Mao's Last Revolution*, p. 178.

(41)安藤正士・太田勝洪・辻康吾『文化大革命と現代中国』（岩波新書、一九八六年）九一頁、「中共中央、国務院、中央軍委、中央文化革命小組関於青海問題的決定」（中発［六七］一一〇号、一九六七年三月二四日）、「中共中央轉発中央関於安徽問題的決定的通知及附件」（中発［六七］一一七号、一九六七年四月一日）、「中共中央関於四川省宜賓地区劉結挺等同志平反的通知」（中発［六七］一五四号、一九六七年四月四日）、「中共中央関於処理四川問題的決定」（中発［六七］一四七号、一九六七年五月七日）、『中国文化大革命文庫』、所収。

(42)「中央軍委十条命令」（一九六七年四月六日）、『中国文化大革命文庫』、所収。

(43)王『大動乱的年代』二三〇頁。

(44)耿耿「周恩来親自指揮的両次軍事行動――『文革』中胡煒将軍的一段親身経歴」『党史博覧』（第一期、二〇〇五年）。

(45)省軍区司令員には、新たに黄経耀が就任した。

(46)耿耿「周恩来親自指揮的両次軍事行動」。

(47)西安市地方誌編纂委員会編『西安市誌・政治軍事（第五巻）』（西安出版社、二〇〇〇年）七〇、八六四頁。

(48)楡林市誌編纂委員会編『楡林市誌』（三秦出版社、一九九六年）四七九頁。

(49)米脂県誌編纂委員会編『米脂県誌』（陝西人民出版社、一九九三年）三九一頁。

(50)平利県人民武装部・平利県誌編纂委員会弁公室合編『平利県誌・軍事誌』(未刊行内部資料、一九八八年)一二〇―一二二頁。

(51)「唯成分論」とは、出身階級(階級成分)を最も重視する考え方のことをいう。

(52)渭南地区の臨潼県や宝鶏地区の千陽県のように、ごく一部ではあるが、「支左決定」直後に軍当局によって態度表明が行われ、比較的早期に派閥抗争が収束した県も存在した。これらの事例は、いずれも県内か近隣に解放軍主力部隊が駐留しており、「支左」工作に積極的に介入したという点で共通している。千陽県県誌編纂委員会編『千陽県誌』(陝西人民出版社、一九九一年)二八〇頁、陝西省臨潼県誌編纂委員会編『臨潼県誌』(上海人民出版社、一九九一年)六七五―六七六頁。

(53)「七・二〇事件」については、以下を参照。Wang, *Failure of Charisma*, pp. 149–160.

(54)矢吹晋『文化大革命』(講談社現代新書、一九八九年)二五頁。

(55)空軍司令部紅尖兵「従政治上思想上徹底打倒党内一小撮走資本主義道路当権派」『人民日報』(一九六七年七月二二日)、「(社論)無産階級必須牢牢掌握槍桿子――紀念中国人民解放軍建軍四十周年」『紅旗』(第十二期、一九六七年八月一日)、「(社論)向人民的主要敵人猛烈開火」『紅旗』(第十二期、一九六七年八月一日)。

(56)王力『王力反思録――王力遺稿 第二版(下)』(香港北星出版社、二〇〇八年)六八五頁。

(57)『西安市誌・政治軍事(第五巻)』七〇、八六三頁。

(58)陝西省地方誌編纂委員会編『陝西省誌・中国共産党誌(下)』(陝西人民出版社、二〇〇二年)九二九頁、陝西省地方誌編纂委員会編『陝西省誌・大事記』(三秦出版社、一九九六年)四六四頁。

(59)陝西省地方誌編纂委員会編『陝西省誌・政務誌』(陝西人民出版社、一九九七年)六七三頁。

(60)陝西省地方誌編纂委員会編『陝西省誌・軍事誌』(陝西人民出版社、二〇〇〇年)三二頁。

(61)MacFarquhar and Schoenhals, *Mao's Last Revolution*, pp. 214–215; Schoenhals, "Why Don't We Arm the Left?"

(62)林彪「接見曾思玉、劉豊的講話」(一九六七年八月九日)、「中共中央関於処理江西問題的若干決定」(中発[六七]二四三号、一九六七年八月一〇日）、「中共中央関於湖南問題的若干決定」（中発〔六七〕二四四号、一九六七年八月一〇日）、『中国文化大革命文庫』、所収。

(63)『平利県誌・軍事誌』一二二頁。

(64) 省革命委員会の「革命大衆」代表は、「西派」と「東派」の双方から選ばれたが、「西派」が若干多数を占めた。

(65)「中央軍委関於集中力量執行支左、支農、支工、軍管、軍訓的決定」（一九六七年三月一九日）、『中国文化大革命文庫』、所収。

(66) 社論「認真執行支左不支派的原則、紀念偉大統帥毛主席号召」『解放軍報』一九六八年一月二八日。

第四章　軍の統一介入から局地紛争へ

はじめに

前章で検討したように、一九六七年一月に出された軍隊「支左」政策は、地方党委員会（以下、党委員会は党委と省略）と不可分の関係にあった地方部隊を分裂状態に陥れた。その後、中央の攻撃の矛先は、地方の「保守派」勢力と結び付いた地方部隊に向けられ、武漢の「七・二〇事件」を契機として「軍内のひとつまみを引きずり出せ」のスローガンが発せられると、造反派の攻撃により地方部隊は麻痺状態に陥った。陝西省の各県の派閥抗争は、一九六七年夏以降、軍隊「支左」をめぐる政治プロセスによって大きく左右されることとなる。

西安には、同年二月に北京軍区から第二一軍が進駐し、省軍区に代わり省の支左工作を主導することとなったが、この軍事指揮権の突然の交代は、省軍区、軍分区、県人民武装部（以下、武装部）と続く地方部隊の指揮系統を混乱させた。また、周恩来によって「西安の両派はともに革命大衆組織である」との指示を受けていた第二一軍軍長の胡煒が、西安の派閥抗争に対して立場を明確にしなかったことも、下級の軍分区、武装部の混乱を招く原因となったものと思われる。いずれにせよ、一九六七年夏以降、陝西省県域における派閥抗争の行方は、解放軍主力部隊のプレゼ

表4-1　県レベルにおける軍隊「支左」（地区別）

	「急進派」	「穏健派」	分裂
楡林（12）	9	0	0
延安（14）	1	2	0
渭南（14）	4	1	1
宝鶏（11）	6	0	0
咸陽（13）	2	2	1
西安（1）	0	0	0
商洛（7）	2	0	1
漢中（11）	0	0	1
安康（10）	0	0	1
合計（93）	24	5	5

（注）括弧内の数字は、地区内にあった県の数を示す。

ンス、中央文化革命小組（以下、中央文革）による直接介入といった偶発的要因に左右されることとなった。

具体的には、軍隊「支左」をめぐる政治プロセスは、軍分区・県武装部のレベルでの統一介入、分裂介入、不介入という三つの介入パターンを生み出した。中央文革が直接介入を行った楡林地区と、第二一軍の一部部隊が進駐した宝鶏地区では、軍分区内の指揮系統が維持・回復され、各県武装部による「統一介入」が行われた（表4-1）。一方、主力部隊のプレゼンスが薄かった遠隔地域の延安、安康、漢中などの地区では、軍分区・武装部が孤立し、「分裂介入」か「不介入」へと陥った。第四章から第六章では、各地区における派閥抗争のプロセスを、これら三つの軍による介入パターンとの関連から詳細に跡付けることにより、武闘拡大の原因を明らかにしていく。

一　中央文革による介入――楡林地区の事例

（一）軍隊「支左」をめぐる軍分区内の分裂

前章でも触れたように、軍隊「支左」は当初楡林地区においても軍分区と各県武装部の対応に齟齬を生じさせた。中央の「支左決定」[1]が出された二日後の一九六七年一月二五日、楡林軍分区党委は内部に意見の相違があったにもかかわらず、性急に楡林県の一派（「紅造司」）への支持を宣言してしまった。[2]この軍分区による態度表明は直ちに、「支左」の妥当性についての論争を巻き起こした。論争のなか、「紅造司」と同じ観点をもつ労働者、住民、農民たちが相次いで「紅色職工造反司令部」、「東方紅縦隊」などの組織を成立させ、「紅造司」に合流した。一方、対立派の「楡造司」は、西安交通大学（西安交大）、西安電訊工程学院（西軍電）など外地の大学生の支持を得ていたために、全く怯む気配がなかった。この間、両派は自らがより革命的であることを誇示するために、「実権派」を代わる代わる批判闘争にかけた。

軍分区は「公革会」（専署公安部の「三結合」組織）とともに「軍委八条」[3]を盾に、「楡造司」に対して「大衆独裁」を行った。三月一七日、軍分区は、「楡造司」に占拠されていた楡林報社と楡林県放送局に対して軍事管制を実行した。「楡造司」は基層組織を破壊され、いくつかの学生組織が虚勢を張るのみとなり、支持者は事実上米脂県の同派組織（「一〇一」）のみになった。三月一九日、「紅色職工造反司令部」と「紅造司」の両司令部は連合して「二紅総部」（以下、「二紅」）と称するとともに、新明楼で「連合促進大会」を召集し、楡林における「大連合」の達成を宣言した。[4]軍分区による「楡造司」への弾圧の結果、楡林県では三月末までに、「二紅」が圧倒的な優位に立つこととなった。

一方、楡林県の南隣に位置する米脂県では、一九六七年一月三〇日、武装部が軍分区の意図に背いて急進派の「一〇一」への支持を表明した。軍分区と米脂県党委・人民委員会（以下、人委）の一部指導者は、米脂県武装部の政治委員崔孝堂を批判・忠告したが、崔は立場を変えなかった。また、対立派の米脂「総部」は、武装部が「妖怪変化」を支持したと非難し、両派の対立はさらに先鋭化した。三月二日、武装部の代表は「一〇一」主催の集会において、

『一〇二』は革命造反派であり、彼らへの支持は決して変わらない」と再度表明した[5]。

四月半ば、楡林県では、西安交大「塞山柳戦闘隊」と西軍電、西北工業大学、西北大学などの学生によって組織された「赴楡造反隊」が来県し、扇動を行った。活気を取り戻した旧「楡造司」派は、四月末までに、相次いで学生、工交、機関幹部、住民、農民の各造反司令部を復活または新たに成立させ、連合して「紅工機」と称した。「紅工機」は「白色テロの日々」、「三月逆流の黒幕」、「楡林地区における資本主義反革命復活の様態と原因」などと題した大小字報を貼り出し、軍分区、「公革会」、「二紅」の罪状を列挙するとともに、「二紅」と最後まで戦い抜くことを宣言した[6]。

七月二一日、両派によるデモ行進の最中に小競り合いが生じ、全面的な武闘へと発展した。「二紅」派の工場・鉱山労働者を主体とする「機関車戦闘隊」は、学生を主体とする「紅工機」を攻め立て、楡林鐘楼と地区招待所に封じ込めてしまった。二七日、調停に立った軍分区は、武闘停止のための「三点提案」を発し、省軍区もまた状況を把握するために四人からなる調査組を楡林に派遣した。しかし、「二紅」の「包囲し降伏を迫る」決意は固く、「紅工機」も退去・撤収することを拒んだため、武闘が止むことはなかった。三一日夜、「二紅」は「紅工機」の拠点に総攻撃を仕掛けた。夜一〇時には地区招待所、翌日早朝には楡林鐘楼が攻め落とされ、「紅工機」のメンバーは四散した。「紅工機」のメンバー三人が棍棒とレンガで殴り殺され、双方に多数の負傷者が出た[7]。

このように、楡林軍分区と米脂県武装部の「支左」に齟齬が生じ、七月末の時点では、楡林県では穏健派の「二紅」が、米脂県では急進派の「一〇二」が優位に立つという状況が生まれた。この状況を一変させたのが、次にみる中央文革による直接介入であった。

（二）「陝北高原上の一旒の支左紅旗」——中央文革による介入

八月一四日、共産党中央は、「米脂県武装部が革命大衆により陝北高原上の一旒の支左紅旗として賞賛される」と題する文章を伝達した。[8]この文章は、米脂県武装部を「支左」工作の模範として称揚する内容で、一九日には中央人民放送局を通じて全国に放送され、続いて『人民日報』、『解放軍報』、『解放軍文芸』などが文章と関連報道を繰り返し報じた。この文章は、米脂県武装部の「支左」工作を、上からの圧力と下からの突き上げに耐え、「一〇一」への支持を貫いたとして、「陝西省軍区所属の一〇四の武装部のなかで最も優れている」とおだて上げる一方で、楡林軍分区の指導者を、米脂県武装部に対して「支左の誤りを直ちに正す」よう圧力をかけたとして叱責した。また、同文章は、米脂「一〇一」（楡林「紅工機」系）に「左派」の称号を与える一方で、米脂「籌委会」（楡林「二紅」系）を「保守組織」と決め付けた。

米脂県武装部を宣揚するこの文章は、西安の大学生数名と「一〇一」のリーダーが密かに「でっち上げ」（炮制）、西安の学生組織と陝西省へ派遣された二名の「中央文革記者」[10]を通じて、中央文革へと転送されたものであった。文章は、「中央文革小組の需要にちょうどうまく迎合して」おり、全国に向けて宣伝されたのであった。この文章が発表された後、全国の多くの武装部が「保守派を支持した」として批判され、「急進派」を支持せざるを得なくなった。米脂県では、「一〇一」は喜び勇み、武装部は方々で経験を紹介して回った。[11]また、楡林県では、一九日夜、四散していた「紅工機」のメンバーが県城に戻り、旗を掲げて祝賀パレードを行った。[12]

九月一日、陝西省軍区は声明を発表し、「紅工機」への指示を明らかにするとともに、前述の楡林の「七・二一事件」を「二紅」が「革命造反派を包囲討伐」した反革命事件であると断定した。また、楡林軍分区党委は「支左」工作において「方向、路線上の誤り」を犯したとして、軍分区政治委員の劉鳳山、第一副司令員の成普を停職とし、仇太興、趙正光、張仕本らを支左工作の責任者とした。続いて九月一〇日、省軍区は、県外に逃れていた「紅工機」のメンバーたちを楡林へ護送するために第八一三四部隊二個中隊を派遣し、そのまま駐留させて「支左」工作に当たらせた[13]。

九月一四日、改組後の楡林軍分区党委は、「紅工機」への支持を表明するとともに、各県武装部に支持表明のやり直し（重新表態）を指示した[14]。これを受け、楡林地区各県の武装部は相次いで「一〇一」、「紅工機」と同系列の派閥組織への支持を表明した。県誌が明らかにしているものだけでも、九月半ばまでに地区内の一二県のうち九県で「紅工機」派組織への支持が表明された（表3-1）。これらの県では、「支左」表明の後、反対派が解散、瓦解へと追い込まれたところも少なくなかった。例えば、靖邊県では、武装部の一派（「八一八」）への支持は反対派（「聯総部」）の強烈な抗議を引き起こしたが、武装部の支持が揺るがないとみるや、「支左」表明の三日後、「聯総部」は造反の旗を投げ捨て解散を宣言した[15]。また、府谷、綏徳、清澗などの県では、武装部による「支左」表明の後、反対派は「政治的な重圧を受け」、「士気が緩み」、「多くの大衆が脱退を宣言」するなど次第に瓦解していった[16]。

（三）「大連合」協議の失敗と一派独裁の革命委員会

他県の同派組織が瓦解してゆくなか、楡林「二紅」は省軍区による「九・一声明」発表後も、あくまでも自らが正しいと考え、多数派である自らが打ちのめされるとは信じなかった。第八一三四部隊が「紅工機」を楡林へ護送した際には、通過する車上の兵士に向かって「打倒孫喜岱（部隊の支左責任者）」、「陝西省軍区を砲撃せよ」などのスローガンを浴びせた。一〇月、楡林両派は武闘に備えるため、手製の銃器・爆弾を製造し始め、それらが武闘で使用されるようになった。このとき、軍分区は「強奪」に見せかけて「紅工機」に大量の銃器弾薬を供給し、これが同派による「二紅」への攻撃をエスカレートさせた。一一月一日、「紅工機」は「二紅」の重要な拠点であった楡林バスターミナルを攻め落とし、三人を殺害した。また、九日には、「二紅」の本拠となっていた地区党委ビルを攻撃し、双方合わせて六人の死者が出た。「二紅」は東隣の佳県へと退却し、同県の同派組織（「指揮部」）と協力して対立派（「東方紅」）を県城から追い出した。その結果、佳県城は「二紅」派の唯一の拠点となった。[17]

一方、北京では、一九六七年一一月一三日から翌年一月にかけて、楡林両派による「大連合学習班」が行われ、軍分区の代表五名と「紅工機」と「二紅」の代表それぞれ三名ずつが参加した。二ヶ月以上にわたる協議の末、北京の両派代表は、大連合と武闘停止、武器引渡しに関する「一・二二合意」を達成した。これに対し、「紅工機」派は、二五日夜、楡林で「頭目」会議を開き、この合意は楡林の路線闘争を否定するものであり、軍分区が「紅造司」（「二紅」の前身）を支持した一九六七年の「一・二五合意」の翻刻であると非難した。さらに同夜、「紅工機」派は、武闘人員約七〇人を定邊県へ送り込み、北京から戻る途上の「二紅」代表を捕らえたことにより、大連合に関する「一・二二合意」は破綻した。

また、自らの優位に自信を深めた「紅工機」派は、北京で「大連合学習班」が行われている最中の一月一〇日、独自に各県の同派組織による「大連合」を行い、佳県の同派組織（「東方紅」）を護送するという名目で、佳県城に立て篭もる「二紅」派に対する包囲攻撃（圍攻）を開始した。楡林「紅工機」、米脂「一〇一」、綏徳「十大指揮部」を主力とし、神木県を除く全区一一県と地区直属単位の武闘人員約二〇〇〇人が動員された。王寧邦（退役将校）、梁成才らの指揮の下、「紅工機」派は手製の戦車、ロケット砲、大砲を用いて一八日間にわたり佳県城を包囲攻撃し、バスターミナルを爆破して県病院を略奪した。この武闘により、三〇人近くが死亡し、一〇〇人以上が負傷した。佳県城は陥落せず、双方の対立はさらに深まった。[18]

二月、各県の「二紅」派組織もまた連合を行い（「陝北聯合大隊」）、基幹（骨幹）人員約六〇〇人に対し銃器約三〇〇挺が配られた。「二紅」派組織は前後して佳県に集結し、丘陵地の町を防備して「紅工機」派に対抗した。「二紅」派はたびたび周辺各県の町や炭坑に現れて給養物資と兵器弾薬をかき集め、金銭や食糧配給切符を強引に「借用」するなど、これらの地域の穀物倉庫や商店を荒らし回った。[19]

一方、「紅工機」派が「一・二二合意」を破綻に追い込んだことにより、楡林各県では同派組織による独裁への道が開かれた。各県の「支左」部隊は、「紅工機」派組織と共謀し、一派独裁の革命委員会を打ち立てた。三月一一日、楡林県革命委員会が成立し、主任には李永升、副主任には邢少鈞（軍隊代表）、王科（軍隊代表）、姚志銀（幹部代表）、李吉祥（大衆代表）の四名が任じられた。六月末までに、県内の各人民公社、党政事業単位、生産大隊に相次いで基層革命委員会または革命指導小組が成立し、上から下まで「紅工機」派が権力を掌握した。四月八日には、地区（専区）革命委員会が成立し、主任には仇太興（軍隊代表）、副主任には趙正光（軍隊代表）、楊達（幹部代表）、崔孝堂（軍隊代表）、馬科西（幹部代表）、韓樹林（大衆代表）がそれぞれ任じられた。[20]

他の各県でも、前後して一派独裁の県革命委員会が成立した。[21] 府谷県では、武装部が上級に対し、「両派はすでに連合を実現した」と虚偽の報告を行い、実際には県革命委員会の委員定数二五のうち、本来対立派の「東方紅」派が占めるべき三つのポスト（常務委員一名を含む）を「欠員」とした。このため、人々は県革命委員会を「派閥革命委員会」（派革委）と揶揄した。県級の各事業企業単位に設置された革命委員会、革命指導小組についても事情はほとんど同じで、一派が権力を掌握した。[22] この本来なら対立派に割り振るべきポストを「欠員」とするやり方は、地区内のほぼすべての県で行われた。このように、中央が造反派の「革命的大連合」の基礎上に革命委員会を組織するよう要求したにもかかわらず、楡林地区の大半の県では一派独裁の革命委員会が成立した。

（四）革命委員会成立後の佳県への包囲攻撃

「紅工機」派に支配された地区革命委員会常務委員会は、佳県問題について議論を重ね、省革命委員会、省支左委員会に対して「陝北聯合大隊」（「二紅」派）を「反革命組織」に指定し、上級が部隊を派遣して解決に当たることなどを再三要求した。五月下旬、各県革命委員会代表による「武衛連防会議」が二度にわたって米脂県で開かれ、定邊、神木の両県を除く[23]地区内の一〇県から一五〇〇人を選抜し三つの連隊（団）を編成すること、「楡林地区民兵連防指揮部」（「連防指揮部」）の設置、佳県の包囲攻撃に際しての作戦、役割分担、兵站などが取り決められた。六月五日、「紅工機」派の「連防指揮部」は佳県の山城を包囲し、楡林県の武闘人員約六〇〇人は佳県城外の鮑家圪一帯に駐屯した。六月中旬から下旬にかけて、「連防指揮部」は「楡林専区革命委員会民兵連防指揮部」と名称を変更し、革命委員会主任の仇太興が司令員を兼任し、副主任の崔孝堂が政治委員を兼任することとなった[24]。

この頃、「二紅」派は、給養物資と兵器弾薬の不足から、たびたび県城を出て包囲を敷いている「紅工機」派を襲撃した。六月一三、一四日、「二紅」派は、鮑家圪の楡林「紅工機」を二度襲撃し、二人を殺害、一〇数人を負傷させ、物資を奪い去った。六月二九日夜、「二紅」派は約三〇〇人で再び鮑家圪を奇襲することを目論んだが、反対に包囲され六〇人以上が死亡、そのうちの三〇人近くは捕虜となった後殺害されるという「鮑家圪虐殺事件」が発生した[25]。

七月、中央は二度にわたり武闘停止命令（「七・三」、「七・二四」布告[26]）を発したが、それでもなお地区革命委員会は佳県を「包囲殲滅」するための準備を行っていた。八月二三日、省軍区は楡林地区革命委員会に対して、速やかに佳県城外の包囲を解くよう命じたが、まさに同日、「連防指揮部」は極秘に「佳県周辺を一掃せよ」との号令を発し、総攻撃を企てた。前線責任者は各隊の責任者を招集し、県城に対する武力攻撃の作戦を立てた。八月二七日、張仕本、刑少鈞（ともに楡林軍分区の幹部）、姚啓勤（第八一三四部隊政治部主任）が西安へ赴き、省軍区に佳県城攻撃の作戦計画を報告したところ、省軍区の指導者から叱責を受けた。省軍区はまた、双方が直ちに武器を引き渡すこと、武闘拠点から撤退すること、互いに人を捕らえてはならないことを命じ、あわせて問題解決のために佳県へ部隊を派遣することを決定した。八月三一日、楡林地区革命委員会は緊急会議を招集し、連防組織を解散することを決定した。九月三日、第八一三四部隊駐楡支左部隊の二個小隊（排）が佳県城外に進駐し、その一週間後、各県の「連防民兵」がすべて佳県から撤退した。九月一六日、省軍区は武装三個中隊を佳県に派遣し、ようやく楡林の武闘はすべて停止した。今回の包囲攻撃は九八日間に及び、九〇人以上が武闘により死亡、負傷者・残障者は三〇〇人以上に上った(27)。

以上のように、陝西省楡林地区の派閥抗争では、当初は「二紅」派が優位に立っていたが、中央文革の直接介入によって軍分区の「支左」が覆され、その後大半の県武装部も追随して「紅工機」派支持に回ったため形勢は逆転し、大半の県では「紅工機」派による一派独裁が打ち立てられた。この一連のプロセスは、文革期の中央による地方介入が、地区・県レベルの派閥抗争をも左右した実態を明らかにしている。

また、中央の政策面からみると、解放軍による「急進派」のてこ入れという「支左」の目的と造反派間の「大連合」の促進という目的との間には根本的な矛盾が存在したといえる。「支左」は、本質的には「一派を支持し、他派を弾圧する」ことであり、楡林の事例のように、地方部隊が一方を支援し、他方に弾圧を加えている状況では、両派の「大連合」を達成することはそもそも困難であった。また、中央は、中央文革が楡林軍分区と各県武装部を急進派

表 4-2　武闘による1県当たりの平均死者数（地区別、人口10万人当たり）(N＝75)＊

楡林	延安	渭南	宝鶏	咸陽	商洛	漢中	安康
14.7 (28.4)	45.6 (41.7)	15.1 (38.5)	10.3 (17.7)	17.3 (33.6)	12.5 (24.7)	31.5 (61.8)	73.2 (186.1)

（注）括弧内の数字は、単純平均でみた場合の1県当たりの平均死者数。

＊　県誌データの作成に当たり、データの信頼性を確保するため、県誌93冊中、文化大革命についての独立した記述（「文化大革命紀略」、同「紀実」など）を含まない18冊を除外した。したがって、本稿の計量分析で用いるデータのサンプル数は75である。

支持へと差し向ける一方で、両派の「大連合」を仲介するという相矛盾した行動をとっていたのであり、「大連合」が破綻に終わっても何ら不思議はなかった。この中央の分裂と矛盾した政策は、文革期の中央・地方関係にみられた大きな特徴の一つであり、地方を混乱させた原因であった。

一方、中央文革による直接介入は、当初分裂していた楡林軍分区と所轄の各県武装部による「支左」を「紅工機」派支持に統一する効果をもたらした。これは、結果的に、軍分区内での部隊の分裂を防ぐこととなり、部隊の分裂が武闘をエスカレートさせるという、この時期多くの地域でみられた「最悪のシナリオ」を回避させた。但し、各県武装部の「支左」が「紅工機」派支持に統一された結果、佳県城に逃げ込んだ「二紅」派に対して過剰な武力攻撃が行われ、約一二〇人が犠牲となった事実を見逃すことはできない。しかし、同時に、各県の「二紅」派組織が佳県へと逃亡した結果、大半の県で「紅工機」派組織による「一派独裁」状態が生まれ、派閥抗争の武闘への拡大を防ぐ結果となった。一県当たりの平均でみた場合、楡林地区の武闘による死者数は一五人（人口一〇万人当たり）であり、陝西省全県の平均四九人の三分の一以下であった（表4-2）。したがって、中央文革による直接介入は、軍分区内の各県武装部の「支左」を統一し、派閥組織間の武闘を局地化する効果をもたらしたといえる。

二　解放軍主力部隊による統一介入——宝鶏地区の事例

宝鶏地区は、軍の統一介入が武闘の拡大を防いだもう一つの事例である。宝鶏には、現在も第二一「集団軍」[28]（蘭州軍区）の司令部が置かれている。同軍は、文革以前は北京軍区の山西省太原市に駐留していたが、一九六七年二月に陝西省軍区に代わって省の「支左」工作を主導するために、西安に移された[29]。その際、同軍の一部部隊（第六三師団）が重要な工業地帯であった宝鶏に派遣された。解放軍主力部隊が進駐してきたことは、宝鶏地区の「支左」工作に大きな影響を与えることとなった。一つには、当初地方部隊（軍分区、武装部）が単独で各県の「支左」工作を担っていた楡林地区とは異なり、宝鶏地区では、地方部隊がより精鋭で威信も高い主力部隊の支援を得ることができた。また、さらに重要なことは、主力部隊の存在が、地方部隊間の統制と凝集性を高める役割を果たしたことである。宝鶏地区では、一九六七年六月以降、わかっているものだけでも八県中六県で、軍当局が相次いで「急進派」組織への支持を表明した（表4-1）。

一九六七年六月一七日、「人民解放軍駐宝鶏地区部隊」（第六三師団）と宝鶏軍分区は、共同で「工鉱総部」への支持を表明した[30]。これを受け、宝鶏県に進駐していた第二一軍第八一六六部隊二〇三分隊が、同県武装部とともに、宝鶏地区「工鉱総部」と提携関係にあった「紅総」への支持を表明した。続いて、対立派の「司派」に圧力を加えるため、大衆集会とデモ行進が行われた。八月一六、一七の両日、「駐県支左部隊」（二〇三分隊のこと）は、拡声器を搭載した車両を出動させ、「紅総」のメンバーが護衛するなか、「『軍内のひとつまみを引きずり出せ』に反対しよう」と宣伝して回ったところ、「司派」の大衆に車両を破壊された。

これに対し、「支左部隊」は形の上での「大連合」を積極的に推し進めた。同部隊は武装部と共同で、「両派大衆」、「革命指導幹部」、「造反派リーダー」の「学習班」を個別に開き、両派の「大連合」を促すとともに、県革命委員会樹立に向けての準備作業を行った。両派は議席をめぐって激しく争ったが、議論を一通り終えたところで、「支左部隊」の意向に照らして、「紅総」が「空文」(具文)を解放軍陝西省支左委員会に報告し、宝鶏県革命委員会設立の承認を得た。一二月一五日、県革命委員会が正式に成立したが、これは省内の大半の県よりも半年以上早い発足であった。革命委員会主任には、元県党委書記の亢武耀が任命された。

プロセスは一様ではなかったが、同地区のその他の県でも、軍当局の統一介入によって対立派が瓦解していった。鳳、千陽両県では、武装部による地元の一派への支持表明が行われた後、対立派は解体していった。(31) 一方、一九六七年夏までに対立派がすでに勢力を蓄えていた県には、第二一軍所属の部隊が送り込まれ、対立派を「圧制」した。(32)

楡林地区の佳県の例と同様に、宝鶏地区でも軍の統一介入は、局地的な紛争をもたらした。同地区の北西に位置し、甘粛省と境を接する隴県では、一九六七年七月、第二一軍第八一四五部隊と宝鶏軍分区がともに隴県を訪れ、急進派の「総部」への支持を表明した。(33) 八月二五日、「総部」と対立派の「紅聯」との間に小競り合いが発生し、双方合わせて四二人が負傷した。八月二七日の午前、「紅聯」は農民約一〇〇〇人を動員して「総部」の拠点四ヶ所を攻撃し、レンガ、棍棒、鉄叉、小銃などを用いて一人を殺害し、多数を負傷させた。「総部」のリーダーは、宝鶏地区「工鉱総部」などの同派組織に何度も電話し、「隴県で反革命暴動が発生した」、「造反派の首が切られている、大至急」とでっち上げた。「工鉱総部」のリーダー、単英傑(34)は直ちに八〇〇〇人を糾合し、ヘルメット、銃器、棍棒などで武装して車両一八〇台で隴県に向けて出発した。八月二八日午前一〇時、戦闘員は県城になだれ込み、無差別に農民一二人を撃ち殺した。また、「工鉱総部」派は、多くの指導幹部や職員・労働者、住民を捕らえて残酷な拷問にかけ、元県計画委員会副主任を殴り殺したほか、多数に重傷を負わせた。このように、隴県では、対立派の執拗な抵抗が他県の「急進派」組織による武力介入を招く結果となり、合わせて一〇三人が死亡した。

また、「八・二八武闘」は単なる派閥組織間の武闘ではなく、軍が関与していた。隣の千陽県の県誌によれば[35]、武装部の政治委員が隴県の同派組織を支援するため、地元の造反組織（「総指」）のリーダーを招集し、部隊編成と武器の供給を行ったという。「総指」のメンバーは、「後方勤務隊」一六〇人、「救護隊」二〇人、「通信隊」七人、「緊急修理隊（搶修隊）」一五〇人などに編成され、総勢六〇〇人が車両で隴県へ向かったという。このように、軍隊の派閥組織への支持は、対立派の弾圧への軍事支援にも及んでいた。

隴県で百人を超す死者を出したにもかかわらず、宝鶏地区の武闘による一県当たりの平均死者数（人口一〇万人当たり）は一〇人で、省内最低であった（表4-2）。第二一軍の進駐は、地区内各県の軍当局による統一介入を可能にし、紛争の拡大を防ぐ効果をもたらしたといえる。

おわりに

以上のように、楡林、宝鶏両地区では、それぞれ中央文革の介入、第二一軍の進駐という偶発的な要因によって、軍分区内の各県武装部による「支左」介入が「急進派」組織への支持に統一された。楡林地区では、米脂県武装部による「急進派」への支持工作に目を付けた中央文革が、同武装部を「支左模範」とするため、メディアを通じて全国に宣伝した。その結果、楡林軍分区の「穏健派」への支持は覆され、軍分区所属の各県武装部も相次いで「急進派」支持を打ち出した。一方、重要な工業地帯であった宝鶏地区には、第二一軍の一個師団が送り込まれ、「支左」工作を「急進派」支持に統一することによって、派閥抗争を抑え込んだ。

このように、楡林、宝鶏両地区では、異なる原因とプロセスを通じて、各県武装部による統一介入が実施されることとなった。統一介入は、大半の県で対立派を解体、または県外への逃亡へと追い込み、派閥抗争を収束させた。その結果、両地区の大半の県では武闘を回避することができたが、同時に、ともに百人を超す死者を出した楡林地区の佳県、宝鶏地区の隴県のように対立派の拠点となった一部の県では、県外の派閥組織が大挙して押し寄せ、多くの犠牲者が出た。したがって、楡林、宝鶏両地区の事例からは、軍による統一介入が大半の県で派閥抗争を収束させる一方で、同時に局地紛争をもたらしたという結論を導き出すことができる。これは、軍の支持を受けた派閥組織が多くの県で優勢となるなか、劣勢に追い込まれた対立派に対して、過剰な武力を行使した結果であるといえる。

註

（1）中共中央、国務院、中央軍委、中央文革小組「関于人民解放軍堅決支持革命左派群衆的決定」（中発［六七］二七号、一九六七年一月二三日）、宋永毅主編『中国文化大革命文庫（CD-ROM）』（香港中文大学中国研究服務中心、二〇〇二年）、所収。

（2）楡林市誌編纂委員会編『楡林市誌』（三秦出版社、一九九六年）四七九頁。

（3）「中央軍委八条命令」（一九六七年一月二八日）、『中国文化大革命文庫』、所収。なお、「軍委八条」については、第三章を参照。

（4）同右、四七九–四八〇頁。

（5）米脂県誌編纂委員会編『米脂県誌』（陝西人民出版社、一九九三年）三九一頁。

（6）『楡林市誌』四八〇頁。

（7）同右、四八〇–四八一頁。
（8）中共中央轉発「陝西米脂県武装部被革命群集誉為陝北高原上一面支左紅旗的経験」（中発［六七］二四五号、一九六七年八月一四日）、『中国文化大革命文庫』、所収。
（9）西北工業大学、西軍電、西北大学などの学生からなる「西派」に属する組織のことと思われる。
（10）「中央文革記者」の役割については以下を参照。MacFarquhar and Schoenhals, *Mao's Last Revolution*, p. 81; Walder, *Fractured Rebellion*, p. 17.
（11）『米脂県誌』三九一頁。
（12）『楡林市誌』四八一頁。
（13）同右。
（14）同右。
（15）靖邊県誌編纂委員会編『靖邊県誌』（陝西人民出版社、一九九三年）三三六頁。
（16）府谷県誌編纂委員会編『府谷県誌』（陝西人民出版社、一九九四年）五八一頁、中共綏徳県委史誌編纂委員会編『綏徳県誌』（三秦出版社、二〇〇三年）八一五頁、清澗県誌編纂委員会編『清澗県誌』（陝西人民出版社、二〇〇一年）四四八頁。
（17）『楡林市誌』四八一頁。
（18）同右、四八一–四八二頁。
（19）同右、四八二頁。
（20）同右。
（21）楡林地区各県の革命委員会成立時期は、早いものから順に以下の通りである。米脂（一九六八年二月一三日）、清澗（三月二日）、府谷（三月九日）、楡林（三月一一日）、横山（三月）、靖邊（四月一一日）、綏徳（四月二五日）、呉堡（六月一日）、子洲（八月五日）、佳（九月一日）、定邊、神木（九月一〇日）。

(22)『府谷県誌』五八二頁。
(23) 定邊、神木両県では、県内の両派閥組織がともに「紅工機」と提携していたため、連合組織に参加するための「武闘力量」が形成されなかった。
(24)『楡林市誌』四八二頁。
(25) 同右。
(26)「中共中央、国務院、中央軍委、中央文革布告」(中発〔六八〕一〇三、一一三号、一九六八年七月三日、七月二四日)、『中国文化大革命文庫』、所収。前者(中発〔六八〕一〇三号)は広西壮族自治区、後者(中発〔六八〕一一三号)は陝西省に対して出されたものである。
(27)『楡林市誌』四八二-四八三頁。
(28)「第二一軍」は一九八五年に再編され、「第二一集団軍」となった。
(29) 耿耿「周恩来親自指揮的両次軍事行動――『文革』中胡煒将軍的一段親身経歴」『党史博覧』(第一期、二〇〇五年)。
(30) 宝鶏県誌編纂委員会編『宝鶏県誌』(陝西人民出版社、一九九六年)七一四頁。
(31) 鳳県誌編纂委員会編『鳳県誌』(陝西人民出版社、一九九四年)六〇七頁、千陽県県誌編纂委員会編『千陽県誌』(陝西人民出版社、一九九一年)二八〇頁。
(32) 眉県地方誌編纂委員会編『眉県誌』(陝西人民出版社、二〇〇〇年)五八五-五八九頁。
(33) 隴県地方誌編纂委員会編『隴県誌』(陝西人民出版社、一九九三年)六九〇-六九二頁。
(34) 単英傑は、宝鶏二一二工場の技術者で、宝鶏地区「工鉱総部」のリーダーとなり、後に宝鶏市革命委員会副主任、陝西省革命委員会副主任になった。
(35)『千陽県誌』二八〇頁。

第五章　軍の分裂介入から「全面内戦」へ
——延安地区の事例

一　分裂介入

隣接する楡林地区のケースとは対照的に、延安地区では各県人民武装部（以下、武装部）による「支左」が統一されず、相対立する派閥組織を支持する結果となった。延安地区南部の黄龍県では、中央による「支左決定」[1]が出されて間もない一九六七年一月二七日、武装部の副政治委員が五つの大衆組織と六五の戦闘隊からなる穏健派の「無総」への支持を表明した[2]。二日後の二九日、「無総」は武装部と公安・検察・裁判所（公検法）の支援の下、党・政府・財政・教育の全権を一挙に奪取した。二月四日、新たに「革命指導幹部」、「駐軍代表」、「造反派組織の責任者」からなる「三結合」の臨時権力機構、「黄龍県無産階級革命臨時委員会」（「臨委会」）が成立した。前後して、県内の一三の人民公社と区は、それぞれ「連合指揮部」を成立させ、「無総」の下部組織とした。同時に、「臨委会」は「紅色政権」を反対派の攻撃からを守るという名目で、兵役経験のある農民一〇〇人以上を各人民公社から選抜し、県城へ招き入れた。民兵たちは、住民をほしいままに拘束、尋問、殴打し、街路にダイナマイト、地雷、機関銃を設置するなど、県城を恐怖に陥れた。

「穏健派」は、地区南部の他の県でも勢力を増していた。洛川県では、「工農総司」が一月下旬に奪権を行い、武装部の支持を得てその支配を固めつつあった。[3] 同派組織は、宜君県でも優位に立っており、これらの南部の県は「穏健派」の拠点となった。

一方、延安地区北部では、反対に「急進派」が優位に立ちつつあった。地区北部の各県における派閥間の勢力バランスは、中央文革の差し金により「急進派」が優位に立っていた北隣の楡林地区の情勢から影響を受けていた。地区北端に位置する子長県では、七月、武装部が楡林「紅工機」、米脂「一〇一」、綏徳「十大指」と提携関係にあった子長「聯総」への支持を表明した。[4] これに対し、対立派の子長「紅聯」は抗議の座り込みを行うとともに、メンバーを西安に派遣し、武装部が「一派を支持し、他派を弾圧している」（支一派、圧一派）と訴えた。子長県における勢力バランスは、一九六七年末に綏徳「十大指」が北から侵攻し、県城の瓦窯堡を占領したことで「急進派」の子長「聯総」へと大きく傾いた。子長「紅聯」のリーダーたちは県城を追われ、近隣の延安県と安塞県に逃れた。

二　武器の流出

延安地区の各県では、一九六七年末以降、武装部から派閥組織に大量の武器が流出し、これが武闘による死傷者を急増させた。「武器流出」は、武装部による供与から武器庫襲撃に至るまで、さまざまなかたちで発生した。一部の県武装部は自らが支持する派閥組織に武器を支給したり、「武器強奪」に対して見て見ぬふりをした。一方、武装部が特定の派閥を支持しなかった県では、「軍委十条」[5] により部隊の手足が縛られていることをいいことに、派閥組織が武器庫から武器をほしいままに奪い去った。県武装部だけではなく、各人民公社の武装部と各生産大隊の民兵組織の銃器弾薬も持ち出された。これにより、武闘に用いられる武器は棍棒、鏨、矛から各種の銃器、大砲へと格上げされ、死傷者数を飛躍的に増加させた。

延安北部の子長県では、武装部が支持していた「急進派」組織による武器「強奪」を黙認したのみならず、戦闘員や民兵に直接訓練を施した。(6)「穏健派」の子長「紅聯」が一二月二日に文教局から事前に引き金をはずされていたライフル銃一〇挺を奪い去ったことが誘因となり、二日後、「急進派」の子長「聯総」のメンバー約一〇〇人が県中隊からすべての銃を「強奪」した。武器「強奪」の後、県武装部は各人民公社の武装幹部に対して民兵を動員し、武器携帯で訓練を行うよう命令した。楊家園子、玉家湾人民公社などの民兵八〇余名は、県水電局に集められ、子長「聯総」の監督の下、「武闘訓練」を行った。

一方、南部の洛川県では、武装部が穏健派の「工農総司」に武器を供給した。洛川「工農総司」のリーダーたちは、一〇月下旬に武闘の準備のために県内に保管されている武器の数を調べ始め、同時に隣の黄陵県で対立派が武装部から銃器を奪ったとのうわさを流布した。(7)一一月下旬、洛川「工農総司」は、今度は同派組織の延安「聯指」が彼らに武装部を襲撃するように二度にわたって電話で催促してきたと公言し、武装部に対して武器を提供するよう圧力をかけた。一二月一一日の午前、洛川「工農総司」のリーダーと武装部の責任者は会合を開き、同組織所属の「人委造反連隊」が武器を運び出すことで合意した。その日の午後、「人委造反連隊」と「県委毛沢東思想戦闘隊」のメンバー約三〇人が県中隊に到着すると、県中隊の責任者は解放軍からの武器強奪を禁じた「九・五命令(8)」を声高に読み上げ、「銃器弾薬を持ち去ってはならない」と叫んだが、両組織のメンバーたちは一顧だにせず、ライフル銃二一挺、銃弾一万一一〇〇発、重・軽機関銃各四挺、半自動小銃七挺、信号弾四〇発、信号銃一挺を持ち去った。洛川「工農総司」はさらに公安・検察・裁判所から拳銃五〇挺、「五〇七武器庫」から拳銃三七挺を奪った。また、隣の黄龍県でも、武装部は支持する「無総」による「武器強奪」を黙認した。[9]

また、「軍委十条」によって部隊が手出しできないことを見透かし、派閥組織が武装部を軽視するところもあった。南部の富県では、「統指」のリーダーが「人民解放軍は労働者、農民、学生に発砲できない」と決め付け、一二月二日に同派の民衆を扇動して武装部の武器庫を襲撃させ、大砲四門、砲弾六発、機関銃一一挺、ライフル銃五〇挺、各種銃弾七〇〇発とその他の軍用物資を強奪した。[10] これらの武器で武装した富「統指」は、一一〇名からなる「武闘専業隊」を組織した。

延安県では、一二月八日、急進派の「聯総」の学生が延安軍分区の武器庫を襲撃し、一人が警戒中の兵士に射殺された事件をきっかけに武器強奪が本格化した。[11] 一〇日夜、「聯総」の学生数人が再び武器庫に侵入し、「学生を殺害した疑いのある凶器を持ち帰って化学分析する必要がある」との名目で武器を持ち去ったが、解放軍はこれをみすみす見守るのみであった。これに乗じて「聯総」の「武闘隊」は、殺人犯を捕らえるという口実を用いて軍分区から各種銃器四〇〇余挺、弾薬一四〇万余発、軍用被服など数百点を奪い去った。

一方、対立派の延安「聯指」は、一二月一一日早朝、武装部の壁を乗り越えて侵入し、武器を奪おうと試みた。武装部副部長はこれを制止しようとしたが聞き入れられず、兵士に警告のための発砲を命じた。銃声に驚いた軍分区副司令員は武装部の建物から飛び出し、「発砲してはならない」と叫んだ。この機に乗じて「聯指」は、拳銃一挺、半自動ライフル銃八挺、五四式自動小銃五挺、機関銃四挺、銃弾六箱（四〇〇〇余発）を持ち去った。

両派による武器強奪は直ちに武闘をエスカレートさせた。一六日夜明け、延安「聯総」は機関銃と大砲を用いて「聯指」が占拠していた清涼山と東関を攻撃し、双方に一九名の死者が出た。延安県では、最初の武闘が発生した一九六七年七月三〇日から最初の「武器強奪」が行われた同年一二月一〇日までの四ヶ月余りの間に、二件の武闘とそれによる三名の死者が報告されている。これに対し、一九六七年一二月一〇日の最初の「武器強奪」から翌年六月半ばの最後の武闘までの六ヶ月間には、武闘が一五件、それによる死者数が一四一名報告されている。これらの二つの期間における武闘一件当たりの死者数を比較すると、「武器強奪」以前が一・五人、「武器強奪」以後が九・四人と六倍以上に増加しており、派閥組織への武器流出が人的被害の拡大をもたらしたことが確認できる。以上のように、武装部から派閥組織への武器流出は、武器の公然たる供与から武器庫襲撃に至るさまざまなかたちをとったが、派閥組織の武装化は武闘による人的被害を急増させた。

三　武闘の県境を越えた拡がり

一九六七年の後半以降、派閥抗争は県境を越えて拡大し始めた。これは、派閥組織が勢力拡大のために、県境を越えて互いに提携関係を築き始めたためである。県内で劣勢にあった派閥組織は外部に援助を求め、優勢な派閥組織は近隣地域への勢力拡大をもくろんだ。この派閥組織間の県境を越えた提携・連合は、いくつかの重大な帰結をもたらした。第一に、派閥組織間の武闘は比較的人口が多く、都市化・工業化の進んだ地区政府所在地（延安地区では延安県）や交通幹線に近い県でまず惹き起こされ、その後近隣の県を巻き込む形で拡大していった。第二に、県境を越えた提携・連合は、各県内における派閥抗争を長引かせた。それは、ある特定の県で一派が優位に立ったとしても、劣勢な他派が外部からの援助によって息を吹き返し、再び攻勢に出るというケースが少なからず見受けられたからである。第三に、派閥組織間の提携は次第に地区レベルでの連合組織へと発展し、武闘の規模を飛躍的に拡大させた。派閥組織間の連合は、次から次へと近隣の派閥組織を巻き込み、最終的には延安地区のほぼすべての県の派閥組織が二つの陣営に分かれて各地で武闘を繰り広げるようになった。

例えば、延安地区の北部に位置する安塞県のケースは、隣接する県の派閥抗争に巻き込まれた定型的な例である。安塞県では、一九六七年末になり対立する二つの派閥組織がにわかに武装化し、「武闘組織」を成立させたが、その背景には南隣に位置する延安県の派閥組織による干渉があった。[13] 一二月初め、安塞県の「急進派」組織のメンバーが延安県と楡林県からライフル銃四挺と約一〇〇発の銃弾を持ち帰った。形勢を不利と見た「穏健派」組織は、延安県の同派組織（「聯指」）に援軍を要請した。一二月三〇日、延安の同派組織による援軍を得た安塞の「穏健派」組織は、二時間に及ぶ戦闘の末、県城の真武洞を占領した。

武闘はさらにエスカレートし、一九六八年三月二〇日払暁、今度は延安「聯総」（「急進派」）の武闘人員約三〇〇人が二二台の車両に分乗して県境を越え、真武洞へと侵攻した。劣勢に立たされた安塞の「穏健派」組織は、短時間抵抗を試みたのみで県城から撤退、その際にメンバー一人が殺害され、七人が捕らえられた。延安「聯総」はその日のうちに延安へと引き揚げた。その後、安塞では四月に「穏健派」が再び県城を奪還し、両派の最後の対決は七月下旬、前述の「七・二四」布告に応じて解放軍主力部隊（第八一一八部隊）が延安県へと進駐を開始した後に発生した。八月中旬、延安における足がかりを失った安塞の「急進派」一二〇人は、県城で約二〇〇人の「穏健派」武闘人員と衝突、六日間にわたって武闘を繰り広げ、双方合わせて死者三名、負傷者三名を出した。

安塞県では県党委員会（以下、党委員会は党委と省略）、人民委員会（人委）、「公検法」などの幹部が多数を占める「穏健派」が多数派で、武装部の支持も得て優位に立っていた。しかし、敵対する「急進派」は、隣の延安県で優位に立っていた延安の「急進派」の支援を得て対抗したために、県内の武闘は長期化したのであった。

延安県の両大派はまた、南西部に県境を接する甘泉県の派閥抗争にもあからさまな干渉を行った。『甘泉県誌』によれば、同県の両大派（「兵団」と「工農指」）は、一九六八年一月から九月の間、「延安『聯総』、『聯指』に付き従い、全面的に武闘を展開し、流血事件を惹き起こした」という。[14] 一九六七年一二月二八日、甘泉「工農指」は延安「聯指」の意を受け、「武闘専業隊」を組織した。武闘専業隊は、監獄の看守を務める民兵や機関幹部ら三〇余名からなり、翌日には武器弾薬を支給され、集団生活に入った。以後、監獄は武闘隊によって管理され、民兵隊の武器は「接収」された。一九六八年一月一日、延安「聯指」は甘泉県へと進駐し、甘泉「工農指」と延安「聯指」の武闘隊員は共同生活を行い、統一行動をとった。一方、対立派の甘泉「兵団」もまた、武装部と県中隊から武器を強奪した後、延安「聯総」の支援を得て農村に潜伏し、反攻の機をうかがった。

このように、派閥抗争は県境を越えて近隣諸県を巻き込む形で拡大していった。県境を越えた提携・連合は、各県内における派閥抗争を長期化させたのみならず、次にみるように、武闘の規模を拡大させ、「全面内戦」へとエスカレートさせていった。

四　「全面内戦」

一九六七年末以降、派閥組織間の県境を越えた協力関係は地区レベルでの一種の「攻守同盟」へと発展していった。各県の派閥組織は、延安「聯指」と「聯総」を中心に連合し、各県内での対立派の攻略のために、武闘の指揮・作戦を統合し始めた。一二月一二日、穏健派の延安地区「聯指」は洛川県で「南七県会議」を開催し、各県のリーダーたち一九名が参加した。会議では、一日目に各県の状況について話し合われ、「武闘認識」の統一が図られた後、二日目には宜君県と洛川県における対立派の拠点（五里鎮と土基鎮）の攻略と、対立派が優位を保っている黄陵県を攻撃することが取り決められた[15]。

このいわゆる「延安南部の釘を抜く」（抜掉延安南部釘子）作戦は、南部各県で実行に移された。まず、一二月一三日、洛川「工農総司」は「常務委員会会議」を開き、一六日に兵を三路に分けて土基鎮を攻撃することを決定した。一四日、洛川「工農総司」は十数の武闘隊を率いて土基鎮の南西に位置する秦関へと到着、対立派の退路を断った[16]。洛川「工農総司」は、一六日午前七時に攻撃を開始、一〇時には土基中学へと突撃し、対立派（洛川「造反総部」）のリーダーら三〇余名全員を捕らえ、二〇余名にけがを負わせた。洛川「造反総部」のリーダーたちは、土基鎮の街中を引き回された後、県城で監禁、拷問を受け、一名が無残にも殴り殺された。これにより、洛川「造反総部」は壊滅状態に陥った[17]。

一二月二七日、延安地区「聯指」は、黄陵、洛川、宜君各県の同派組織のリーダーたちを宜君県に召集し、黄陵「造反司令部」を攻撃する際の、日時、指揮、侵攻ルート、暗号などについての決定を下した。一二月二九日午前四時、延安地区「聯指」の連合組織は、二手に分かれて県城を挟撃する構えをとった。午前六時前後、洛川「工農総司」の武闘人員約一〇〇人が風峰山に達した際に、黄陵「造反司令部」の哨兵と遭遇、戦闘となり、学生五名が手榴弾と機関銃で殺害された。さらに、他の学生六名が重傷を負って反抗能力を失っているところに容赦なく銃弾が浴びせられ、そのうち五名がその場で死亡、一名のみが重傷を負いながらも帰還した。この黄陵県の「一二・二九惨案」によって、双方に二五人の死者が出たが、そのうち一一人は他県の武闘人員であった。この武闘の後、黄陵「造反司令部」は南の白水県（渭南地区）へと逃走した[18]。

黄陵「造反司令部」の敗退は、延安南西部における唯一の「急進派」の拠点が失われたことを意味した。一九六七年末から約半年間、延安南部の五県（富、洛川、黄龍、黄陵、宜君）は「穏健派」の延安地区「聯指」が支配することとなった。

延安地区「聯指」は、さらに延安南部一体を支配すべく、南東に位置する対立派の拠点、宜川県に攻撃を加えた。宜川県では、県東部の観亭村で一九六八年一月一一日に起こった大規模な武闘以後[19]、「急進派」の「宜地総」が県城を支配していた[20]。三月九日、「宜地総」派三〇名、「宜総指」派一〇名、その他三名の計四三名の委員からなる「宜川県無産階級革命造反派大連合委員会」が成立し、六月一四日には、「宜地総」優位のまま県革命委員会樹立の運びとなる予定であった。まさにそのとき、県外に留まっていた「宜総指」のメンバーは、延安「聯指」を始めとする九県の同派組織の八〇〇余人（そのうち武闘人員は五八〇人）を糾合し、延安「聯指」の指揮の下、六月一三日夜に黄龍県、富県の両方面から出発、県城を包囲した。一四日、ロケット砲、「六〇砲」、「八二砲」計五門と各種の銃器を用いて「宜地総」の陣地を攻撃、三日間にわたる激戦となった。一六日夜、「宜総指」と援軍の四〇余人が県城へ突入し、県連社と周辺の住宅を爆破、女学生一人を刺殺した上、一〇人を連れ去った。一七日朝、「宜地総」は楡林「紅工機」と黄龍「紅総」の支援を得て反撃に転じ、三人を殺害した。さらに、「宜総指」の総指揮が砲身爆発で爆死したため、「宜総指」と同派組織は一七日中に宜川から撤退した。この武闘で双方合わせて死者一四人、負傷者二二人が出た。

対する「急進派」の延安地区「聯総」は南部では劣勢であったが、楡林地区の同派組織の援助を得て、一九六八年半ば以降連合組織を編成し、攻勢に転じた。地区東部の延長県では、「穏健派」の延長「統指」が一九六七年一一月に「急進派」の「紅聯」を県城から追い出し優位に立っていたが、延安地区「聯総」によって攻撃を受けることとなった[21]。一九六八年六月一一日から一三日、延長「紅聯」は延安「聯総」、楡林「紅工機」、綏徳「十大指」の援軍を得て軍勢二〇〇〇余人で延長県城を攻撃、延長「統指」を県城から追い出した。この武闘で延長「統指」側に死者二名、負傷者二名が出た。

続いて延安地区「聯総」は、富県茶坊鎮に集結していた延安地区「聯指」の「武闘専業隊」に攻撃を仕掛けた。六月二〇日、延安地区「聯総」は東の宜川県から茶坊へ進攻、不意を衝かれた延安地区「聯指」の戦闘員一〇名が殺害され、無辜の農民一名も巻き添えとなった。翌二一日、隣の洛川県に駐留していた延安地区「聯指」派の戦闘員が茶坊に救援に向かったところ、交道で延安地区「聯総」の待ち伏せに遭い、四人が死亡、多数の負傷者が出た。富県内での武闘による死者は三〇余人に上り、その大半は茶坊と交道での延安地区両大派間の武闘によるものであった。[22]

六月二三、二四の両日、延安地区「聯総」は各県同派組織のリーダー会議を開き、延安南部諸県への「打通作戦」を協議した。会議では、武闘隊が二手に分かれて南下し、一方は洛川県、他方は黄陵県を攻撃することが取り決められた。[23] 二五日、延安県から南下してきた延安「聯総」所属の「一二七戦闘隊」、黄龍「二〇五」、延長油鉱「紅聯」、「北方聯防」、洛川「造反総部」などからなる連合組織は、富県の茶坊鎮で二手に分かれ、引き続き南下した。翌日、洛川へ向かった部隊は、交道で洛川「工農総司」と交戦し、双方合わせて一五人の死者が出た。二七日夜、「小隊」以上の司令員は、洛川「造反総部」に洛川の地形について説明を受け、兵を三路に分けて攻撃することを決めた。延安地区「聯総」の各武闘隊は、二八日午前一時に出発し、県城のレーダー局付近で守備に当たっていた敵方の清澗県の武闘隊と戦闘になり、双方合わせて六名が死亡、九名が負傷し、五〇余名が捕虜となった。その後、院夫、楊武、洪福梁などで武闘が発生し、両派合わせて六名の死者が出た。[24]

一方、六月二五日の早朝、黄陵県に向けてトラック四五台で出発した延安地区「聯総」の武闘隊は、隆坊鎮で黄陵「工農兵総部」の武闘人員に遭遇、午後五時頃、銃撃戦となった。戦闘は夜中の一二時まで続き、一二人が死亡した。この武闘の後、延安地区「聯総」の武闘人員一〇〇〇余人は、トラック約八〇台に分乗して、その夜のうちに黄陵県城を包囲してしまった。二六日早朝、延安地区「聯総」は黄陵「工農兵総部」の拠点への攻撃を開始し、二時間あまりの戦闘を経て、黄陵「工農兵総部」を南の宜君県へと壊走させた。この武闘で双方合わせて五人の死者が出た[25]。

おわりに

延安地区では、これ以後も八月半ばまで各地で両大派間の武闘が断続的に続いた。そのなかで大規模なものとしては、七月三日、延安南部の宜君県偏橋街で、延安地区「聯指」の武闘隊が仕掛けたダイナマイトによって、延安地区「聯総」の武闘人員三〇名以上が爆死するという事件が発生した[26]。また、八月一〇日、黄龍県界頭廟公社の食糧センターで「紅総」（延安地区「聯総」派）と「無総」（延安地区「聯指」派）が交戦、二日間にわたる銃撃戦となり五人が死亡、二一人が負傷した。五名の死者はいずれも無辜の民衆で、公社衛生所の当直医、食糧センターの計量係員のほか、公糧を納めに来た農民三名であった[27]。

延安地区の武闘は、「七・二四」布告に基づいた解放軍主力部隊の投入によってようやく終息に向かい始めた。地区北部の諸県（延安、安塞、甘泉、延川、延長、子長）には解放軍第八一一八部隊、南部（洛川、黄陵、宜君）には第八一三三部隊がそれぞれ進駐し、強制的停戦と武装解除、さらには県革命委員会樹立に向けての派閥組織間の調停を行った。停戦・武装解除のプロセスは決して順調であったわけではなく、前述の安塞県のように、解放軍主力部隊が進駐する直前の八月中旬になって最後の戦闘を繰り広げたり、子長県のように、九月に入り派閥組織間の連合協議中に両派が衝突し、銃器・手榴弾によって四人が死亡、二三人が負傷するという事件も起こった[28]。しかし、解放軍主力部隊による斡旋によって、八月半ばから九月半ばにかけて地区内のすべての県で革命委員会が樹立され[29]、延安における武闘はようやく終息した。延安地区では、県軍当局による分裂介入が派閥組織間の武闘を拡大させた結果、一県当たりの武闘による平均死者数が四六人（人口一〇万人当たり）と省内で二番目の高さとなった（表4-2）。

註

（1）中共中央、国務院、中央軍事委員会、中央文化革命小組「関于人民解放軍堅決支持革命左派群集的決定」（中発［六七］二七号、一九六七年一月二三日）、宋永毅主編『中国文化大革命文庫（CD-ROM）』（香港中文大学中国研究服務中心、二〇〇二年）、所収。

（2）黄龍県誌編纂委員会編『黄龍県誌』（陝西人民出版社、一九九五年）六七五-六七七頁。

（3）洛川県誌編纂委員会編『洛川県誌』（陝西人民出版社、一九九四年）二〇〇-二〇四頁。

（4）子長県誌編纂委員会編『子長県誌』（陝西人民出版社、一九九三年）八三二-八三四頁。

（5）「中央軍委十条命令」（一九六七年四月六日）、『中国文化大革命文庫』、所収。なお、「軍委十条」については第三章を参照。

（6）『子長県誌』八三一-八三三頁。

（7）『洛川県誌』二〇三頁。

（8）中共中央、国務院、中央軍事委員会、中央文化革命小組「関于不准搶奪人民解放軍武器、装備和各種軍用物資的命令」（中発［六七］二八八号、一九六七年九月五日）、『中国文化大革命文庫』所収。

（9）『黄龍県誌』六七六-六七七頁。

（10）富県地方誌編纂委員会編『富県誌』（陝西人民出版社、一九九四年）五五六-五五七頁。

（11）延安市誌編纂委員会編『延安市誌』（陝西人民出版社、一九九四年）八二六-八二七頁。

（12）一九六五年の安塞県の人口は八万八九〇〇人で、そのうちの九五％は「農業人口」であったのに対して、延安県の人口は一五万五五〇〇で、そのうち「農業人口」は七四％であった（陝西省統計局編『陝西省地市県歴史統計資料匯編（一

九四九―一九九〇）』中国統計出版社、一九九一年）。
（13）安塞県地方誌編纂委員会編『安塞県誌』（陝西人民出版社、一九九三年）七四九―七五〇頁。
（14）甘泉県地方誌編纂委員会編『甘泉県誌』（陝西人民出版社、一九九三年）四八九頁。
（15）『洛川県誌』二〇二頁。
（16）秦関は、土基から西隣の黄陵県へと続く道路の途中に位置している。当時、洛川県周辺の諸県は、黄陵県を除いてすべて延安地区「聯指」派に支配されており、土基に集結する洛川「造反総部」は、これにより唯一の退去ルートを断たれたことになる。
（17）『洛川県誌』二〇二頁。
また、延安地区「聯指」による「延安南部の釘を抜く」計画は、洛川県の隣の富県でも実行された。五月二八日、富「統指」は延安「聯指」（別称「一二八」）の支持の下、洛川、黄陵県などの武闘隊の協力を得て張村驛に盤踞していた「紅造司」を「八二砲」、「六〇砲」、軽・重機関銃で攻撃した。「紅造司」は、直羅と槐樹庄の境界地域へと撤退したが、この武闘により一人が死亡、多数が「統指」に捕らえられ、拷問を受けた。
（18）黄陵県地方誌編纂委員会編『黄陵県誌』（西安地図出版社、一九九五年）七六〇頁。
（19）この「観亭事件」による死者は一〇名、身体に障害を負った者八名、さらに「宜総指」のメンバー三〇余名が捕虜となった。
（20）宜川県地方誌編纂委員会編『宜川県誌』（陝西人民出版社、二〇〇〇年）二〇〇―二〇四頁。
（21）延長県地方誌編纂委員会編『延長県誌』（陝西人民出版社、一九九一年）二七―二八、三三頁。
（22）『富県誌』五五六頁。
富県ではさらに、拉致・殺害の応酬も行われた。まず富「統指」が一九六七年一二月三〇日に、県公安局幹部を捕らえて殺害したことが前例となり、それ以後両大派による拉致・殺害の応酬がエスカレートしていった。その結果六人が捕らえられた後銃殺され、二人が棍棒などで無残にも殺害された。

（23）『黄陵県誌』七六〇–七六一頁。
（24）『洛川県誌』二〇四頁。
（25）『黄陵県誌』七六〇–七六一頁。
（26）宜君県誌編纂委員会編『宜君県誌』（三秦出版社、一九九二年）二七頁、『延安市誌』八二八頁。
（27）『黄龍県誌』六七七頁。
（28）『子長県誌』八三五–八三六頁。
（29）県革命委員会樹立の日付は、早いものから順に以下の通りである。黄龍（一九六八年六月一六日）、子長（六月二〇日）、宜川（七月一日）、延安（八月一八日）、黄陵（八月二三日）、洛川、宜君（ともに八月三一日）、甘泉（九月四日）、富（九月六日）、安塞（九月一〇日）、志丹（九月一三日）、延長（九月一四日）、延川（九月一五日）、呉旗（九月一八日）。

第六章　軍の不介入から「全面内戦」へ

一　安康地区の事例

（一）不介入

安康軍分区と安康県人民武装部（以下、人民武装部は武装部と省略）は、一九六七年三月、「奪権」によって生じた無政府状態を受け、「三支両軍」（支左、支工、支農、軍管、軍訓）を開始した。軍当局は、「抓革命、促生産弁公室」を設置して、党と政府の業務を代行するとともに、同じく麻痺状態に陥った公安・検察・裁判所を接収管理した。しかし、「三支両軍」のなかの「支左」工作は困難をきわめた。表面上は相容れないようにみえる両派は、こと「殴る、壊す、奪う、没収する、捕らえる、引きずり出す、つるし上げる」（打、砸、搶、抄、抓、揪、闘）に関しては類似しており、どちらが「革命左派」で「反革命組織」なのかを判別することはきわめて困難であった。さらに、「支左」工作は、「どちらの派を支持したとしても他派の反対を受けることは避けられず(1)」、一方を支持することは、自らを派閥抗争の渦に巻き込ませることに他ならなかった。そのため、軍分区、安康県武装部とも「支左」の「態度表明」（表態）を行うことはなかった。

安康地区内のその他の県でも状況は同じで、「支左」表明を行った武装部は一つもなく、「両派関係の調整」に終始した。第三章でも触れた平利県武装部では、当初武装部は党員、幹部が多く、出身階級（階級成分）が「純粋」な「十五総」に傾倒したが、態度表明は行わず、「ひそかに支持していた」[2]。その後、五月下旬になり、安康軍分区は平利県武装部党委員会（以下、党委員会は党委と省略）を通じて、「支左」は「唯成分論」ではなく「造反精神を大方向とする」との指示を下達したが、同軍分区内の県武装部で「支左」表明を行ったところは一つもなかった。その後、平利県武装部内には「支左」をめぐって分裂が生じたが、武装部部長は一貫して「支左」表明を行わなかった。このように、安康地区では、軍分区・県武装部がいずれも「支左」に慎重な態度を取り続け、態度を明らかにしなかった。一九六七年夏の武漢「七・二〇事件」を契機に中央が地方部隊への攻撃を強めると、この「不介入」の立場は急速に地方部隊を無力化させていくこととなった。

（二）武闘の高まりと武器「強奪」

一九六七年八月以降、安康県の両派による武闘が激しくなり、次第に近隣の県を巻き込んでいった。武闘の激化にともない、派閥組織は武装部に対して武器を要求するようになり、受け入れられない場合は武器庫を襲撃した。すでにみたように、武装部は、大衆組織に手出しすることを禁じた「軍委十条」によってすでに身動きが取れない状態にあったが、八月に毛沢東が「左派の武装」を提起したことにより、派閥組織による武器の要求に対してさらに無力な状態に陥った。平利県でも「造反派」が「左派の武装」を要求するなど、派閥組織の要求は次第にエスカレートし、九月以降は武器庫への襲撃が行われるようになった。また、安康の「造反派」は、武漢、開封、鄭州の「造反派」のやり方をまねて、生きた人に死に装束を着せて街中引き回したり、座り込みを行って軍当局に圧力をかけた。

八月一九日、二〇日の両日、安康県の両派（「六総司」と「紅三司」）は、地区党委機関の構内で、最初の大規模な武闘を行い、二〇〇人以上の負傷者を出した。これ以後、安康県の新城、老城は「六総司」が支配することとなり、「紅三司」は城関地区から撤退して農村を制圧し、「農村から都市を包囲する」構えをとった。同時に、安康両派は、武闘に備えて近隣諸県の派閥組織と提携関係を築き始めるとともに、西安と北京に連絡ステーション、陳情団（上訪団）を派遣して全国各地の派閥組織とも連携した。八月下旬、両派はともに武闘指揮と組織を拡充した。また、両大派ともに、第一線の指導部は表舞台で演じ、第二線の「高級参謀」は舞台裏で糸を引いたという[3]。

一方、南隣の嵐皋県では、八月一四日昼、「工農聯盟」が六〇余人を糾合して県人民委員会機関の二階へ強行突入し、対立する「総部」のメンバーに殴る蹴るの暴行を加え、六人に重傷を負わせた。翌日、嵐皋「総部」派の民衆はビラを配り、スローガンを貼り出すなどして、敵に血の償いをさせることを訴えた。郊外の農民は凶器をもって県城内に進入し、報復するための機をうかがった。一六日昼、嵐皋「総部」は数百人規模のデモ行進を組織して県党委の官舎に突入し、指導幹部三名をいわゆる「飛行機を操縦する」（駕飛行）姿勢のまま連行し、批判闘争にかけた。嵐皋「総部」は「八・一四」を口実に、農民を県城内に動員し武闘を煽った[4]。

九月初め、安康地区各県では、派閥組織による武器庫襲撃が発生するようになった。九月五日午前一二時、安康「六総司」の武闘人員は四両のトラックに分乗して武装部を襲撃し、小銃四八六挺、自動小銃一七挺、軽機関銃五五挺、大砲一四門、砲弾四二発、各種銃弾一〇万四七七九発を強奪した。さらに同日、「六総司」は公安機関からも拳銃三〇挺を奪い去った。それに対し、安康「紅三司」所属の一二の「兵団」は、それぞれ各区、人民公社の民兵から武器を強奪した[5]。

先に述べた平利県では、九月三日朝、隣の湖北省竹渓県武装部の参謀二人と同県中隊の幹部、兵士、光化空軍某部幹部の合わせて七人が、「造反派」一七〇人以上を引き連れて来県し、武装部を包囲した。竹渓県武装部参謀の指揮の下、大門付近の装備倉庫屋上に歩哨を置き、要害の高地を占領するとともに、紅旗劇場のバルコニーに機関銃を設置した。午前、彼らは武装部で会議を開き、武装部に対して平利「六聯総」を「革命左派」と承認することを激しく迫ったが、武装部の指導幹部はそれでもなお態度を明らかにしなかった。午後、平利「六聯総」の代表も出席するなか、湖北省の「造反派」は今度は銃器を発給し、『左派』を武装する」よう迫り、発給しなければ武器庫を打ち壊すのみと脅した。武器装備の責任者であった史羊城副部長は、「部長と政治委員の同意さえあれば、私は銃器を支給する」と言った。趙光歧部長はこれを固く拒んだが、陳昌明政治委員は脅されて「四〇挺を支給することに同意する」と書き付け、署名してしまった。このとき「造反派」は、部長と政治委員を武器庫の戸口へと連行して写真を撮り、これらの銃器は支給されたもので奪ったものではないという「証明」(証実)とした。武器庫の扉がひとたび開けられるや、「造反派」はなかに殺到し、ライフル銃一二一挺、拳銃二挺、自動小銃二挺、重機関銃一挺、軽機関銃一七挺、各種銃弾三九九五発、手榴弾七個にも及ぶすべての武器を無理やり搬出してしまった。当日夜、湖北省の「造反派」は趙光歧を竹渓県へと連行するとともに、軽機関銃二挺、ライフル銃二八挺、自動小銃一挺、手榴弾七個、各種銃弾一八一三発を持ち去った。その他の武器は、平利「六聯総」のために残しておいた(6)。

一方、対する平利「十五総」のメンバー二〇〇余人は、一一月三〇日、安康「紅三司」の扇動の下、錠を壊して武装部の武器庫に侵入し、「八二」・「六〇」砲四門、砲弾一六発、軽重機関銃二〇挺、ライフル銃一六〇余挺、銃弾六千余発、小口径ライフル銃弾一万余発を奪った。また同派は、一二月一〇日、普済公社で「東西線武闘指揮部」を成立させ、武闘隊員三〇〇余人を引き連れ、再び武装部を襲撃、重機関銃四挺、ライフル銃一〇〇余挺、銃弾一万九千余発、小口径ライフル銃弾三万余発、「八二」・「六〇」砲四門、砲弾一三発、現金一五〇〇元、食糧配給切符七四一斤、財物一〇余件を奪い去った。一二月一四日、同派はまた監獄を管理していた県中隊の武器を奪い去った[7]。

このように、安康県の派閥組織は周辺各県の同派組織をけしかけて武器庫を襲撃させたが、他県の派閥組織は盲目的に従ったわけではなかったようである。例えば、一九六八年四月一一日、安康「紅三司」の「副司令」は武器強奪を共謀するために嵐皋へ人員を派遣したが、嵐皋「総部」は「紅三司」を警戒し、単独で武装部、県中隊、城関区武装部から三〇〇挺余りの銃器を奪った。その後、安康「紅三司」の武闘人員五〇余人は、車で嵐皋に駆けつけ、武装部、県中隊などからさらに銃器を強奪した。また、安康「紅三司」は、嵐皋「総部」から一部の銃器弾薬を強制的に「借用」した。武器強奪後、嵐皋「総部」は、「[安康『紅三司』に]追いつめられてやむを得ず行った」（逼上梁山）と開き直った[8]。

（三）停戦・連合協議の失敗

陝西省軍区は、一九六七年九月七日、安康両派に対して、「八月下旬以来、安康の武闘は日増しに深刻になりつつある。死傷者は絶えず増加し、水陸交通は中断、工場、企業は操業停止となるものもあり、秋の収穫にも悪影響を与えている。省軍区は、両派が軍分区の協力の下、直ちに協議を行い武闘停止の合意を達成し、共に遵守することを切に希望する」との電報を発した。翌日には、軍分区の主催により双方の代表が協議を行い、一三日に停戦の合意に達したが、双方とも誠意が欠けていた。一三日には、安康「紅三司」が「六総司」の拠点であった嵐河区を襲撃し、交渉は決裂した。九月二二日には、省軍区、軍分区の斡旋によって、両派は再び停戦合意に達したが、大半の武器を温存し、ひそかに大規模な武闘の準備を行っていた。両派のリーダーたちは協議中、先を争って「大連合」の看板を掲げ、表向きは銃器を引き渡すふりをし、「連合」を声高に叫んでいたが、裏では不意打ちや誘拐、殺人を繰り返し、一〇月には再び武器庫を襲撃し、合意によりすでに返還され密封保存されていた武器を再び強奪した[9]。

一一月四日、駐軍の督促により再度両派による協議が行われ、激しい舌戦が繰り広げられた。翌日、「紅三司」は市街区と外部とをつなぐ電話線を切断し、七日には三路に分かれて安康新城を攻撃した。「紅三司」は、防疫ステーション、安康師範専科学校付属小学校、県人民銀行営業所などの家屋五九間を破壊した上、軍分区の武器庫を襲撃し、各種銃器四〇〇余挺、弾薬多数を強奪した。一五日、省軍区は再び両派に電報を送り即時武闘停止を懇願したが、何ら効果をもたらさなかった。一七日、省軍区は安康軍分区の指導者と両派の責任者を西安に招集し、安康問題の解決に当たることを通知した。二七日、双方の代表は省軍区に赴いたが、協議は物別れに終わった[10]。

一二月七日、主戦場は老城へと移った。「紅三司」は、「安康城を踏み潰せ」と声高に叫び、一方で「六総司」は、「安康城を死守しよう」と呼びかけた。一〇日、一〇〇余人の「六総司」武闘人員が、包囲を突破して湖北省に入り、武漢を経由して西安へとたどり着いた。残った武闘人員は「県城死守大会」を開き、参加した武闘人員は二〇〇〇余人へと増加した。一二月二九日、中央は解放軍第二八二部隊を安康に派遣し、前線に進駐させ武闘を制止した。軍分区と第二八二部隊の努力によって、両派は一九六八年一月四日に武闘停止の合意に達し、さらに一二日には、「安康両大派による武闘停止と武器弾薬の全面返還に関する合意」を達成した。二月二四日、両派は武器弾薬の返還方法について合意（「二・二四合意」）に達し、祝賀大会が催された。三月六日、両派は駐留軍に対して武器弾薬の返還を開始し、武闘人員は次々と職場へと戻っていった。安康の武闘は一時的に沈静化した。しかし、この最中の二月二八日にも、平利「六聯総」は湖北省竹渓県の招待所で「西線武闘指揮部」を成立させ、安康「六総司」の画策の下、武闘人員を白河県へ派遣して同県武装部の武器弾薬をすべて奪うなど、合意の裏で武闘の準備を行っていた[11]。三月下旬には、安康地区の両派は再び大規模な武闘に備え始めた[12]。

（四）「全面内戦」

一九六八年四月四日、安康両派は武闘人員を集結させ、新城の北門、旧城の大南門、小南門など各所で戦闘となった。当日夜八時、安康駐留軍は「緊急布告令」を出し、駐留軍が夜九時から翌日の午前九時まで安康に戒厳令を敷くことを宣布した。大南門、小南門、西門、東門、新城北門には武装警察の検問所が設置され、軍隊が巡回警備を行った。事件はまた、四日のうちに中央へと伝達された。六日、省軍区は再び安康両派に電報を送り、相変わらず「両派が直ちに武闘を停止することを切に希望する」と繰り返した。しかし、これらの「緊急布告令」と電報は、すでに効力を失っていた。四月六日から八日にかけて、「六総司」の破壊行為によって、外貿ビル、安康茶廠、西城事務所などの家屋・事務所二五八間が焼失、機械類四一台、茶葉一一・八万斤、生産用布一・五万尺が焼損し、国家財産の損失は六六万元に達した。九日、「六総司」の武闘人員は突如出撃し、「紅三司」が支配していた土西門一帯を包囲して一度に三五人を銃殺した。翌日、「紅三司」は二四人の遺体を工場内へと運び入れ、遺体に加工を施して展覧し、参観者を動員して復讐心を煽った[13]。

安康県の武闘は、周恩来首相をも驚かせた。四月一二日、周恩来は安康両派のリーダー各三名を北京に招集した。一三日午後七時、周恩来は再度指示を出し、安康両派の代表を各三名から五名へと増やし、直ちに武闘を停止して北京へ赴くよう命令した。これを受け、安康駐軍は、①一四日午前七時をもって双方が無条件停戦を実施すること、②北京へ赴く双方の代表は、一四日正午に第二八二部隊の駐屯所で武闘制止についての協議を行い、緊急に解決を要する問題について合意を成立させること、という緊急アピールを出した。しかし、この駐軍によるアピールも具体的な効果をもたらさなかった[14]。

安康駐軍は五度目の緊急アピールを出し、両派に対して四月一六日正午をもって無条件停戦を要求したが、同日午前には「紅三司」が再び老城へ向けて発砲し始めた。四月一九日まで安康の武闘は止まず、両派代表が北京へと発つ前に、城内の食糧供給が逼迫した。この難局に際して、中央は一七日と一八日に二度にわたり陝西省軍区を通じて両派に電報を送り、両派が無条件に周首相の指示に従い、武闘を停止し、武器弾薬を引き渡すよう要求した。あわせて、中央は両派に対して、県の穀物倉庫と穀物加工工場の軍管小組に協力して、住民への食糧供給任務に当たるよう指示した。同時に、一九日午後七時をもって全面停戦を実施し、武闘停止の協議に入り、両派代表が大至急北京へ赴くよう強調した。中央によるたび重なる指示も効果がなく、四月二三日になってようやく両派代表と軍隊代表を乗せたヘリコプターは北京に到着した。翌二四日、中央の主催によって、停戦と食糧供給についての合意が達成された。しかし、実際には武闘は二七日から二九日にかけても続き、二九日には「六総司」が老城の電信局から助けを求めてきた。北京で達成された合意は、空文に過ぎなかったのである[15]。

四月三〇日午後六時、「紅三司」が猛攻を開始し、各種の砲弾が県城に降り注いだ。五月四日だけでも、「紅三司」は老城に向けて袋詰めにした火薬一〇〇余発を発射し、醬貨店、西城中学などの家屋二四四間を爆破した。五月初め、「六総司」は老城内の安全を保つために障害物を取り除くと称して、魯班巷、金銀巷、沈家巷、南北城壕付近、朝陽門などの家屋六五四間に放火し焼失させた。五日には、給水塔が爆破され、城内の給水が中断した。その日の夜、「六総司」は人員を送り出し、ひそかに「紅三司」の関所を越えさせ、隣接する漢陰県の電信局から再び救済を求めてきた。六日、「紅三司」は老城へと進攻し、小南門、水西門、供銷センターの三ヶ所に爆薬三〇八〇キログラムを設置し、堤防三六七八立方メートル、家屋一九六間を爆破した。無差別な破壊と放火によって、安康老城の半分は廃墟と化した。大半の住民は四方へ逃げ、城内に残った人々は城壁や堤防に掘られた洞穴に身を隠した。「紅三司」の老城への全面進攻を目前に、「六総司」は窮地に追い込まれた。五月九日、周恩来は再度指示を出し、両派に即時停戦を要求したが（「五・九指示」）、一一日夕刻になってもなお大規模な武闘が止むことはなかった。[16]

西安駐在の「六総司」のリーダーと包囲を突破した一部の武闘人員は、五月一二日に西安「援越」旅行社で共同防衛会議を開き、老城の包囲を解くために、「紅三司」を内外から挟撃することを決定した。九日、「六総司」は漢陰県で「東進」会議を開いて「西線武闘指揮部」[17]を組織し、六〇〇余人を集結して安康へ向けて「東進」を開始した。「六総司」派は、まず漢陰県澗池を攻撃して二五人を殺害した後、一五日には紫陽県漢王城で一三人、二二日には安康県葉坪で一一人、さらに二六日には恒口越嶺関で四五人をそれぞれ殺害した。二七日、「六総司」派は引き続き「東進」し、「紅三司」の後方指揮が置かれていた恒口鎮を攻撃して四人を殺害したが、「紅三司」戦闘員による必死の抗戦に阻まれ、「六総司」派はその日のうちに漢陰県へと引き返した。退却を余儀なくされた「六総司」派は、人員を漢中と楡林に派遣し、銃弾十数箱分を補給した。[18]

安康老城が破壊されるなか、省革命委員会副主任の資格で西安「東派」のリーダー、馬希聖[19]が他に八人を引き連れ、「毛主席の最新指示と中央首長の陝西安康に対する指示を貫徹し、武闘制止の協議に協力する」と書かれた紹介状を携えてやって来た。馬希聖は先に、西安の六四の「造反派」組織の連名で安康「紅三司」に対する支持を表明したところであった。馬希聖は安康に到着後、「六総司」には接触せず、「紅三司」のリーダーたちと密会を重ね、入れ知恵をし、一層対立を煽った。五月二六日、馬希聖はうわべでは「紅三司」に停戦を要求しながら、同時に大挙進攻することをもくろんだ。二七、二八の両日、「紅三司」は倉庫ビルから大北街一帯までの老城内のほぼ全域を制圧した。このとき、「六総司」は東関の一角へと後退し、撤退前に家屋四〇九間に放火し、大北街に面する一帯が灰燼に帰した。[20]

激しい武闘は、安康県や隣接する漢陰県、紫陽県などで発生したのみならず、地区南端の鎮坪県でも行われた。六月二一日、安康「紅三司」派の「八県聯委東線指揮部」所属の平利「十五総」と鎮坪「紅七総」は、上竹公社馬鞍山で鎮坪「鎮三司」と交戦し、「鎮三司」のメンバー二人と平利県の武闘人員一人が死亡した。[21] また、『平利県志・軍事志』によれば、鎮坪県での一度の武闘で平利「六聯総」の一九人が射殺された。[22]

このとき、安康「紅三司」は、農村における「六総司」の「幹将」一七五人を恒口中学に監禁し、残酷な尋問と拷問を行い、そのうちの一三人を殺害した。この経験は、「打尖子」（突出した人物に打撃を加える）と呼ばれる対立派の関係者と「四類分子」[23]に対するジェノサイドの原型として他県へと押し広められた。五月末、安康「紅三司」は会議上、対立派メンバーの家族と支持者、「四類分子」を「見せしめ」（殺鶏給猴看）として殺害した経験を、他県の同派組織に紹介した。その後、紫陽県では、「二一・六派」が対立派の家族と支持者、「四類分子」に対して「座土飛機」（火薬袋を背負わせる）、「下餃子」（川に突き落とす）、「鵞包石摻湯」（石を投げつける）などの残酷な拷問を加え、四〇〇人以上（そのうち「四類分子」が二一一人）を殺害した。[24] 白河県では、「安康のやり方」とともに、四川省や紫陽県などで「四類分子」をその子女も含めて根絶やし（斬草除根）にしたことが紹介され、「四類分子」とその子女八二名が殺害された。[25] 嵐皐県では、「総部」が「四類分子のなかで最も突出した人物に打撃を加え、威風を示し、敵を脅かそう」などのスローガンの下、四八人を殺害、六人に身体障害を負わせた。[26] この「打尖子」と呼ばれるジェノサイドは、安康両派による激しい武闘を背景として、農村部を支配していた「紅三司」が対立派の家族や支持者、そして「四類分子」を「見せしめ」と称して虐殺したものである。このような大量虐殺が武闘期間中では、省内でも安康地区だけで生じたのは、安康の武闘の激しさに加え、同地区が湖北省、四川省と接する「三省交界地帯」であったことと関係しているのかもしれない。つまり、白河県の例が示唆するように、「打尖子」の経験は隣接する四川省から安康地区にもたらされた可能性があるが、この点については本論の範囲を超える。

安康地区の武闘は、一九六八年六月二日に中央が蘭州軍区の解放軍第八一六三部隊を安康に派遣し、本格的介入を開始したことにより、ようやく沈静化に向かって動き出した。その後も、両派のにらみ合いと小規模な戦闘が続き、安康地区のすべての県で武闘が停止したのは九月に入ってからのことであった[27]。安康地区の一県当たりの武闘による平均死者数は七三人（人口一〇万人当たり）と省内でも突出しており（表4-2）、武闘の激しさを物語っている。

以上のように、安康地区では一九六七年夏から一九六八年夏にかけて、まさに内戦さながらの武闘が繰り広げられた。派閥抗争を大規模な武闘へとエスカレートさせる直接的な原因となったのは、軍隊「支左」、「軍委十条」、「左派の武装」などの中央の「政策」であり、軍分区と各県武装部の無為無策であった。先にみたように、省内でも楡林、宝鶏地区のように、「統一介入」が派閥抗争を収束させたところもあったことから、安康軍分区の「不介入」が武闘の大規模化を招いたといえる。一九六七年夏以降、地方部隊が「中立」の立場から派閥抗争を仲裁することはもはや不可能であった。「支左」が中央の「政策」であった以上、また武漢「七・二〇事件」以後、中央による地方部隊への攻撃が激しさを増すなか、地方部隊には「中立」の選択肢はもはや存在しなかったといえる。

二　漢中地区の事例

陝西省南西部、安康地区の西隣に位置する漢中地区でも、軍分区の「不介入」が部隊の無力化を招き、派閥組織間の武闘をエスカレートさせた。一九六七年七月、漢中「統臨鉱」のリーダーは数千人を動員し、武闘中に死亡した労働者一名の亡骸を担いで街頭デモを行った[28]。その後、デモ隊は軍分区機関構内に突入し、大会議室に遺体を強行に「安置」し、同派を「左派大衆組織」と認めるよう軍分区に圧力をかけた。一月近くの間、構内には数百の花輪が林立し、構外では数百人がハンガーストライキを行った。軍分区機関は、正常に業務を行うことができず、将兵ともに持ち場を守り、大衆を説得するのみであった。

軍分区が「不介入」の立場を採り続けたことは、下級の各県武装部を混乱させた。上級からの明確な指示のないまま、武装部は地元の派閥勢力に圧倒されるか、内部分裂を起こした。鎮巴県では、「武装部内に支持対象をめぐり意見の相違が生まれた」[29]。九月七日、武装部副政治委員は、責任者でないにもかかわらず、武装部党委の名義で地元の一派への支持を表明した。彼は、急進派の「紅革会」のなかでも「最も凶暴」であった「紅司」と「革聯」を「数多ある大衆造反組織のなかでも最も艶やかで美しい花」であり、「彼らの革命の大方向は終始正確である」と称賛した。この「態度表明」は、「大衆組織間の対立を助長し、ついには多くの流血事件をもたらすに至った」。

漢中地区では、各県の派閥組織が漢中県の「統臨鉱」と「聯新」を中心に、省内でも最も系統的な二大派閥組織(「統派」と「聯派」)を成立させた。なかには、南鄭県の派閥組織のように、両派とも地区レベルの二大派閥組織の「南鄭分部」(「漢中地区統臨鉱総指揮部南鄭分部」、「漢中地区聯新革命造反総指揮部南鄭分部」)と称したところもあった[30]。名称にとどまらず、漢中地区両派に属する各県の派閥組織の活動は、「統臨鉱」と「聯新」を中心に統制されていた。例えば、一九六八年五月末、漢中「統臨鉱」は、同県に逃げ込んでいた洋県の同派組織(「紅統站」)を支援するため、九県の同派武闘隊、合わせて一〇〇〇人以上を糾合し、実弾で武装して洋県に攻め込んだ[31]。対立派(「総部」)の防衛線を突破し、馬暢地区になだれ込んだところで激戦となり、一三人が死亡、九〇人以上が負傷した。洋県「総部」は、リーダーの一人を銃撃で失い、県城を放棄して山岳地帯へ逃亡した。

六月一三日、地区内で最大規模の武闘が漢中県の市街地で発生した。住民は家を離れ、農村に避難することを余儀なくされた。大規模な武闘が四八日間続き、一〇〇〇人以上が死傷した[32]。戦闘開始後間もなく、「統臨鉱」の武闘隊は軍分区機関を占拠し、構内に「駐屯」（安営扎寨）してしまった[33]。軍分区の指揮官と兵士は、各課ごとに築かれていた一三本の坑道を修築し、「地下に進駐し、持ち場をしっかりと守り、任務をやり通した」。軍分区機関構内には爆弾や砲弾による穴が無数に空き、壁にはいくつもの銃眼が空けられていた。六月一四日には、「聯新」派によって放たれた砲弾が機関の炊事場に命中し、重傷者二人を含む一四人の負傷者が出た。「指揮官、戦闘員の生命が大いに脅かされるなか、司令員から政治委員、幹部、兵士に至るまで、基本的には持ち場を離れず、また家族さえも幹部と苦楽を共にし、五〇日間坑道に住み続けた」という。

興味深いことは、『漢中市軍事誌』が、この時期の自らの行動を振り返り、「陣地を固守し、持ち場を守り抜いた」、「『苦難を恐れず、死を恐れない』の精神で、任務を行った」として、「革命軍人の精神風貌と優れた作風を示した」と自画自賛していることである。軍分区幹部は、自ら内乱を鎮め、住民の安全を守る責任主体ではなく、派閥組織による攻撃と破壊のなかで持ち場を守り、「任務」を行い続けた「第三者」、または「犠牲者」とみなしているようである。もちろん、軍は「支左」に加え、「軍委十条」によって、大衆組織への発砲、逮捕を禁じられており、手足を縛られた状態に置かれていた。このなかで、「不介入」の立場を採り続けることは、治安維持の責任をも放棄せざるを得ないことを意味したのかもしれない。このようなまさに「無政府状態」のなか、漢中地区の一県当たりの武闘による平均死者数（人口一〇万人当たり）は三二人と、安康、延安地区に続いて省内で三番目の多さであった（表4-2）。

おわりに

以上、安康、漢中両地区を事例に、地方部隊による「不介入」が派閥抗争を大規模な武闘へと発展させたプロセスを検証した。中央に促された派閥組織による攻撃が激しさを増すなか、両地区では軍分区が「支左」についての態度を明らかにすることができず、また解放軍主力部隊のプレゼンスも薄かったことから、地方軍事機構は麻痺状態に陥った。治安維持の最後の砦としての地方部隊が無力化したことにより、両地区は無政府状態に陥り、派閥抗争はまさに内戦さながらの大規模で組織的な武力抗争へと発展した。

次に、第四章から六章で各地区の事例を基に検証した、軍隊「支左」の介入パターンと派閥組織間の武闘の拡大との因果関係をまとめておく。軍隊「支左」をめぐる政治プロセスは、各地区・県における派閥抗争の行方を左右した。中央文化革命小組のメディアを通じた介入や解放軍主力部隊のプレゼンスによって、中央が地方の情勢に影響力を行使することができた地区では、地方部隊の指揮系統が維持（または回復）され、統一介入が可能となった。同一地区内の各部隊による統一介入は、大半の県で派閥抗争を収束させ、紛争を局地化させる効果をもたらした。

一方、中央の影響力が及ばなかったところでは、地方軍当局は激しさを増す派閥抗争のなか、独力で「支左」を行うことを余儀なくされた。延安を始めとする三つの地区では、部隊の指揮系統が乱れ、分裂介入に陥った。分裂介入は、部隊から派閥組織への武器流出を招くとともに、派閥組織間の県境を越えた提携・連合を促し、抗争を県内から地区全体へと拡大させることとなった。

また、地方軍当局が派閥抗争に不介入の立場を採ったところでは、分裂介入とは異なるプロセスを経ながらも、類似した結果をもたらした。「軍委十条」によって手足を縛られた状態の地方部隊に対して、派閥組織は当初こそ支持を求めたが、次第に部隊そのものを軽視するようになり、ほしいままに武器強奪を行った。不介入は、分裂介入と同様に、派閥組織間の紛争を県内に封じ込めることができず、地区全域を巻き込んだ「全面内戦」へと陥った。したがって、軍隊「支左」をめぐる政治プロセスによって生まれた「統一介入」、「分裂介入」、「不介入」という三つの介入形態は、その後の派閥抗争の行方を決定付けたといえる。軍による「統一介入」は、大半の県で派閥抗争を収束させ、紛争を局地化させたが、「分裂介入」と「不介入」は、地区内の大半の県を巻き込んだ「全面内戦」をもたらした。

註

（1）安康市地方誌編纂委員会編『安康県誌』（陝西人民出版社、一九八九年）九〇二頁。
（2）平利県人民武装部・平利県誌編纂委員会弁公室合編『平利県誌・軍事誌』（未刊行内部資料、一九八八年）一二〇―一二一頁。
（3）『安康県誌』九〇二―九〇三頁。
（4）嵐皋県誌編纂委員会編『嵐皋県誌』（陝西人民出版社、一九九三年）五八九頁。
また、八月二八日の嵐皋「総部」主催の「万人大会」では、長矛、刀、槍、棍棒などを手にもった郊外地区の農民が入場し、県党委員会書記張如乾、副書記崔長旺、県党委員会弁公室主任束広蘭、監視委員会副書記屈自明など指導幹部が、「飛行機を操縦する」姿勢を強要され「闘争台」に押し上げられた。
（5）『安康県誌』九〇三頁。
（6）この後、平利県武装部は、上級機関に叱責され、武器を回収するよう命じられた。平利県武装部は公開の自己批判を行い、度重なる説得を通じてようやく平利「六聯総」の手に渡った銃器をすべて回収した。湖南省に持ち出された銃器についても、その後逐次回収された（『平利県誌・軍事誌』一二二頁）。

（7）平利県地方誌編纂委員会編『平利県誌』（三秦出版社、一九九五年）六九八頁。
（8）『嵐皋県誌』五八九頁。
また、嵐皋「総部」は「兵器工場」を開き、銃六一挺を修理したほか、手製の手榴弾一千余個を製造し、三千余元を浪費した。
（9）『安康県誌』九〇三頁。
（10）同右。
（11）『平利県誌』六九八頁。
（12）『安康県誌』、九〇三―九〇四頁。
（13）同右、九〇四頁。
（14）同右。
（15）同右、九〇四―九〇五頁。
（16）同右、九〇五頁。
（17）安康「六総司」は、安康県城内に封じ込められていた同派組織を「東線」と称し、石泉、漢陰両県に展開していた組織を「西線」とした。「西線」の目的は、東へと進攻し県城の包囲を打破することであった。
（18）『安康県誌』九〇五頁。
（19）馬希聖は、西安「工総司」（「東派」）のリーダーであった。北京市出身の回族で、元西安鉄道局西安西駅の連結員であった。
（20）『安康県誌』九〇五―九〇六頁。
（21）鎮坪県地方誌編纂委員会編『鎮坪県誌』（陝西人民出版社、二〇〇四年）四五八頁。
（22）『平利県誌・軍事誌』一二二頁。
（23）「四類分子」とは、地主、富農、反革命分子、悪質分子とその子女のことを指す。

(24) 樊光春主編『紫陽県誌』(三秦出版社、一九八九年)五二三頁。
(25) 白河県地方誌編纂委員会編『白河県誌』(陝西人民出版社、一九九六年)六三八―六三九頁。
(26)『嵐皋県誌』五八九―五九〇頁。
(27) 武装・動員解除のプロセスについては、次章を参照。
(28) 漢中市軍事誌編纂委員会編『漢中市軍事誌』(陝西人民出版社、二〇〇二年)一六一頁。
(29) 鎮巴県誌編纂委員会編『鎮巴県誌』(陝西人民出版社、一九九六年)三九頁。
(30) 南鄭県地方誌編纂委員会編『南鄭県誌』(中国人民公安大学出版社、一九九〇年)四八五頁。
(31) 洋県地方誌編纂委員会編『洋県誌』(三秦出版社、一九九六年)八六六頁。
(32) 漢中市地方誌編纂委員会編『漢中市誌』(中共中央党校出版社、一九九四年)九四三―九四四頁。
(33)『漢中市軍事誌』一六一頁。

第七章　派閥による排他的支配と抑圧的暴力の拡大

文化大革命（以下、文革と省略）期の「大量虐殺」についての先駆的研究[1]を行った蘇陽によれば、省革命委員会が「保守派（conservatives）」に独占された広東、広西両省では、基層幹部による残虐行為を放任または奨励したのに対し、湖北省では、より「代議的（representative）」[2]な統治形態が虐殺を抑止したという。このような異なる統治形態がどのように形成されたのかについては、蘇は中央と省当局との間の政治に注目し、徐友漁の研究[3]を引用しつつ、湖北省などでは中央による支持の下、「急進派」を包摂した統治形態が生み出されたのに対し、広東省、広西チワン族自治区などの辺境では中央が安全保障上の配慮から「保守派」による独占的統治形態を許容したとする。この統治形態と抑圧的暴力[4]の関係に注目した仮説は、きわめて興味深いといえる。しかし、蘇の研究は、県レベルのデータを用いながら省レベルでの説明を試みているために、やや説得力に欠ける。本論は、統治形態と抑圧的暴力との関係を、ともに県レベルの変数を用いて明らかにすることを目的とする。

一見したところ、蘇の仮説は陝西省のケースにも当てはまるように思える。陝西省革命委員会（一九六八年五月一日発足）は、西安市の両派（「東派」と「西派」）がともに組み込まれた包摂的統治形態であり、その下での抑圧的暴力による一県あたりの平均死者数は三三人で、全国平均の三五人よりも少なかった[5]。しかし、これは省レベルの差異をみた場合の話である。陝西省の各県の事例を詳しくみると、それらは省内では「高度の均一性が認められる[6]」という蘇の見方を支持しない。陝西省県域では、抑圧的暴力によって三〇四六人が死に追いやられたが、そのうち三分の二は三分の一の県に集中していた。反対に、死者数が一〇人以下の県も三分の一あった。抑圧的暴力によって五〇人以上の死者が出た県は全体の一七パーセントであり、一〇〇人以上となると全体の八%であった。これらの「大量虐殺」は、類似した特徴をもつ少数の県に集中する傾向があった。したがって、差異は省レベルのみならず、県レベルでも生じたのである。

本章は、県レベルに焦点を当てることにより、中央の安全保障上の配慮ではなく、派閥組織の武装・動員解除から革命委員会樹立に至る政治プロセスが、統治形態を左右したことを明らかにする。一つは、地元軍当局による一派への支持（「支左」）が比較的早期に派閥抗争を収束させ、一派独裁の排他的革命委員会が成立したパターンであり、もう一つは、武闘の拡大・長期化が、人民解放軍（以下、解放軍）主力部隊による外部からの強制介入を招き、同部隊による調停を通じて、両派対等の包摂的革命委員会が形成されたパターンである。これらの異なるプロセスと統治形態は、抑圧的暴力の程度に差異をもたらした。包摂的な革命委員会の下では、抑圧的暴力の拡大が抑制されたのに対し、排他的な革命委員会の下では、暴力がエスカレートする傾向がみられた。

排他的統治形態が抑圧的暴力の拡大をもたらした理由については、ローカルな政治環境、組織、リーダーシップに注目する必要がある。排他的な県革命委員会の多くは、周辺地域でまだ武闘が行われている最中に成立したため、外部からの脅威にさらされていた。特に、対立派が県外の同派組織と共謀しているのではないかという脅威認識は、対立派のメンバーや支持者への弾圧をエスカレートさせる要因となった。また、「群衆専政指揮部」（以下、「群専部」）と称する抑圧組織が、支配派閥のメンバーを取り込むかたちで組織され、公然かつ組織的に対立派への報復を行った。さらに、派閥リーダーは、「隠れた階級敵人」による陰謀を吹聴することにより、暴力を煽った。[7] 一方、解放軍主力部隊の調停によって生まれた包摂的革命委員会は、派閥相互の牽制と均衡によって、暴力が抑制される傾向があった。包摂的な革命委員会の下では、通常、「群専部」などの抑圧組織は組織されなかった。したがって、排他的な革命委員会の下では、外部からの脅威、専横支配、抑圧組織が結びつき、抑圧的暴力の拡大をもたらしたといえる。また、もう一つの側面として、ほぼすべての包摂的な県革命委員会は解放軍主力部隊の主導の下に組織されたのに対して、大半の排他的革命委員会は県人民武装部（以下、武装部）と地元の一派との密接な結びつきの所産であったという点を考慮する必要がある。これらのことから、大規模な抑圧的暴力は、武装部と地元の一派との共謀関係によって生まれた排他的な県革命委員会の下で発生する傾向があったのではないかという仮説を導き出すことができる。したがって、革命委員会の下での抑圧的暴力の拡大の原因を明らかにするためには、武装・動員解除から革命委員会樹立へと至る県レベルの政治プロセスと、異なる統治形態が暴力の差異を生み出すメカニズムとを結びつけた分析が必要であろう。

一　派閥抗争の早期収束と排他的革命委員会（一九六七年一二月〜一九六八年七月）

一九六八年七月二四日、中央は陝西省に向けて武闘停止命令を発した。この「七・二四布告」[8]以前に、省内の約三分の一の県ですでに革命委員会が成立していたが（図7–1）、これらのケースは、地元軍当局の支持を背景として一派が他派に対して圧倒的優位を占めていたか、両派が「革命大連合」を達成していたかのいずれかであった。後者はもともと解放軍主力部隊が県内に駐留していた少数の県で生じた特殊なケースで、同部隊による積極的な介入・斡旋により、派閥対立を抑制することができたまれな事例である。[9]その他の県では、「大連合」は形式的なものに過ぎず、

図7－1　県革命委員会の成立数の推移（月毎）

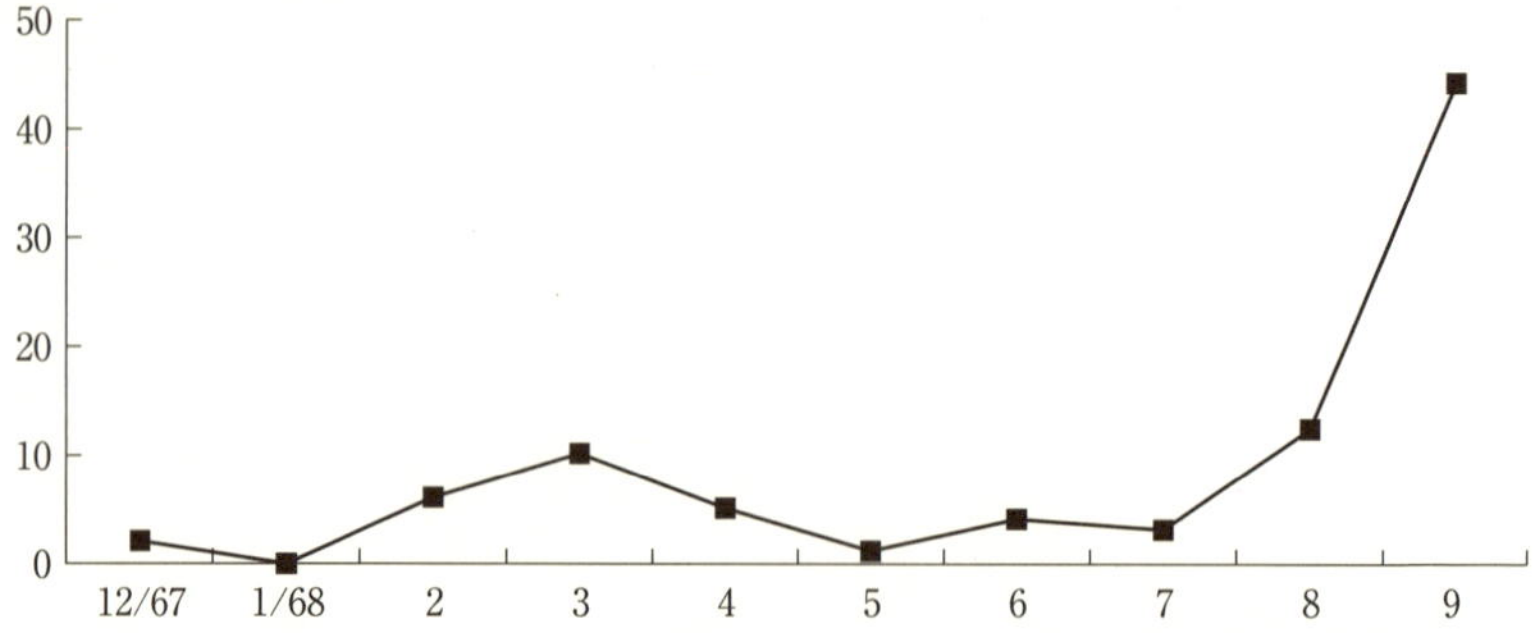

表7－1　成立時期別にみた県革命委員会の形態

	排他的（一派独裁）	包摂的（両派対等）	合計
「7・24布告」*以前	17 (100.0)	0 (0.0)	17 (100.0)
「7・24布告」以後	4 (20.0)	16 (80.0)	20 (100.0)
合計	21	16	37

（注）　括弧内の数字は割合。
*　「7・24布告」とは、1968年7月24日に中央が陝西省に向けて発した武闘停止命令のことである。

実際には部隊に支持された優勢な一派によって支配されていることが多かった。つまり、派閥抗争の早期収束は、大半の場合、一派支配の状況が生まれていたことを意味し、その後組織された県革命委員会の「大衆（群衆）代表」は優勢な派閥組織によって独占されることとなった。この点は、県誌データによっても裏付けられる。表7－1が示すように、「七・二四布告」以前に成立した県革命委員会はすべて一派独裁（＝排他的）であったのに対し、同布告以後に樹立されたもののうち八割では、両派に均等に議席が割り振られた。

例えば、商洛地区の山陽県では、武装部は一派（「七三派」）を支持し、対立派（「八一派」）を弾圧した[10]。一九六七年一二月、「七三派」は武装部責任者の黙許の下、武器庫にあった銃器弾薬の大部分を持ち去った。「七三派」は武装部の支持を頼みに、公然と「革命派」を自任し、自派を中心とする「革命大連合」を推し進めた。これに対して、「八一派」のリーダーの一部は、「七三派」が奪った武器を返還しないこと、「大派が小派を抑圧」（大派圧小派）していることを理由に連合を拒絶した。

一九六八年二月二四日、山陽県革命委員会の樹立が宣言された。「八一派」は、これを「一派による権力掌握」であるとして承認せず、県城の街路には「打倒派閥革命委員会」のスローガンが現れた。二七日朝、「八一派」のメンバー数人が、隙を見て県革命委員会の看板を取り外し、破壊した。翌日、県革命委員会は糾弾大会を開き、事件を「反革命事件」と断定し、各所に捜査人員を派遣した。五里公社の九村大隊では、数十人がこの事件に連座してつるし上げられ、殴打された。「八一派」のリーダーたちは、「看板破壊事件の首謀者」とされ、主要メンバー数十人が県外に逃亡した。

また、楡林地区の府谷県も排他的革命委員会の典型例といえる[11]。同地区内の大半の県では、武装部による統一介入によって派閥抗争が収束していたが[12]、府谷県でも一九六七年九月に武装部が「指揮部」への支持を表明した後、対立派の「東方紅」は「人心が緩み」、年末までに解体していった。しかし、「指揮部」は、県外での武闘の高まりのなか、「枕を高くして寝る」（高枕無憂）ことができなかった。武装部は、「階級敵人（実際には「東方紅」のことを指す）が社会秩序を攪乱し、息を吹き返す（死灰復燃）ことを厳重に警戒する」という名目の下、「指揮部」に武器を秘密裏に供給し（暗中送給）し、「治安隊[13]」を組織させた。一九六八年三月九日、府谷県革命委員会が成立し、県党委員会と人民委員会の全権を掌握した。中央の指示によれば、革命委員会は両派の「革命的大連合」の基礎上にのみ組織されるべきものであったが、府谷県武装部は上級に「両派はすでに連合を達成した」と虚偽の報告を行った。県革命委員会の二五の代表のうち、本来対立派の「東方紅」に割り振られるべき三つのポスト（常務委員会ポスト一つを含む）は欠員とされた[14]。さらに、県革命委員会樹立直後から、「東方紅」に対する弾圧が開始された。「東方紅」の主なリーダーは「悪質ボス」（壊頭頭）として「専政集訓」に収監され、他の主要なメンバーたちは幾度となく「魂に触れる」（触及霊魂）尋問にさらされた。このため、県革命委員会は人々に「派閥革命委員会」（派革委）と揶揄された。続いて、県レベルの単位に相次いで革命委員会や革命指導小組が成立したが、いずれも「指揮部」が単独で権力を掌握した。

県革命委員会の定員の一部を「暫時欠員」（暫缺）とするやり方は、対立派を排除する際の常套手段であった。商洛地区の洛南県では、武装部に支持された一派（「紅司」）が対立派（「総部」）を県城から追い出し優位に立ったため、一九六八年三月一日に県革命委員会が成立したが、その際に定数六三のうち二〇が暫時欠員とされた。[15] その内訳は、「革命幹部代表」一八名中九名、「大衆代表」三六名中八名、「機動人員」三名すべてが欠員とされ、「軍隊代表」に割り振られた六名のみがすべて満たされた。また、宝鶏地区の武功県（現在、咸陽市轄）では、一九六八年三月三日に県革命委員会が成立した際、定数五六中二三が「暫時欠員」とされた。[16] ここでも、「軍隊代表」七名全員が充足されたのを除き、「革命幹部代表」一六名中八名、「大衆代表」三三名中一五名が欠員とされた。このように、陝西省の各県の場合、県革命委員会の早期（一九六八年七月以前）成立は、軍当局による支持を受けた一派が優位に立っていたことを事実上意味し、それが排他的な革命委員会へと制度化されたのであった。

二　「群衆専政指揮部」と対立派の弾圧（一九六八年五月～七月）

一九六八年五月一日、陝西省革命委員会が成立したことを受け、派閥抗争の焦点は農村部へと移った。五月から七月にかけて、延安、安康、漢中などの地区では、派閥抗争が内戦さながらの大規模な武闘へと発展した（第五、六章を参照）。この時期、すでに革命委員会が成立していた県では、対立派の弾圧を目的として「群衆専政指揮部」が組織された。各人民公社、県級単位には「群専組」や「群専小組」が設けられ、「群専部」に従属した。「群専部」は、通常支配的派閥組織のメンバーをそのまま組み入れるかたちで組織され、[17]対立派の関係者をほしいままに捕らえては尋問し、拷問にかけた。「群専部」は、「階級敵人」による攻撃から「紅色政権を守る」という名目で、実際には対立派のメンバーとシンパに対する弾圧と報復を行った。「群専部」は、大半の排他的県革命委員会によって組織されたが、包摂的県革命委員会では一部で設けられたに過ぎなかった。[18]

前述の府谷県では、五月初め、「指揮部」によって支配された県革命委員会が隣接する内モンゴル自治区の「経験」を参考にして「群専部」を組織し、公安・検察・裁判所の全権を代行させた。[19]六月半ば、「群専部」は少年犯管教所の教官や刑務所の看守などを編入した「集訓隊」を設置して銃器を配備し、県級各単位によって走資派、裏切り者、スパイ、偽党員と「認定」された者や対立派（「東方紅」）の「悪質ボス」など三八人を拘禁した。五月下旬、「群専部」は各人民公社に相次いで「群専小組」を設置し、上から下まで全県に「群専ネットワーク」（群専網絡）を築いた。一度権力を掌握するや、「群専小組」のメンバーは「殴る、壊す、奪う、没収する、捕らえる」（打、砸、搶、抄、抓）をほしいままに行った。なかでも老高川、木瓜公社の「群専小組」が用いた手段は最も残忍であった。老高川公社では、公社機関の構内に麻縄、ギョリュウ（紅柳）の枝、革ベルト、火挟み、銃剣、棍棒など二〇種以上の刑具を備え付けた八つの私設尋問室が設けられた。党員一七人、共産主義青年団（共青団）員四人、大衆九九人を含む一三六人がひどく殴打され、そのうち不法に連行された者六七人、一時意識不明に陥った者二一人、精神的・肉体的障害を負い就業不能となった者一四人、殴り殺された者一人、自殺者五人に及んだ。これらすべての残酷な拷問、迫害は「革命行動」とみなされた。「人を殴打することは新たな手柄を立てることであり、殴打しないことは旧い保守派である」、「階級敵人をすべて殴り殺してしまえば、階級闘争は無くなる」などともいわれた。一方、木瓜公社の「群専小組」では、殴り殺された者一人、自殺者四人、障害を負わされた者二人、迫害を受けた者は幹部、大衆合わせて七六人に達した。

一方、山陽県では、革命委員会が「新生の紅色政権」を守り、「革命委員会の権威を示す」ために五月に銃と実弾で武装した「武衛隊」を成立させた。[20]「七三派」のリーダーたちは、異分子を排斥し、遺恨を晴らす（挟嫌報復）ために、県党校、郵電局など各単位に「打人拠点」を設置して指導幹部や異なる意見をもつ大衆を縄で縛ってつるし上げ、殴打した。各区、人民公社の革命委員会も上に倣い（上行下効）、次々と「武衛隊」や「民兵小分隊」を成立させ、専らいわゆる「三反分子」（反対文化大革命、反対解放軍、反対革命委員会）の捕縛と拷問に当たらせた。

六月初め、県革命委員会は全県の農民代表会議を開き、各区、人民公社の革命委員会責任者も参列した。四日、城関鎮と郊外の三里、五里、十里、伍竹、葛条などの人民公社の「武衛隊」が、二〇〇人以上の「階級敵人」を縄で縛って県城に連行し、街中を引き回した上、大勢の前で批判闘争にかけた。野次馬数万人と県農民代表会議の出席者が見守るなか、四人が殴り殺され、三〇人以上がけがを負わされた。さらに、このいわゆる「六四游闘」は「武闘模範」として他の人民公社に拡大された。会議終了後、漫川、中村、照川などの「武衛隊」は、拷問で自白を強要し、「満天飛」、「太平軍」、「紅控隊」など五件の陰謀事件をでっち上げ、七〇〇人余りを無実の罪に陥れるとともに、二〇〇人余りを死に到らしめるか身体障害を負わせた。[21]

一派独裁型の革命委員会成立の背景には、軍当局の支持があったことはすでに述べたが、軍は「群専部」による反対派の弾圧・粛清にも関わっていた。渭南地区の蒲城県では、県革命委員会が成立した二日後の六月五日、常務委員会を開き、「群専部」を成立させ、軍隊代表と常務委員一名を責任者とすることを決定した。[22]「群専部」の下には、

「専政支隊」が設けられ、具体的な任務を実行した。「専政支隊」は、全県で大規模な「紅色テロ」を実行し、ほしいままに人々を捕らえて殴打し、拷問によって自白を引き出した。被害を受けた幹部、大衆は三七二三人に上り、そのうち五八人が死亡、四九八人が重傷を負い、六九人が身体障害を負わされた。「群専部」の責任者が軍幹部であったこと、武器の供与などを考えあわせると、これらの抑圧的暴力が県軍当局の支持・支援の下に行われたことは疑いを得ない。

このように、この時期の「群専部」による報復的暴力は、「新政権」を取り巻く内外の（現実、または認識上の）脅威と派閥間の憎悪を背景として、軍当局が自らの支持する派閥組織に対立派の弾圧を委ねたことが原因となった。また、排他的革命委員会は、暴力の拡大を抑制するどころか、むしろ報復的暴力を正当化し、そのための組織的手段を提供する役割を演じた。「新生の紅色政権」を「階級の敵」から守るためという大義名分の下、公的な抑圧組織と対立派への復讐心が結びついたことが、さらに暴力をエスカレートさせたといえる。また、この種の暴力は、ひとたび「官軍」となった支配派閥が機に乗じて、劣勢な派閥に報復的暴力を加えたという「機会主義的暴力」(opportunistic violence) の側面と、そのために公的な抑圧組織が用いられたという「組織的破壊」(coordinated destruction)[23] の両側面を備えた暴力の形態であるといえる。排他的革命委員会は、支配派閥に対立派への報復を組織的に行うための機会をもたらしたのであった。

三　武闘の強制停止と包摂的革命委員会（一九六八年八、九月）

延安、安康、漢中などの地区では、一九六八年の春から夏にかけて、派閥組織間の武闘が激しさを増し、まさに

「全面内戦」の様相を呈していた。このようななか、中央は陝西省に向けて「七・二四布告」を発し、「直ちに武闘を停止し、いっさいの武闘専業隊を解散する」こと、「奪い去った人民解放軍の武器装備を直ちに返還する」ことなどを求めた。この後、各地に解放軍主力部隊が派遣され、停戦、武装解除を実施するとともに、「大連合」と革命委員会設立に向けて両派間の調停を行った。

武装部の分裂介入によって大規模な武闘が続いていた延安地区[24]には、「七・二四布告」直後に、解放軍主力部隊（第八一一八部隊）が派遣された[25]。延安では、一九六八年三月と四月に二度にわたって武闘停止と武器返還についての両派間の合意（「北京合意」と「延安馬家湾合意」）が成立していたにもかかわらず、いずれもその後の武闘の再燃によって失敗に終わっていた[26]。七月、陝西省革命委員会と延安の支左部隊の主催により、西安の丈八溝で再度延安両派のリーダーによる「武闘の停止、武器の回収、両派大連合の実現」に向けての協議が行われた。この後、解放軍主力部隊の強制力を背景として、ようやく武装解除と革命委員会樹立に向けての動きが本格化した。軍当局の指導の下、両派は連合指揮部を成立させ、共同で「大連合通告」を発し、両派の大衆に向けて大連合と武器の返還、武闘の停止を呼びかけた。主力部隊の監視の下、武闘指揮部の撤収、武闘専業隊の解散、武器台帳の作成、支左部隊への武器の返還などが、両派同時に行われた。その後、両派組織のメンバーたちは各自の職場、学校に戻された。

しかし、武器の返還が行われている最中も両派は互いに警戒を緩めず、当初は刃物や壊れた銃のみを差し出した。すべての武器が返還され、武闘隊が解散されたのは、革命委員会が成立した後のことであった。武闘によって深刻化した派閥主義は、支左部隊の主導の下、各学校、職場内での「大連合」が促進されたことにより、次第に緩和していった。

八月上旬、支左部隊の主催により、延安県の両派代表と元県級指導幹部が参加して、県革命委員会樹立に向けての具体的問題が協議された。その結果、県革命委員会は、主任一人（軍代表が担当）、副主任五人（軍代表二人、指導幹部一人、大衆代表二人）、常務委員一四人を含む、五六人の委員から構成されることが取り決められ、両派に副主任のポストが一つずつ均等に割り振られた。八月一八日、陝西省革命委員会の批准を経て、県革命委員会成立大会が挙行された。

続いて、第八一一八部隊は、延安地区北部の周辺各県に進駐し、南部各県には省軍当局によって第八一三三部隊が派遣された。それらの主力部隊は、一様に停戦と武装解除を実施し、県革命委員会樹立に向けての派閥組織間の調停を行った。停戦・武装解除のプロセスは決して順調であったわけではなく、安塞県のように、主力部隊が進駐する直前の八月中旬になって最後の戦闘を繰り広げたり[27]、子長県のように、九月に入り派閥間の連合協議中に両派が衝突し、銃器・手榴弾によって四人が死亡、二三人が負傷するという事件も生じた[28]。しかし、主力部隊による斡旋によって、八月半ばから九月半ばにかけて延安地区のすべての県で革命委員会が樹立された[29]。

これらの県では、解放軍主力部隊による調停の下、両派間の協議が重ねられ、両派に均等に議席が割り振られるかたちで革命委員会が組織された。例えば、第八一三三部隊が進駐した地区南部の洛川県では、同部隊の課長が県革命委員会主任となり、副主任九名のうち軍代表一名、「革命幹部」二名を除く、六名の「大衆代表」ポストが両派に三名ずつ均等に割り振られた[30]。また、富県では、「三結合」（軍隊代表、革命幹部、革命大衆）の指導グループによる駆け引きと度重なる協議を経て、「両大派完全に対等な」革命委員会が成立したという[31]。

一方、軍分区、県武装部の無為無策により、派閥間の武闘が省内最大規模に発展した省南部の安康地区[32]では、度重なる停戦命令、連合協議も失敗に終わり、中央が「七・三」、「七・二四」両布告[33]に先立つ一九六八年六月初めに、解放軍主力部隊（第八一六三部隊）を投入した[34]。同部隊は進駐後、まず装甲車で両派を遮断して警戒線を張り、その後両派が設置した防御のための障害物をすべて破壊した[35]。これにより、大規模な戦闘は収まったものの、六月二〇日頃までは、第八一六三部隊による警戒の下、両派は依然として臨戦態勢を崩さなかった。六月二四日、数名の地区指導幹部を乗せた第八一六三部隊の軍用車両が「紅三司」の武闘人員に停止を命じられ、臨検を強行された。解放軍兵士は、制止したが聞き入れられなかったため、発砲し、一人を射殺した。「紅三司」は、これを理由に乗車していた兵士の武器をすべて奪い去り、軍当局に衝撃を与えた。七月に入り、「七・三」、「七・二四」両布告が出されても、安康両派は武器を引き渡すことを拒み続けた。八月初めには、「六総司」が対立派の拠点であった漢陰県の澗池を二度にわたって攻撃するという事件も発生した。

一方、省軍区と安康駐留軍は、「七・三」、「七・二四」両布告の実施のため、両派のリーダーへの訴えかけ、「学習班」の開催などの斡旋を間断なく行い、ようやく両派ともに武器の引き渡しと武闘停止の意思を示すに至った。八月一七日、両派は武器の引き渡しを開始するとともに、大衆集会とデモを行って「プロレタリア階級司令部」の呼びかけに従う意思を示し、撤収工事を行って検問所を取り除いた。軍当局による保護の下、農村・山岳部に退去していた「紅三司」のメンバーたちが相次いで県城に戻り、派閥抗争によって生じた分断を修復するために、各職場では両派の「大連合」促進のための努力が行われた。

八月下旬、第八一六三部隊と安康県武装部は、相次いで両派のリーダーと協議を行い、軍当局の主催により県級指導幹部と「造反派」リーダーの「学習班」を開催し、県革命委員会設立に向けての下準備を行った。両派による度重なる論争と駆け引きの末、ようやく試案を確定し、省革命委員会の批准を経て、九月六日に安康県革命委員会が成立した。県革命委員会は、三一名の常務委員を含む八〇名の委員から成り、軍隊代表が主任を担当し、一三名の副主任は、軍隊代表三名、「結合された指導幹部」(被結合的領導幹部)二名、そして「大衆代表」(すなわち造反派のリーダー）として両派に四名ずつが均等に割り振られた。「革命的三結合」の安康県革命委員会は、県党委員会と人民委員会に取って代わり党、政、財、文、司法の大権を掌握した。その後、各機関、工場、鉱山、事業企業単位と区（鎮）、人民公社、生産大隊など多くの単位にも相次いで革命委員会、革命指導小組が成立した。

第八一六三部隊は、八月から九月上旬にかけて安康地区内の他の県にも進駐した。同部隊は、これらの県でも武闘停止、武装解除の実施と両派間の調停を行い、県革命委員会樹立に向けての下準備を行った。いずれの県でも、「大衆代表」の議席は、両派に均等に割り振られ、包摂的な統治機構が打ち立てられた。[36]

四　「階級隊列の純潔化」（一九六八年秋〜一九六九年）

以上のように、派閥組織の武装・動員解除から革命委員会樹立へと至る二つの異なるプロセスは、革命委員会の統治形態を左右した。一つ目のプロセスでは、武装部の支持を受けた一派が優位に立ち、一九六八年七月（「七・二四布告」）以前に、解放軍主力部隊による強制介入を待たずして排他的革命委員会が樹立された。もう一つは、「七・二四布告」以後の解放軍主力部隊による両派の武装・動員解除と調停が、包摂的革命委員会を成立させたパターンである。

一九六八年一〇月以降、「階級隊列の純潔化（清理階級隊伍）」（以下、「清隊」）運動が陝西省の各県でも相次いで開始された。「清隊」とは、文字通り、幹部・大衆のなかの「階級敵人」を探し出し、粛清することを意味する。同運動は、上海などでは一九六七年末頃から行われ始めていたが、一九六八年五月末に中央によって北京新華印刷工場の経験が全国に宣伝された後、[37]全国に拡大した。[38]「清隊」は、党と社会全体の粛清と再生を目的としたいわゆる「闘争、批判、改革」（闘、批、改）[39]の一部とされ、革命委員会の成立後、整党建党に先んじて行われることとされたが、[40]一部の省や都市では、革命委員会が樹立される前に、その下準備として行われたところもあった。[41]

「清隊」は、その目的と目標、方法上の曖昧さゆえに、特に中央の統制が行き届かない、北京や上海以外の地方の省、都市以下のレベルで、運動の標的の無制限な拡大と、組織的暴力をエスカレートさせる結果をもたらした。それは、地方によっては、「搾取階級」出身者に対する大量虐殺というかたちを採って現れたところもあれば、敵対する派閥への報復的暴力、あるいは「内モンゴル人民革命党」のような想像上の陰謀事件をめぐる大規模な虐待と虐殺へと発展したところもあった。[42]陝西省では、「階級敵人」は、いわゆる「五類分子」[43]に加え、「裏切り者」（叛徒）、「スパイ」（特務）、「死んでも悔い改めない走資派」（死不改悔的走資派）、「現行反革命分子」などへと拡大され、「九種人」とも呼ばれた。多くの「県誌」が指摘するように、[44]これらの人々は、文革初期の紅衛兵による迫害の犠牲者たちとほぼ同じ人々であった。一般に、県革命委員会は、労働者や農民、兵士の積極分子からなる「宣伝隊」を組織し、各機関、工場、人民公社などに派遣した。各職場で「宣伝隊」は、「毛沢東思想学習班」を組織し、脅し賺しを用いて参加者に密告を促した。また、これが党や公安・検察・裁判所が機能を停止した状態のなかで行われたため、当時権力を手中に収めたものは誰であれ、密告や拷問による「自白」を基に、標的を無制限に拡大することができた。「清隊」は、革命委員会の権力を独占した派閥のリーダーたちに、「階級敵人」を排除する機会を与えたのであった。

陝西省では、県によって「清隊」による暴力の程度に差異がみられた。表7-2によれば、「清隊」による一県当たりの平均死者数（人口一〇万人当たり）は、一派による排他的統治下にあった県では、包摂的統治が行われていた県の三倍にも及んだ。一方、同運動中に迫害を受けた人の数は、統治形態の違いによる差がほとんどみられない（表7-3）。つまり、陝西省の各県では、「清隊」による迫害が及んだ範囲はある程度一定していたが、暴力の程度には差

表7-2　統治形態別にみた「清隊」、「一打三反」による1県当たりの平均死者数（人口10万人当たり）(N=67)

	清隊 (1968年秋〜1969年)	一打三反 (1970年〜1971年)	県革命委員会の下での合計*
排他的（一派独裁） (19)	25.8 (39.4)	2.8 (5.3)	33.5 (54.2)
包摂的（両派対等） (13)	8.3 (17.3)	4.4 (8.2)	12.1 (24.1)
不明 (35)	12.1 (18.0)	4.6 (6.5)	14.7 (24.3)

（注）括弧内の数字は、最左列がケース数、その他の列は単純平均値。本書の分析に用いられている75ケース（県）のうち、8つのケースについては情報が得られなかった。

*　合計には、「清隊」前の「群衆専政指揮部」による弾圧によるものも含まれる。また、県誌のなかには総計のみで、内訳や発生時期を記していないものもあるため、第2、3列の和は必ずしも合計と一致しない。

異が認められたということになる。このことは、一つには、各県における「清隊」は、上級によって定められた標的と割当てに基づいて行われたことを示唆しているのではなかろうか。ではなぜ、上級（省レベル）によって運動の対象範囲がある程度定められていたにもかかわらず、排他的県革命委員会の下では暴力がエスカレートしたのであろうか。これを明らかにするには、両統治形態の下で行われた「清隊」の方法とプロセスを検証する必要がある。

（一）排他的支配の下での抑圧的暴力の拡大

排他的革命委員会の下で「清隊」による暴力が拡大した原因は、リーダーシップと組織という二つの側面から論じることができる。まず、排他的、包摂的という二つの異なる統治形態の下でのリーダーシップの特徴について考える必要がある。一九六八年春から夏にかけて生じた「群専部」による対立派への弾圧（前述）とは異なり、「清隊」が開始された同年秋までにはすでに武闘は終息していた。その後、包摂的革命委員会が成立した県では、解放軍主力部隊の主導により派閥間の和解に向けての努力が行われていたが、排他的革命委員会の下では、派閥リーダーたちが派閥支配を維持・正当化する必要に迫られていた。そのため、派

表 7-3　統治形態別にみた「清隊」、「一打三反」による 1 県当たりの平均被迫害者数（人口 10 万人当たり）(N=75)

	清隊 (1968 年秋～1969 年)	一打三反 (1970 年～1971 年)	県革命委員会の下での合計*
排他的（一派独裁） (21)	2137.2 (4074.1)	982.9 (1781.4)	3470.1 (6206.1)
包摂的（両派対等） (16)	2341.4 (4068.3)	933.7 (1281.3)	3227.8 (5317.1)
不明 (38)	2293.2 (3428.9)	949.1 (1768.0)	3307.6 (5628.2)

（注）括弧内の数字は、最左列がケース数、その他の列は単純平均値。

* 合計には、「清隊」前の「群衆専政指揮部」による弾圧によるものも含まれる。また、県誌のなかには総計のみで、内訳や発生時期を記していないものもあるため、第 2、3 列の和は必ずしも合計と一致しない。

閥リーダーは、対立派の弾圧とともに、自己の「革命性」を示す必要があり、これが「階級敵人」への迫害を強める結果をもたらしたものと考えられる。

「潼関清隊経験」として省内全域に宣伝された潼関県のケースは、この点で示唆に富むものである。同県では、駐留部隊（第八七三四部隊）の支持を受けた「紅聯総」が議席を独占するかたちで一九六八年三月六日に県革命委員会が成立していたが、その後も反対派の「農総司」との対立が続いていた[45]。同県の「清隊」は省内の他県よりも早く、七月八日に開始され、同時に「群衆専政隊」（以下、「群専隊」）が組織された。加えて、七月末には二一四名からなる「武装基幹民兵営」が組織された。七月二九日、「支左」部隊と「紅聯総」は民兵を率い、中央の「七・三」、「七・二四」両布告を宣伝し、「農総司」に政治攻勢をかけるために同派の拠点であった代字営に駆けつけたが、二日後、両派間の武闘が発生し、二一人が死亡、三八人が重軽傷を負った[46]。この後、駐留部隊は大部隊を派遣して何とか事態を収拾した。

一一月、県革命委員会は、「中共第八期一二中全会公報[47]」の趣旨に則り、「五査」（解放前の傀儡軍・政府関係者、他所から来た者の政治的背景、四類分子の遵法状況、現行反革命の言行、敵の保存書類を調査する）を行い、各種の階級敵人を深くえぐり出し、「清隊」を深化させるよう求めた。同時に、県革命委員会常務委員は、各地で「階級区分から漏れた地主、富農」（漏劃地、富成分）の審査（これについては後述）についての指示を与えて回り、重大な悪影響をもたらした。つるし上げられた党政指導幹部と一般幹部は二六一人に及び、全幹部の二五パーセントを占めた。また、新たに三九七世帯、四六三人が地主、富農として「補訂」された。「清隊」期間中に、各種の階級敵人としてつるし上げられた者は三三四三人に及び、殺害または死に追いやられた者もいた。(48) 一二月、省革命委員会は、「潼関清隊現場会」を主催するとともに、『陝西日報』、省人民放送局を通じて「潼関経験」を大げさに宣伝し、全省に害を及ぼした。

また、府谷県では、派閥リーダーが「陰謀事件」を捏造する方法で、迫害をエスカレートさせた。同県では、革命委員会が一九六八年六月下旬に前述の「北京新華印刷工場の経験」を学習したが、その際に「主要な指導者」が「清隊の一二級台風を巻き起こそう」と題する講話を行った。(49) 彼は、「府谷の敵情は深刻で、大勢の階級敵人が革命隊列に潜入しいている。一群の革命動揺分子は元来階級異分子であり、一度形勢が不利に転じれば裏切り、敵に寝返るであろう。……府谷には、革命戦争時期の自首変節分子三五〇〇余人、国民党占領期間の敵のスパイ一九〇〇余人、傀儡自衛隊員一〇〇〇余人、五類分子二六〇〇余人、すべて合わせて九〇〇〇余人の階級敵人がいる」とでっち上げた。一〇月、中共第八期一二中全会終了後、毛沢東による「階級隊列の純潔化は、一つにはしっかりやらねばならず、二つには政策に注意しなければならない」との指示に基づき、全県で四一一回、八万二〇〇〇人が参加して「毛沢東思想学習班」が行われた。「階級闘争、路線闘争への自覚を高める」ことを基礎として、「大いに敵情を語り、大いに悪事を思い出し、大いに怪しい事を探し出し、大いに疑わしい点を調査し、大いに階級闘争の覆いを剥がす」（大擺敵情、大憶壊事、大找怪事、大査疑点、大掲階級闘争蓋子）と「つるし上げながら、実行し、結論を出す」（辺揪闘、辺落実、辺定案）の手法を用い、「貧下中農毛沢東思想宣伝隊」四五五組、五八二〇人を組織して、重点人民公社、生産大隊の「清隊」を主導させた。

一九六九年三月、県革命委員会の「主要な指導者」は、いわゆる「陳、白、高反革命集団事件」[50]の影響を受け、「府谷には三本の黒線がある。一つは、解放前に潜入した敵のスパイ、二つ目は、解放戦争中に敵に投降した多くの裏切り者、三つ目は、劉少奇および府谷におけるその代理人により庇護され、重用された一群の悪人たちで、指導権を簒奪した［者たちである］」と、まことしやかに語った。四月、哈鎮、古城など八つの人民公社では「内モンゴル人民革命党」、清水公社の常溝大隊では「紅旗党」など「反革命組織」の大掛かりな探索が行われ、「一二級台風」は一層激しさを増した。五月、全県で粛清された各種の「階級敵人」は四二九七人に上り、「階級区分から漏れた地主、富農」とされた世帯も七一九に達した。また、「清隊」中に「処罰を恐れて自殺」（畏罪自殺）した者と「死んでもなお罪を償うことができない」（死有余辜）者を合わせて九二人、障害を負った者、負傷者は多数に上った。

ここで興味深いことは、省内の約半数（四七パーセント）の県で、「清隊」の一部として「民主革命のやり直し」（民主革命補課）が行われたことである。「階級区分から漏れた地主、富農を補訂する」ことを目的としたこの運動は、一部の県では、「民主革命」が不徹底であったため、土地改革の際に見逃された地主、富農が未だに存在するという想定のもとに行われた。例えば、一九六八年の秋から冬にかけて「民主革命のやり直し」が行われた白水県では、革命委員会が「潼関経験」を押し広め、「民主革命のやり直しを中心とする階級隊列の純潔化を展開し、一〇〇〇世帯の地富成分を補訂するために奮闘しよう」というスローガンを提起した。[51]「主要な指導者」は、根拠もなく「搾取量」（剥削量）を勘定し、まともな調査もせずに決定を下した。標的にされた人々は、審査と批判闘争を受けた後、着の身着のままで家から追い出された。多くの元自作農や勤労世帯が、地主や富農に変更された。派閥リーダーのな

表7-4　「民主革命のやり直し」を実施した県の割合（統治形態別）（N=75）

排他的（一派独裁） （21）	0.62 （13）
包摂的（両派対等） （16）	0.25 （4）
不明 （38）	0.47 （18）
合計 （75）	0.47 （35）

（注）括弧内の数字はケース数。

かには、強引に一部の幹部、職員・労働者の出身階級を地主、富農に「上げる」（升）ことを「暗示」し、迫害を加える者もいた。このようなやり方によって、全県で一〇七五世帯の地主と富農が「補訂」され、これは土地改革期に定められた数の三・五倍に相当した。また、この運動中の死者は四〇人、障害を負った者は一四人に上った。

「民主革命のやり直し」が行われた県の割合を、統治機構のタイプで比較してみると、排他的革命委員会の三分の二近くが同運動を実施したのに対し、包摂的革命委員会は四分の一が実施したにすぎなかったことがわかる（表7-4）。このことは、独占的権力を手に入れた派閥リーダーは、権力を分担せざるを得なかった派閥リーダーたちよりも積極的に迫害を行ったことを示唆している。

次に、排他的革命委員会の下で、「清隊」の暴力がエスカレートしたもう一つの原因として、組織的要因を挙げることができる。すでに述べたように、一九六八年五月から七月に、支配派閥の武闘組織をそのまま組み込むかたちで組織された「群専部」は、「清隊」の実行部隊としての役割を担った。「群専部」は、機能不全に陥った公安・検察・裁判所の権限を代行し、ほしいままに人々を捕らえ、拷問を行った。なかには、個人的怨恨から相手を無実の罪に陥れて打倒したり、命さえ奪ってしまう者もいた[52]。「大衆独裁」（群衆専政）とは、実際には「造反派」のリーダーによる独裁のことであった[53]。

『白水県誌』は、「群専部」が「清隊」中に行った迫害と拷問の手段を列挙している。[54] 武装部の一派への支持により、一九六八年五月一日に排他的革命委員会が成立した同県では、「清隊」中に「群専部」によって迫害された幹部、大衆は二七〇〇人に上り、一五五人が「殺害、または死に追いやられ」(打死、逼死)、一八二人が身体障害を負った。県革命委員会は成立直後に、「公安・検察・裁判所を叩き潰し」、「群専部」を創設するよう指示した。五月六日、「群専部」の成立を祝う大衆集会で、武装部は「群専部」の指導者と「手下」(打手)に銃と弾薬を手渡し、一部の「武闘模範」には『毛沢東語録』とバッジを与えて褒賞した。人民公社の革命委員会には「群専部」、機関単位と生産大隊には「群専小組」が組織され、県革命委員会の「群専部」を頂点とする「群専ネットワーク」が構築された。この点は、前述の府谷県と同じである。「群専部」は、法と規則を踏みにじり、権力をほしいままにした。「殴る、壊す、奪う、没収する、捕らえる」の気風が広がるなか、「大衆独裁」は、「ファシスト暴徒独裁」となり、「白水の街と村を血生臭い恐怖のなかに陥れた」。

白水県の「清隊」では、五つの「迫害方式」が用いられた。まず、「つるし上げ」(揪闘)とは、「摘発」(掲発)に基づき、適切な調査を経ていないばかりか、甚だしきは捏造した「スパイ」、「裏切り者」、「反革命」、「走資派」、「悪質分子」などの大罪を人々にかぶせて(戴大帽子)、大衆の面前でつるし上げ、見せしめにすることをいう。「つるし上げ」は、大衆集会を通じて行われるのが一般的であったが、それ以外に「小戦闘」と呼ばれるさらに残酷な方法も用いられた。「小戦闘」とは、少数の「戦闘隊員」が摘発された者を袋叩きにし、自らの手で「問題」に決着をつけることをいう。いうまでもなく、このような「私刑」(リンチ)による制裁、拷問は残虐さを極め、多くの死傷者と冤罪をもたらした。

次に、いわゆる「妖怪変化」(牛鬼蛇神)を監禁するために「牛棚」が設けられた。すべての県級機関単位には、大小の「牛棚」が設置され、県革命委員会機関には三〇～四〇人が収容できる最大の「牛棚」が設けられた。拘束者は、終日監視され、集団生活・労働を課され、腕に「罪名」の書かれた白い布を巻かれ、朝から晩まで繰り返し「罪」をわびることを要求された。外部との接触を断たれ、あらゆる人格的侮辱を受けた拘束者のなかには、悲観して自殺する者もいた。

人格的侮辱という意味では、「市中引き回しによる見せしめ」（游街示衆）もまた大きな苦痛をともなうものであった。なかでも、「市中引き回し」と暴力的な「つるし上げ」を組み合わせた「武装游闘」は最も痛ましいものであった。標的にされた人々は、一列に隊列を組まされ、両脇を武装した民兵が監視するなか、三角帽子を被せられ、胸には重い「罪名札」（罪名牌）という身なりで「ジェット機式」に引き立てられ、無理やり歩かされた上に、拳や銃床で殴られ、途中で昏倒する者も出るなど、多くのけが人が出た。

「拷問による自白の強要」（刑訊逼供）に用いられた刑具、刑罰は数十種類に上り、拳や棍棒を用いたものが最も一般的であったが、「のこぎり引き」（鋸頭）、「虎の腰掛け」（上老虎櫈）[55]、「死体闘争」（闘屍）、「死体引き回し」（游屍）など、「奇異な酷刑」も行われた。これらの残虐な拷問によって自白が強要された結果、多くの冤罪が惹き起こされた。

最後に、「連座」（株連）とは、一人が「摘発」された場合、家族や親類、友人が巻き添えにされたことを指す。この方法により、さらに多くの人々がむやみに「罪名」を被せられ、標的が拡大されていった。

以上の例からも明らかなように、リーダーシップ、組織の両面で、派閥リーダーを支援したのは、軍幹部であった。また、一派独裁の革命委員会は、それ自体が地方軍当局による一派支持の所産であったこと、「軍代表」はほとんどの場合、県革命委員会の主任か副主任を担当したことなどを考え合わせると、派閥リーダーと軍幹部は、排他的革命委員会の下での組織的迫害・虐殺に関して、共犯関係にあったということができる。

（二）包摂的統治の下での粛清運動

排他的革命委員会の下での抑圧的暴力の拡大が派閥リーダーの専横と抑圧組織によって惹き起こされたものであるとすれば、その反対のことが包摂的革命委員会にはいえるのではなかろうか。包摂的革命委員会の下では、両派の和解が促進されていたために、対立派の影におびえることも、自らの「革命性」を誇示するために「階級敵人」の迫害をエスカレートさせる必要もなかった。包摂的な統治形態は、派閥リーダーたちの専横を抑制するとともに、両派を「大連合」に導き革命委員会の実質的な支柱であり続けた軍幹部も、派閥リーダーを煽るのではなく、抑制する役割を演じたものと考えられる。また、すでにみたように、対立派への弾圧組織としての「群専部」は、包摂的革命委員会の下では、一部の例外を除き設置されなかった。

包摂的革命委員会の下での「清隊」についての県誌の記述は、排他的革命委員会の下でのものに比べ、詳細さに欠けるものが多い。残虐行為が行われた場合に比べ、「起こらなかったこと」についての記述が乏しくなるのは当然のことである。ここでは、ともに解放軍主力部隊による強制介入、武装・動員解除が包摂的統治形態をもたらした延安、安康両県において、どのように「清隊」が行われたのかを紹介しておく。

延安県では、一九六八年一〇月三日に「闘争、批判、改革」運動が開始された[56]。約一月後、二二人の「現行反革命分子」が摘発された。一二月一四日、「工農兵宣伝隊」が城関街道居民委員会に進駐し、農村の人民公社には第八一一八部隊の二個中隊（連）が派遣された。一二月二二日の初期集計によれば、城関鎮と松樹林公社[57]だけで「スパイ」一八二人と「裏切り者」一六八人が摘発された。三日後、「闘争、批判、改革」の「実況展覧会」が開催された。この後、運動の焦点は「清隊」に移され、一九六九年五月までに三一〇一人が「スパイ」、「裏切り者」、「妖怪変化」として摘発された。しかし、武闘によって一四四人の死者を出した延安県では、「清隊」による死者は一人も報告されていない。

一方、安康県では、一九六八年一〇月末に「清隊」が開始された。[58] 文革初期に迫害を受けた人々と同じタイプの人々が再び標的にされた。「問題」は摘発すればするほどさらに増大し、「走資派」、「裏切り者」、「スパイ」などのレッテルが飛び交った。運動開始から一月の間に粛清された「階級敵人」は二五六五人に上り、一九六九年一一月までには一万一六七〇人に達した。この数字は高いようにみえるが、人口で加重した場合、二一四六人（人口一〇万人当たり）となり、全体平均の二二六〇人に近似している。これは、すでに述べたように、「清隊」が上級機関によって定められた割当てに応じて展開されたことを示唆している。安康県では、批判闘争や監禁、刑罰などの迫害に耐え切れず、少数の人々（個別人）が自ら命を絶った。しかし、同県では、排他的統治が行われた県のように大量の自殺が生じることはなかった。[59] 派閥組織間の武闘により県内最多の四七八人の死者を出した安康県では、包摂的革命委員会が樹立されたことにより、抑圧的暴力の拡大が抑制されたといえる。

五　「一打三反」（一九七〇年〜一九七一年）

一九七〇年初め、中央は「反革命破壊活動に打撃を与え」、「汚職・横領と投機的売買、浪費に反対する」ことを目的とした「一打三反」運動を開始した。[60]「清隊」が「階級敵人」の粛清を目的としたのに対し、「一打三反」はより具体的な政治的・経済的「犯罪」の取締りを目的とするものとされた。標的とされたのは、文革の無政府状態と経済的混乱に乗じて、破壊活動や「火事場どろぼう」（渾水摸魚）を働いた者たちであった。組織面では、「一打三反」開始とともに、県革命委員会内に「三五六」[61]指導小組と弁公室（または、「一打三反」指導小組と弁公室）が設けられ、各人民公社には上級幹部と農村積極分子からなる宣伝隊が派遣された。「一打三反」を実質的に主導したのは、「三五六」弁公室で、「清隊」時のように派閥組織のメンバーを組み入れた「群衆専政指揮部」ではなかった。この運動で摘発された人々は、「スパイ」、「裏切り者」などのレッテルではなく、「暴力殺人」、「機密窃盗」などの具体的な「罪名」を与えられることが多く、運動中に生じた死亡の原因も大半は拷問死・殴殺ではなく、処刑か自殺によるものであった。しかし、依然として大衆動員と階級闘争の手法が強調され、「文革期の唯一の法である『公安六条』[62]」が立証、処分の根拠として用いられるなかでは、多くの冤罪、でっち上げ、誤審（冤假錯案）が発生することは避けられなかった。

陝西省県域では、「一打三反」による一県当たりの平均死者数、被迫害者数（人口一〇万人当たり）ともに、「清隊」によるものよりも相当少なかったことがわかる（表7-2、7-3）。三〇人以上の死者を出した県は、「清隊」時には一六県あったが、「一打三反」中は二県のみであった。さらに重要なことは、「一打三反」による死者数、被迫害者数ともに、県革命委員会の統治形態の違いによる差が認められないことである。また、三〇人以上の死者を出した二県のうち、安康県では包摂的統治が行われており、一方の蒲城県は排他的支配の下にあった。一〇人以上の死者を報告している一三県のうち、四県は包摂的統治、二県は排他的統治（他の七県は不明）であった。これらのことから、派閥リーダーたちの影響力は一九七〇年頃には衰えつつあったことが窺える。では、なぜ、そしてどのように派閥支配は衰退していったのであろうか。

まず、一九六九年三月のダマンスキー島（珍宝島）での軍事衝突に端を発する中ソ国境紛争、四月の中国共産党第九回全国代表大会（九全大会）を境として国内外の政治環境が変化しつつあった。それ以降、中央の政策の重点は、階級闘争一辺倒から「戦争準備」のための「団結」重視へと変化していった。中央の文章、新聞記事などでは、「敵対矛盾」と「人民内部の矛盾」を区別することが強調され、失脚した幹部についても、一九六九年半ば以降、「九〇％以上の幹部はよいか、比較的よい幹部である」との毛沢東の言葉に基づき、教育工作を経て誤りを自覚した大部分の幹部を解放することが求められた。(63) これを受け、陝西省の各県でも「打倒」され、「脇に追いやられていた」（靠辺站）多数の幹部たちが復職し始めた。(64) また、派閥の「山頭主義」（セクト主義）が批判され、「革命的大連合」の実行がいま一度強調された。(65)

前述のように、排他的革命委員会では、成立時に対立派に割り振られるべき議席が「暫時欠員」とされていたが、一九六九年頃に対立派による補充が行われた。例えば、支配派閥の「指揮部」が議席を独占していた府谷県では、一九六九年夏になりようやく欠員とされていた三議席が対立派の「東方紅」に与えられた。(66) しかし、これは「派閥革命委員会」成立後の「群専隊」による弾圧と「清隊」によって一〇六人の生命が奪われた後のことであった。同県では、その後行われた「一打三反」では一人の死者も報告されていない。同様に、子長県革命委員会でも、一九六九年六月に、対立派の「紅聯」のメンバーから副主任三人、常務委員三人、委員一七人が新たに補充された。(67) したがって、多くの排他的県革命委員会では、「一打三反」が行われる以前に一派独裁が修正されていたことになる。

さらに重要なことは、「一打三反」運動自体が、武闘期間中にさまざまな破壊活動を行った派閥リーダーたちを標的としていたことである。例えば、白河県では、運動の重点は「両派の中堅（骨幹）」であった。(68) 国家財産の略奪、機密の窃盗、「殴打、破壊、略奪」などあらゆる破壊活動が調査の対象となった。県革命委員会の副主任、常務委員、委員などを担当していた両派の「大衆代表」の多くが徹底した調査の上、罷免された。

省内最多の四七人が「一打三反」の犠牲となった安康県では、運動の重点は、「安康の武闘中の重大事件と『武闘の黒幕（武闘黒手）』を調べ上げる」ことであった[69]。一九七〇年二月初め、各レベルに「一打三反」指導小組と弁公室が組織され、合わせて五五八〇人の専従人員が配置された。市街区では「三つの訴え、三つの調査」（三訴三査）学習班が行われ、全県で一万五五三〇人の積極分子が育成され、宣伝員八〇七四人からなる宣伝隊八二九組が組織された。各地で決起集会、「大衆摘発会」（群衆検挙会）、批判闘争会が行われ、「階級闘争」の嵐が再び吹き荒れた。「階級敵人」であろうがなかろうが、大字報や告発文を書かれただけで批判闘争にかけられ、「問題」を誇張（上綱）された。一〇月までに、二〇三〇人（一七二一件）が「九類事件」（「暴動陰謀」、「軍事情報の偵察」、「機密窃盗」、「殺人暴行」、「放火放毒」、「反撃・逆清算」（反攻倒算）[70]、「悪辣攻撃」、「国家財産の略奪」、「社会治安の破壊」）との関連で摘発された。そのうち、二四五人が逮捕され、二七人が処刑、四二人に刑罰が科された。また、二五人が反革命のレッテルを貼られ、二〇人が自殺した[71]。

このように、「一打三反」中の被迫害者数、死者数は、ともに革命委員会の統治形態による差は認められず、むしろ、安康県のように、武闘による「反革命破壊活動」が激しかったところで処罰される者が多かったのではなかろうか[72]。安康県以外にも、「一打三反」中に一〇人以上が処刑または死刑を言い渡されたところが他に六県あったが[73]、処刑された者の多くは、武闘中に殺人、放火など破壊活動を行ったとされた派閥組織のメンバーたちであった。運動の標的となったのは両派のリーダーたちであり、「一打三反」前後を境に、県革命委員会における派閥の影響力は衰退していった。依然として、階級闘争、大衆動員の手法が強調されたため、運動の過程で多くの冤罪が生み出されたが[74]、中央の関心が戦争準備のための国内の団結へと変化するなか、同運動の矛先は、破壊と暴力の限りを尽くした派閥リーダーたちと派閥主義に向けられていた。

おわりに

以上のように、派閥組織の武装・動員解除から革命委員会樹立へと至るプロセスは、新たな地方政権の統治形態を決定付け、その下での抑圧的暴力の程度を左右した。一つは、地元軍当局の支持を得た一派が派閥抗争で優位に立ち、「大連合」を行わずにそのまま排他的な統治機構を打ち立てたものである。排他的県革命委員会は、陝西省に向けて武闘停止命令（「七・二四布告」）が出された一九六八年七月末以前の比較的早い時期に樹立されたため、周辺地域でまだ派閥間の武闘が繰り広げられており、対立派からの（現実、認識上の）脅威にさらされていた。「新生の紅色政権を守る」ことを目的として、支配的派閥組織の武闘人員を編入して組織された「群衆専政指揮部」は、運動の目的が対立派の弾圧から「隠れた階級敵人」の粛清へと変化・拡大するなか、大量虐殺が惹き起こされる組織的要因となった。派閥リーダーたちは、「清隊」に際しても、自己の革命性を示し、一派支配を正当化し続ける必要から、「階級敵人」への迫害をエスカレートさせた。

一方、派閥組織間の激しい武闘が長期化し、解放軍主力部隊の強制介入によりようやく停戦・武装解除が達成されたところでは、軍の調停により包摂的な統治機構が成立した。両派対等の県革命委員会の下では、両派は互いの影におびえる必要はなく、「群専部」のような抑圧組織も形成されなかった。また、解放軍主力部隊による監視の下、両派が相互に牽制し合ったことが、迫害と暴力の拡大を抑制する作用をもたらした。したがって、排他的革命委員会の下での抑圧的暴力の拡大は、対立派の脅威と一派支配の正当化の必要、抑圧組織、派閥的リーダーシップという三つの要因が結びつくことにより生み出されたといえる。

表7-5　県革命委員会を成立させた部隊のタイプ（統治形態別）（N=75）

	主力部隊	武装部	不明	合計
排他的（一派独裁）	8 (0.38)	12 (0.57)	1 (0.05)	21 (1.00)
包摂的（両派対等）	12 (0.75)	2 (0.13)	2 (0.13)	16 (1.01)
不明	26 (0.68)	5 (0.13)	7 (0.18)	38 (0.99)
合計	46 (0.61)	19 (0.25)	10 (0.13)	75 (0.99)

（注）　括弧内の数字は割合。

次に、一連のプロセスにおける軍の役割をもう少し掘り下げてみると、軍事組織のタイプによって関与の仕方が異なっていたことがわかる。解放軍主力部隊は、省内のすべての県のうち約六割で武装・動員解除から革命委員会成立に至るプロセスに関与していた（表7-5）。一方、約四分の一の県では、県人民武装部が単独で（主力部隊の支援なしに）、地元の派閥組織との「協議」を経て革命委員会を成立させていた。武装部が単独で成立させた県革命委員会の大半は、一派による排他的統治機構であった（二列目）。一方、両派対等の包摂的革命委員会は、ほぼすべてが解放軍主力部隊の斡旋によって打ち立てられたものであった（二行目）。このことは、抑圧的暴力の拡大は、武装部と地元の一派との共謀関係によって生まれた排他的革命委員会によってもたらされたことを強く示唆している。これらの県では、武装部が地元の一派と結びつき、派閥抗争が続くなか一派独裁の革命委員会を成立させた上、支配派閥に対立派の弾圧、そして「階級敵人」の迫害を委ねた。したがって、武装部は、革命委員会の下での迫害と暴力の拡大という重大な局面で、再び主要な役割を果たしたといえる(75)。

最後に、冒頭で触れた蘇陽の仮説に立ち戻り、本章で得られた知見をより大きな文脈のなかに位置づけておきたい。まず、陝西省県域における抑圧的暴力が全体として比較的低いレベルにとどまった理由は、「より代議的な」省革命委員会(76)にではなく、武闘の長期化とその副産物としての包摂的な県革命委員会に帰することができる。ここでのパラドックスは、激化・長期化した武闘は、解放軍主力部隊の強制介入・調停を招いたことにより、包摂的統治形態を生み出したのに対し、派閥抗争の早期終結は、一派独裁による排他的統治とその下での迫害と暴力の拡大をもたらしたという点にある。したがって、当時全国各地でみられた革命委員会の下での「大量虐殺」を理解するためには、県（あるいはさらに下級）レベルの政治プロセスと統治形態に焦点を当てた分析が必要であろう。

県レベルの政治プロセスと統治形態は、広西、広東省における大量虐殺を理解する上でも糸口を与えてくれるかもしれない。陝西省とは異なり、これらの省では、中央による武闘停止命令が出された一九六八年七月よりかなり早い、同年二月から三月にかけて大半の県革命委員会が成立している。[77] 陝西省のケースがあてはまるとすれば、「七・三」、「七・二四」両布告以前に成立した県革命委員会は排他的、それ以後に成立したものは包摂的ということになり（表7–1）、広西、広東省の県革命委員会の大半は一派独裁であった可能性がある。この県レベルにおける排他的統治がこれらの省における大量虐殺の原因となったという仮説が成り立つ。これは、今後検証すべき課題であるが、いずれにせよ、農村部における抑圧的暴力のより深い理解には、県レベル以下の権力構造と政治プロセスの分析が必要であろう。

註

（1）Yang Su, "Mass Killings in the Cultural Revolution: A Study of Three Provinces," in Joseph W. Esherick et al., eds., *The Chinese Cultural Revolution as History*, Stanford, CA: Stanford University Press, 2006, pp. 96–123, and *Collective Killings in Rural China during the Cultural Revolution*, New York: Cambridge University Press, 2011.

（2）蘇陽のいう「代議的」とは、より「攻撃的（militant）」な派閥が「保守派」とともに省革命委員会に組み込まれたか否かを問題にしており、本稿では、「包摂的（inclusive）」か「排他的（exclusive）」（または「一派独裁的」）と呼ぶことにする。

（3）徐友漁『形形色色的造反――紅衛兵精神素質的形成及演変』（香港中文大学出版社、一九九九年）。

（4）ここで、「抑圧的暴力」とは、革命委員会成立後に行われた違法な拘禁、拷問による自白強要、批判闘争、集団的暴行などさまざまな精神的・肉体的虐待（虐殺）のことを指し、いわゆる「大衆独裁」（群衆専政）型の暴力のことをいう。

（5）Andrew G. Walder and Yang Su, "The Cultural Revolution in the Countryside: Scope, Timing and Human Impact," ***China Quarterly***, No. 173 (March 2003), pp. 74–99.

陝西省の文革期（一九六六–一九七一年）を通じての一県当たりの平均死者数は一〇六人で、全国平均の八四人よりも多かった。これは、陝西省では、武闘による死者数が平均四九人と、全国平均の三六人よりもかなり高かったことによる。陝西省は、武闘による死者数が革命委員会の下での抑圧的暴力による死者数よりも多かった数少ない省の一つである。

（6）Su, "Mass Killings in the Cultural Revolution," p. 120.

（7）Andrew G. Walder, "Cultural Revolution Radicalism: Variations on a Stalinist Theme," in William A. Joseph, Christine P. W. Wong, and David Zweig, eds., ***New Perspectives on the Cultural Revolution***, Cambridge, Mass.: Harvard University Press, 1991, pp. 41–61.

（8）中共中央、国務院、中央軍委、中央文革布告（中発［六八］一一三号、一九六八年七月二四日）、宋永毅主編『中国文化大革命文庫（CD-ROM）』（香港中文大学中国研究服務中心、二〇〇二年）、所収。

（9）渭南地区臨潼県（現在の西安市臨潼区）がその数少ない例の一つにあたる。西安市に隣接する同県には、第二一軍第八一六〇部隊と蘭州空軍第二〇三部隊が駐留していたが、これらの部隊は、一九六七年一月に中央の「支左決定」が出された直後に県内の派閥抗争に介入し、その結果、同県では他県のように二大派閥組織は形成されなかった。そして、同県では省内で最も早く、一九六七年一二月四日に県革命委員会が樹立された。陝西省臨潼県誌編纂委員会編『臨潼県誌』

（上海人民出版社、一九九一年）六三七―六七六頁。
(10) 山陽県地方誌編纂委員会編『山陽県誌』（陝西人民出版社、一九九一年）二一六頁。
(11) 府谷県誌編纂委員会編『府谷県誌』（陝西人民出版社、一九九四年）五八一―五八四頁。
(12) 本書第四章を参照。
(13)「治安隊」の隊員は、解放軍兵士と同等の食糧と手当金を支給された。
(14) 欠員とされた三つのポストは、一九六九年夏になりようやく「東方紅」派によって補充された。
(15) 洛南県誌編纂委員会編『洛南県誌』（作家出版社、一九九九年）四二六頁。
(16) 武功県地方誌編纂委員会編『武功県誌』（陝西人民出版社、二〇〇一年）八五四頁。
(17) 例えば、隴県では、支配的派閥組織（「県総部」）の三つの「武衛中隊（連）」（総勢四〇人）を編入するかたちで、一九六八年五月末に「群専部」が組織された。その後、県級各単位と一九の人民公社は、それぞれ「群専部」や「群専組」を組織した。県、人民公社レベルの「群専」組織は、総勢六九三人の人員から構成された。多くの人民公社の「群専部」は、最大一二〇人から成る「武衛班子」を設け、銃器が配備された。八渡公社の「群専部」は、一三一人の幹部、大衆に対して不法な尋問、拷問を行い、二人を殴り殺し、一人に身体障害を負わせた。隴県地方誌編纂委員会編『隴県誌』（陝西人民出版社、一九九三年）六九三―六九四頁。
(18) 排他的県革命委員会の六七パーセントが「群専部」を設立したのに対して、包摂的県革命委員会では一三パーセントであった。
(19)『府谷県誌』五八三頁。
(20)『山陽県誌』二一六―二一七頁。
(21) そのうちの一人、板廟公社の共産党員黄自春は、「太平軍」陰謀事件の首謀者という無実の罪を拷問によって認めさせられ（屈打成招）、無残にも殴り殺された。彼の死後、一家は離散した。妻は憤死し、幼女は早くして嫁ぎ、孤児となった他の子供たちは親類のもとに身を寄せた。

(22) 蒲城県誌編纂委員会編『蒲城県誌』(中国人事出版社、一九九三年)付録五-八頁。
(23) Charles Tilly, *The Politics of Collective Violence*, New York: Cambridge University Press, 2003, Chapters 5 and 6.
(24) 本書第五章参照。
(25) 安塞県地方誌編纂委員会編『安塞県誌』(陝西人民出版社、一九九三年)七四九頁。
(26) 延安市誌編纂委員会編『延安市誌』(陝西人民出版社、一九九四年)八二八-八二九頁。
(27)『安塞県誌』七四九-七五〇頁。
(28) 子長県誌編纂委員会編『子長県誌』(陝西人民出版社、一九九三年)八三五-八三六頁。
(29) 県革命委員会樹立の日付は、早いものから順に以下の通りである(いずれも一九六八年)。黄龍(六月一六日)、子長(六月二〇日)、宜川(七月一日)、延安(八月一八日)、黄陵(八月二三日)、洛川、宜君(ともに八月三一日)、甘泉(九月四日)、富(九月六日)、安塞(九月一〇日)、志丹(九月一三日)、延長(九月一四日)、延川(九月一五日)、呉旗(九月一八日)。
(30) 洛川県誌編纂委員会編『洛川県誌』(陝西人民出版社、一九九四年)一九六、二〇五頁。
(31) 富県地方誌編纂委員会編『富県誌』(陝西人民出版社、一九九四年)五五七頁。
(32) 第六章参照。
(33)「七・三布告」とは、陝西省に向けられた「七・二四布告」に先立って、広西チワン族自治区に向けて発せられた武闘停止命令のことである。「中共中央、国務院、中央軍委、中央文革布告」(中発[六八]一〇三号、一九六八年七月三日)、『中国文化大革命文庫』、所収。
(34) 安康市地方誌編纂委員会編『安康県誌』(陝西人民出版社、一九八九年)九〇六頁。
(35) 安康市地方誌編纂委員会編『安康地区誌(下)』(陝西人民出版社、二〇〇四年)一六五二頁。
(36) 例えば、平利県では、九名の副主任ポストは軍代表二名、指導幹部一名、「大衆代表」の六名のうち両派に三名ずつが割り振られた。平利県地方誌編纂委員会編『平利県誌』(三秦出版社、一九九五年)六九九頁。

(37)「中共中央、中央文革轉発毛主席関於『北京新華印刷廠軍管会発動群衆開展対敵闘争的経験』的批示」（中発〔六八〕七四号、一九六八年五月二五日）、『中国文化大革命文庫』、所収。

(38) Roderick MacFarquhar and Michael Schoenhals, *Mao's Last Revolution*, Cambridge, MA: The Belknap Press of Harvard University Press, 2006, p. 253.

(39) 一九六六年八月八日に採択された文革の綱領的文章である「十六条」は、「闘争、批判、改革」について以下のように記している。「当面の我々の目的は、資本主義の道を歩む実権派を闘争によって打ちのめし、ブルジョワ階級の反動的な学術『権威』を批判し、ブルジョワ階級と一切の搾取階級のイデオロギーを批判し、教育を改革し、文芸を改革し、社会主義の経済的基礎に適合しない一切の上部構造を改革することである」。「中国共産党中央委員会関于無産階級文化大革命的決定」（一九六六年八月八日）、『中国文化大革命文庫』、所収。

(40) 陳東林・苗棣・李丹慧編、加々美光行監修『中国文化大革命辞典』（中国書店、一九九七年）六〇四–六〇五頁。

(41) MacFarquhar and Michael Schoenhals, *Mao's Last Revolution*, p. 254.

(42) Andrew G. Walder, "Anatomy of an Inquisition: Cleansing the Class Ranks, 1968–1971," Paper presented at the conference "The Cultural Revolution in Retrospect," Hong Kong University of Science and Technology, July 1996.

(43)「地主、富農、反革命分子、悪質分子、右派分子」とその子女のこと。

(44) 例えば、以下を参照。『安康県誌』九〇七頁、『安塞県誌』七五一頁、『蒲城県誌』七頁、『華県誌・「文化大革命」誌』（編著者不明、未公刊原稿）三二頁。

(45) 潼関県誌編纂委員会編『潼関県誌』（陝西人民出版社、一九九二年）二八–三〇、五一五–五一六頁。

(46)『中国文化大革命辞典』五七九頁。

(47)「中国共産党第八届拡大的第十二次中央委員会全会公報」（中発〔六八〕一五二号、一九六八年一〇月三一日）、『中国文化大革命文庫』、所収。

(48)『陝西日報』（一九七八年一二月三〇日）二頁。

(49)『府谷県誌』五八四–五八五頁。「十二級台風」とは、強力な台風のことで、比喩的に激しい騒乱や政治運動を表すことがある。

(50)「陳、白、高」とは、それぞれ県党委員会書記の陳智亮、省党委員会副秘書長兼弁公庁主任の白端生、元中央人民政府副主席の高崗のことを指すと思われる。高崗は、同じ楡林地区の横山県出身であった。

(51)白水県県誌編纂委員会編『白水県誌』（西安地図出版社、一九八九年）四五一頁。

(52)『華県誌・「文化大革命」誌』三三三頁。

(53)宜川県地方誌編纂委員会編『宜川県誌』（陝西人民出版社、二〇〇〇年）五九〇頁。

(54)『白水県誌』四四八–四五三頁。

(55)人を背もたれのない細長い腰掛けに座らせ、脚を伸ばした状態で縛り付け、足の下にレンガを積み上げていく拷問のこと。

(56)『延安市誌』三二一、八二八–八二九頁。

(57)これらの単位は、運動を拡大するための「模範」であったと考えられる。いくつかの単位（試点単位）で実験を行い、その「経験」を「現場会」、「展覧会」を通じて拡大していくやり方は、毛沢東時期の政治運動における常套手段であった。この点については以下の拙稿を参照。谷川真一「抗日根拠地における『単位』制度の起源——国家・社会関係の中間組織の視角から」『アジア研究』（第四四巻四号、一九九九年二月）六七–一〇五頁。

(58)『安康県誌』九〇七頁。

(59)安康県では、文革中に七八四人の死者を出したが、その内訳は、武闘によるもの四七八人、「無差別殺人」（乱打濫殺）二八六人、自殺二〇人であった（『安康県誌』八七九頁。一方、『安康地区誌（下）』一六五二頁は、安康県の文革による死者数は九二二人、そのうち武闘によるものが四七七人、「無差別殺人」によるものが四二五人としている）。県誌は、この「無差別殺人」がいつ、どのように行われたのか具体的に記していない。しかし、白河、嵐皐、紫陽など周辺の県で、「打尖子」と呼ばれる大量虐殺が武闘期間中に（県革命委員会成立以前に）発生していたこと、また同地区内で初めに

「打尖子」を行ったのは安康県の一派（「紅三司」）とされている（『白河県誌』六三八頁）ことから、安康県における「無差別殺人」も革命委員会成立以前に発生したものと考えられる。

（60）「中共中央関於打撃反革命破壊活動的指示」（中発［七〇］三号、一九七〇年一月三一日）、「中共中央関於反対貪汚盗窃、投機倒把的指示」（中発［七〇］五号、一九七〇年二月五日）、「中共中央関於反対舗張浪費的通知及両個附件」（中発［七〇］六号、一九七〇年二月五日）、いずれも『中国文化大革命文庫』、所収。

（61）「三、五、六」とは、「一打三反」運動の根拠となった三つの中央文章（中発［七〇］三号、中発［七〇］五号、中発［七〇］六号）に由来している（注60を参照のこと）。

（62）毛里和子『現代中国政治』（名古屋大学出版会、一九九三年）六三頁。

なお、「公安六条」の主な内容は以下の通りである。「およそ反革命的匿名の文章を郵送したり、秘密または公開で反革命的ビラを貼り出すか、配布したり、反動的標語を書いたり、反動的スローガンを叫んだりすることは、すべて偉大な領袖毛主席とその親密な戦友林彪同志を攻撃誹謗することであって、すべて現行の反革命行為であり、法に依り懲罰すべきである（第二条）」、「革命大衆と革命大衆組織を保護し、左派を保護し、武闘を厳禁する（第三条）」、「地主、富農、反革命分子、悪質分子、右派分子……はすべて経験交流に出て行くことはできず……革命大衆組織に紛れ込んだり、背後で操縦・扇動を行ったり、自らの組織を設立することはできない（第四条）」、「およそ大民主を利用して、あるいはその他の手段を用いて、反動的言論を撒き散らす者は、一般に、革命大衆にそれらの者と闘争を行わせるべきである。［それらの言論が］厳重な者に関しては、公安部門が革命大衆と結び付き、直ちに調査を行い、必要な場合は、事情を考慮して処理しなければならない（第五条）」、「党、政、軍機関と公安機関の人員が、以上の規定を曲解し、事実を捏造し、革命大衆を弾圧した場合は、法に依り処罰しなければならない（第六条）」。同規定は、最後に、「以上の規定を、広大な大衆に宣伝し、革命大衆が公安機関の職務執行を助け、監督することを呼びかけなければならない」としている。「中共中央、国務院関於在無産階級文化大革命中加強公安工作的若干規定」中発［六七］一九号、一九六七年一月一三日、『中国文化大革命文庫』、所収。

(63) 例えば、以下を参照。「中共中央同意『湖北省革命委員会関於解決武漢「反復旧」問題的報告』」(中発〔六九〕二八号、一九六九年五月二七日)、『中国文化大革命文庫』、所収。

(64)『米脂県誌』三九四頁、白河県地方誌編纂委員会編『白河県誌』(陝西人民出版社、一九九六年)六四一頁。

(65) 例えば、以下を参照。「中共中央轉発貴州省革命委員会、貴州省軍区処理貴州問題的両個報告」(中発〔六九〕二五号、一九六九年五月二三日)、『中国文化大革命文庫』、所収。

(66)『府谷県誌』五八二頁。

(67)『子長県誌』八三七頁。

(68)『白河県誌』六四一頁。

(69)『安康県誌』九〇八–九〇九頁。

(70) 地主が農民に分配した土地や財産を奪い返すこと、または「階級敵人」が大衆に報復することをいう。

(71) 一九七八年の中共第一一期三中全会以後、安康県人民裁判所は「九類事件」について再調査(復査)を行い、すでに判決の出た一一九件の反革命事件のうちの六五%を占める七八件が「冤罪、でっち上げ、誤審」であったとした。

(72) 武闘による死者数を従属変数、「一打三反」による死者数を独立変数として単回帰分析を行ったところ、正の相関関係($p<0.001$)が認められた。

(73) これらは、蒲城(三〇人に死刑宣告)、鎮安(二四人に死刑宣告)、神木(一二人に死刑宣告)、華(一一人処刑)、富(一〇人処刑)、涇陽(一〇人処刑)の各県であった。

(74) 例えば、旬陽県では、一九七〇年六月に「劉総司反革命暴動事件」と称される陰謀事件に関連して、「主犯」六人に死刑(即時執行)、二人に無期懲役、八人に有期懲役、九人に監視、三人に「反革命」のレッテルをかぶせた上での監督労働の刑が言い渡されている(この処罰は、県当局が陝西省公安機関管制委員会の批准を受けて行ったものである)。一九八〇年九月、陝西省高級人民法院は、地区・県と共同で調査を行い、この事件を冤罪と認定し、名誉回復を行った。同県では、この他にも数件の大掛かりな陰謀事件がでっち上げられた。旬陽県地方誌編纂委員会編『旬陽県誌』(中国和平出版社、一九九六年）七三四頁。

（75）県人民武装部の組織的特徴と派閥組織間の武闘との関係については、第三章から六章を参照。

（76）一九六八年五月一日に成立した陝西省革命委員会の「大衆代表」のポストは、西安の両派（「東派」と「西派」）にほぼ均等に割り振られた。

（77）Su, "Mass Killings in the Cultural Revolution," p. 105, Figure 4.1.

終章　一つのエピソードとしての文化大革命

一　文革のプロセスとメカニズム

ここまで陝西省の各県を事例として、文化大革命を時系列的に、造反運動の拡散、二大派閥の形成、武闘の拡大、抑圧的暴力の拡大という、いくつかのプロセスに分けて論じてきた。文革とは、実際には、いくつかの異なるプロセスとメカニズムの集合であり、このことが「文革とは何か」という問いに答えることを困難にしている。研究者によって、基層の「派閥主義」(factionalism)、エリート政治と「大衆動員」、集合的暴力など重点の置きどころが異なるのも、文革の多面性によるものと考えられる。また、以上の考察からも明らかなように、文革のこれらの側面は個別に検討される必要がある。したがって、本論は、国家と社会の接点としての県レベルの関係(相互作用)に焦点を当てて、いくつかの重要なプロセスとメカニズムを浮かび上がらせることを試みた。終章では、これらのプロセスを連結(concatenate)し、一つのエピソードとして再構築することを通じて、「文革とは何か」という問いへの接近を試みたい。

その前に、ここまでの考察で浮き彫りとなったプロセスとメカニズムを、より明確なかたちで提示しておく。

（一）紅衛兵のブローカレッジを通じた造反運動の拡大

文革の拡散プロセスは、紅衛兵の「経験交流」という一種のブローカレッジ・メカニズムによって特徴付けられる。造反運動は、主に西安の大学生からなる紅衛兵が農村の各県を訪れ、地元の中学生たちを扇動して回ったことにより拡大していった。本論は、地方権力機構（県党委員会）への造反が、主に紅衛兵の経験交流を通じて、当初は都市から近郊へ、そして一九六六年末までには遠隔地域を含むほぼすべての県へと段階的に拡大されたことを明らかにした。造反運動は、農村住民が「自発的」に立ち上がったのでも、カリスマ的指導者によって直接的（同時的）に動員されたのでもなく、紅衛兵という行為主体によるブローカレッジを通じて戦略的・組織的に拡大されたのである。このことは、中央の通達やメディアを通じて権力者への造反や自由な組織化を奨励するだけでは、農村住民を文革に動員できなかったことを示唆している。権力機構への造反といったハイリスクな行動へと農村住民を立ち上がらせるには、都市の大学生という社会的威信の高い行為主体を農村の中学校へ派遣し、感受性の強い中学生たちを直接（in person）説得、扇動することが必要であった。

（二）権力の空白から派閥抗争、そして派閥の連合へ

造反運動は、一九六七年初めの「奪権」闘争を経て派閥抗争へと転化し、次第に二大派閥が形成されていった。農村部における「奪権」闘争は、「反抗型奪権」、「職場型奪権」、「連合型奪権」というように多様であり、大半は「偽奪権」としての性格が強かった。そのため、上海、西安などの都市とは異なり、農村部では県指導幹部と結び付いた「保守派」が勢力を維持し続けるケースが多かった。しかし、「奪権」闘争は権力機構を一様に麻痺状態に陥れ、軍当

局が派閥組織の「大連合」を強力に推し進めた一部の県を除き、大半の県では「奪権」の正当性、「指導幹部のうち誰を打倒し、誰と『結合』するのか」などの問題をめぐって、派閥の二極化のプロセスが加速していった。

このプロセスで中心的な役割を果たしたのが「紛争-連合」メカニズム（L・A・コーザー）である。派閥組織は、一つには権力争いから、そしてもう一つは自らの安全と生存のために派閥連合を形成した。一九六七年初めの「奪権」闘争は、その多様な性格にもかかわらず、地方の権力機構を麻痺状態に陥れ、派閥組織間の抗争と連合のメカニズムを惹き起こしたのである。これはまた、国際関係における「安全保障のジレンマ」に類似している。それは、国家間関係の場合、同盟や軍備増強を通じて自国の安全を追求しようとする行為が他国に脅威認識を与え、対抗措置を促す結果となり、かえって緊張を増大させてしまうことをいう。(1) 国際社会は、国家アクターに対して拘束力をもつ強力な中央政府が存在しないという意味で「無政府状態」にあるとされるが、文革期の「奪権」後の派閥抗争も一種の「無政府状態」のなかで行われた。「無政府状態」のなかで、自らの安全を確保するための努力が相互の脅威認識を高め、派閥組織間の「攻守同盟」を促したといえる。

(三) 軍の分裂と武闘の拡大

連合形成は派閥間の対立を先鋭化させるが、それが主に武力をもたない社会勢力の間で生じた場合には、直ちに武力抗争に結び付くわけではない。文革の派閥抗争は、少なくとも当初は学生、労働者などの「民間人」や、機関幹部など「文民」が主体であったはずである。したがって、一九六七年夏以降、全国各地を「全面内戦」に陥れたという武闘については、別の要因、プロセスを見出す必要がある。同年一月に打ち出された軍隊「支左」政策は、解放軍に急進派勢力を支援させる目的で毛沢東が提起したものであり、地方部隊を派閥抗争に巻き込ませる結果となった。

軍隊の一部が派閥勢力と結び付くとき、派閥抗争が武力抗争化することは不可避であろう。

政策レベルの議論はさておき、県・地区レベルに焦点を当てた本論では、地方軍当局による「支左」が①統一介入、②分裂介入、③不介入という三つのパターンに分かれ、それらが派閥抗争の行方を左右した実態を明らかにした。具体的には、①の部隊による統一介入は、大半の県での派閥抗争の収束と紛争の局地化をもたらした。②の分裂介入は、部隊を派閥抗争に巻き込み、武力抗争を拡大させた。そして、③の不介入は、部隊を無力化させ、同じく派閥組織間の武闘を拡大させる結果をもたらした。地方軍当局による「支左」への対応が分かれた背景には、解放軍地方部隊と地方党委員会（以下、党委員会は党委と省略）との「共棲関係」があった。地方部隊の指導幹部は地方党委の要職を兼任しており、それが造反派に「軍内の走資派」への攻撃の口実を与えるとともに、地方部隊が派閥抗争に巻き込まれていった原因にもなっていた。このようななか、中央による直接介入（楡林地区）、解放軍主力部隊のプレゼンス（宝鶏地区）という偶発的要因によって軍による統一介入が行われた地域を除き、軍隊「支左」は混乱を来し、派閥抗争の「全面内戦」化をもたらした。

（四）排他的統治と抑圧的暴力の拡大

派閥組織の武装・動員解除から革命委員会樹立へと至るプロセスは、新たな統治形態を規定し、その下での抑圧的暴力の程度を左右した。武装・動員解除から革命委員会樹立へと至るプロセスでは、県人民武装部（以下、人民武装部は武装部と省略）と結び付いた一派が優位に立ち、排他的支配を打ち立てたケースと、武闘の大規模化・長期化が解放軍主力部隊による外部からの強制介入を招き、その調停によって包摂的統治が成立したケースの二つのパターンが見出された。そして、一派による排他的統治の下では、抑圧的暴力が拡大する一方で、包摂的統治の下では、暴力が抑制される傾向が認められた。一派支配が暴力的弾圧と迫害をエスカレートさせた要因としては、対立派に対する脅威認識と一派支配の正当化の必要、派閥リーダーの専横、抑圧組織を挙げることができる。

二　一つのエピソードとしての文革——プロセスの連鎖

次に、一連の政治プロセスとしての文革を、一つのエピソードとして捉え直してみる。これは、「文革とは何か」との問いに接近することにつながるが、そのためには、以上で個別に検討したプロセスとメカニズムを結びつけ、プロセスの連鎖（concatenation of processes）を再構築しなければならない。また、これまでの分析から明らかなように、文革のプロセスは、急激に変化する中央の政策と偶発的なイベント（contingencies）に大きく左右された。したがって、ここでは、これらの政策と偶発的なイベントを結節点として、複数のプロセスを繋ぎあわせ、一つのエピソードとして再構築していく。

まず、農村における文革は、住民が自ら造反に立ち上がったのでも、カリスマ的権威に盲従していたわけでもなく、都市からの農村に、紅衛兵の「経験交流」（＝ブローカレッジ）を通じて拡大された。農村では、造反派としてのアイデンティティもまた、紅衛兵の「経験交流」を通じて、外部から獲得された。これらのことは、農村部における文革が内発的にではなく、外から（都市から）持ち込まれたこと、そしてその過程で紅衛兵の「経験交流」がきわめて重要な役割を果たしたことを意味している。

本論では、「経験交流」を主に造反運動の拡散プロセスとの関連から論じたが、それはまた他のプロセスとも結び付いていた。一九六七年初めの「奪権」闘争は、地方権力機構を麻痺状態に陥れ、派閥組織間の紛争‐連合メカニズムを惹き起こしたが、その際に、実際にさまざまな派閥組織を結び付ける役割を果たしたのは、「経験交流」＝ブローカレッジであった。これには二つのレベルが含まれる。まず、「経験交流」は、各県内で学校、工場、行政機関など単位ごとに存在した紅衛兵、大衆組織を横断的に結び付け、連合を促した。同時に、派閥組織は、県境を越えて県外の派閥組織と提携関係を築くようになり、これが各県内での二大派閥形成のプロセスを加速させた。つまり、それまでの経緯がどのようなものであったにせよ、各県の派閥組織は、県外の派閥組織と結び付くことにより、再編されていったのである。特に、派閥対立が深刻化していなかった（多くの場合、遠隔の）県では、内部的な要因（紛争─連合メカニズム）よりも、他県の派閥組織との「経験交流」を通じて、二大派閥が形成される傾向があった。陝西省の大半（九二パーセント）の県で、二大派閥が形成されるに至った理由は、紛争─連合メカニズムに加え、ブローカレッジにあると考えられる。同時に、県境を越えた派閥組織間の連合は次第に規模を拡大し、一九六七年末から一九六八年にかけて、地区レベルでの「共同防衛」（聯防）組織にまで発展した。

地方行政機構が麻痺状態に陥るなか、拡大し続ける派閥抗争を収束に向かわせるも、武力紛争へと拡大させるも、軍による介入如何にかかっていた。一九六七年一月に出された軍隊「支左」政策は、解放軍の文革への介入を決定付けた。同時に、「支左」は解放軍を急進派勢力のてこ入れに用いるという毛沢東の意図に基づいていたため、軍を分裂させ、派閥抗争の渦中へと巻き込んでいった。一九六七年夏、武漢「七・二〇事件」とその後の「軍内のひとつまみを引きずり出せ」、「左派の武装」など一連の「政策」は、解放軍地方部隊の指揮系統を混乱に陥れた。本論のケースでは、解放軍主力部隊のプレゼンス、中央文化革命小組（中央文革）による直接介入といった偶発的要因が介入パターンを決定付け、派閥抗争の行方を左右することとなった。中央文革が直接介入を行った楡林地区、第二一軍が進駐した宝鶏地区では、軍による統一介入によって大半の県で派閥抗争が収束した。一方、他の地区では、各部隊が矛盾した介入を行うか、「不介入」の立場を採り続け、武闘をエスカレートさせた。（一時的な）結果だけをみれば、軍の統一介入（＝「急進派」組織への支持の集中）は、派閥抗争を抑え込む効果をもたらしたが、一方では、派閥抗争に加担していることに他ならず、ここにも軍の分裂の芽を看て取ることができる。

軍の一部が派閥勢力と結びつくとき、分裂は不可避であるといえ、「支左」政策は軍の分裂をもたらした直接の原因であったといえる。毛沢東自らが語ったところの「全面内戦」とは、自らが提起した軍隊「支左」政策によって惹き起こされたといえる。しかし、もう一つ、軍の分裂をもたらした構造的な要因として、解放軍の二重構造を挙げることができる。軍の分裂は、第二一軍、蘭州空軍などの解放軍主力部隊系統が概ね統一的に「急進派」組織を支持したのに対して、軍分区、県武装部など地方部隊系統は対応が分かれることとなった。ここで再び国際関係とのアナロジーを用いると、文革期の農村部は、各県（そして人民公社）ごとに解放軍の基層部隊としての武装部が置かれ、武器庫も設けられるなど、一種の「小国家」であった。また、武装部の指導幹部が県党委の要職を兼任するなど、地方の軍と政治権力は不可分の関係にあった。このことが、一度中央の統制が緩み、地方政権を巻き込んだ派閥抗争が生じるや、地方部隊をも巻き込む結果となり、内戦さながらの武闘を惹き起こした構造的背景となっていた。

軍と派閥勢力との癒着の代償は、武闘終息後に、さらに深刻なかたちとなって現れた。地方部隊と派閥勢力の結び付きは、一派独裁の革命委員会として公認され、排他的支配の下、対立派、「階級敵人」に対する抑圧的暴力をエスカレートさせたのである。一方、延安、安康、漢中など、武闘が拡大・長期化した地区では、外部から解放軍主力部隊が武闘鎮圧のために投入され、派閥組織の武装・動員解除、「大連合」調停を経て、両派対等の県革命委員会が打ち立てられた。包摂的統治の下、派閥勢力は相互に牽制し合い、抑圧的暴力は抑制された。このように、軍による統一介入によって武闘の拡大を防いだ結果が、一派支配の下での大規模な迫害と暴力に結び付いていたことは、文革の暴力的側面における一つのアイロニーであった。

三　文革研究へのインプリケーション

本論は、文革研究にどのようなインプリケーションをもつのであろうか。まず、農村部の県を分析単位とした本論は、都市からの農村への文革の拡散プロセスとメカニズムを明らかにしたが、同時に、これまで議論となってきた文革の農村への波及範囲についても、いくつかの新たな手がかりを提供した。文革の農村への拡がりについての否定的な見解は最近修正されつつあり、県や人民公社、さらには生産大隊レベルでも激しい抗争があったことが共通の認識となりつつある。(2) J・アンガーが指摘するように、県誌の内容は、主に県レベルの記述が中心となっているが、(3)詳細な記述のなかには人民公社レベルへの言及が少なくない。ここでは、県誌から読み取ることのできる文革の人民公社レベルへの影響について、いくつかの例を紹介し、今後の研究の手がかりとしたい。

まず、民兵の文革への関与を挙げることができる。県武装部は、各人民公社の民兵を統括しており（各人民公社にも人民武装部が置かれていた）、民兵は県城での造反派の弾圧、大衆集会への参加、県武装部が支持する派閥組織の「武闘人員」などさまざまな目的で、県指導幹部や軍幹部に動員された。県誌には、派閥組織間の武闘や革命委員会の下での抑圧的暴力への民兵の関与についての記述が少なくない。

次に、県レベルの派閥組織は勢力拡大のために、県内の人民公社に触手を伸ばし、競って農村に拠点を築いていった。このため、武闘は県城でのみ行われたのではなく、多くは城外の農村地域で行われた。また、両派間の武闘は、一派が県城を支配し、他派が農村の人民公社を拠点とすることが少なくなく、県城を取り囲んで「農村から都市を包囲する」と称したところもあった。

最後に、県誌のなかには、人民公社や生産大隊での派閥抗争の激しさを窺わせる記述もある。例えば、以下の『蒲城県誌』の記述[4]からは、生産大隊（現在の村に相当）における派閥抗争の激しさを窺うことができる。同県では、一九六八年六月に県革命委員会が樹立され、一九六九年末までに、全県の六つの区、三五の人民公社にそれぞれ革命指導小組、革命委員会が成立した。しかし、「六〇の事業単位と一九六の生産大隊では、両派の派閥抗争が激烈であったために、［一九六九年末の時点で］革命委員会を成立させることが未だ困難であった」。このように、文革の派閥抗争は、県城の「非農業人口」のみならず、人民公社や生産大隊をも巻き込んだものであったことは疑いを得ない。今後は、県のみならず、人民公社、生産大隊レベルでの文革の抗争についての研究が進展していくことを期待したい。

次に、従来の文革研究で、議論の焦点となってきた「派閥主義」についてであるが、本論は、「造反派」のアイデンティティはアクター間の相互作用を通じて関係的に構築されたとの見方を提示した。これまで、派閥の構成については、既存の社会構造から説明されることが多かったが、最近のA・ウォルダーの研究[5]によって、北京の大学では、派閥は学生と工作組との相互作用を通じて状況依存的・関係的に形成されたことが明らかになっている。一方、農村部における造反派の起源は、学校への工作組の進駐、「教師集訓会」、社会主義教育運動という三つの統制・粛清運動における、それぞれ学生、教師、幹部と、各運動の工作組（隊）との関係に見出すことができる。これらの運動の被害者たちは、工作組との関係によって突然ステイタスを失ったことに対して、「名誉回復（平反）」を求めたのであり、既存の「体制」への抗議のために立ち上がったわけではなかった。また、農村の造反派の多くは、自ら造反派としてアイデンティティを見出したのではなく、外部の紅衛兵との「経験交流」を通じて、アイデンティティを獲得していった。つまり、農村における造反派は、工作組による迫害と外部の紅衛兵との「経験交流」という二つの「関係」

（相互作用）によって形成されたことになる。

また、アイデンティティが関係的に構築される以上、それに基づく組織の性格も個別の文脈に左右される。「造反派」、「保守派」などの呼称は、既存の「体制」への政治的態度や社会ステイタスから類推されるものであり、文革の政治的文脈を詳しく検証して得られた類型ではない。加えて、これらの呼称は、文革当事者によって用いられた政治的レッテルであり、その政治的含意から、分析上ミスリーディングであるともいえる。最初の造反派組織成立後、雨後の筍の如く登場した「造反組織」には、学生、労働者、農民から県党委機関幹部によるものまで、さまざまな性格をもつものが含まれており、それらを既存の体制への態度を基準に分類することは困難なばかりか、個別の争点を見え難くする危険すらある。派閥の構成と性格については、個別の文脈とアクター間の相互作用を跡付ける作業が必要不可欠であるといえる。

次に、日本の文革研究者の間では、国家的視点から文革を捉えようとするが故に、文革の「大衆動員」的側面が強調されがちであることを指摘した。大衆動員の手法が文革中もさまざまな局面で用いられたことは確かである。しかし、大衆動員の視点は、本書の冒頭で紹介したような重要な差異（variations）を説明できるであろうか。なぜ派閥抗争は、一部の地域では比較的早期に収束し、他では大規模な武闘へとエスカレートしていったのか。また、なぜ一部の県では「大量虐殺」が発生し、他では生じなかったのか。これらの問いに答えるには、大衆動員の視点よりも、一歩掘り下げた分析アプローチが必要であろう。また、この点は基層の社会構造、利害関係に注目するが故に、より大きな政治的文脈、すなわち国家の政策や国家アクターとの相互作用を見え難くしている基層（grassroots）の視点も同様である。したがって、本論では、県という国家と基層の接点に分析単位を設定し、文革の暴力的側面における重要な差異を説明することを試みた。今後、国家と基層社会との接点における関係（相互作用）に焦点を当てた研究が進むことを期待したい。

本書は、軍隊「支左」によって生じた解放軍地方部隊の分裂・無力化と、派閥組織間の武闘の拡大との因果関係を詳細に検討した。これまで、文革研究者は、解放軍の文革への介入が派閥抗争による混乱を収束させ、治安と秩序を回復させたと理解してきた。これは、「人民解放軍を派遣して『三支両軍』（支左、支工、支農、軍管、軍訓）を実行したことは、当時の混乱した情況の下では必要なことであったし、局面を安定させる積極的な作用をもたらしたが、同時に消極的な結果もともなった」[6]という中国共産党の公式見解を概ね受け入れてきたといえる。しかし、同時に、同公式見解の最後に付け加えられた「消極的な結果もともなった」という部分については、これまで充分な注意が払われてこなかった。本書は、軍隊「支左」によって生じた軍の分裂と武闘の拡大との因果関係を、陝西省の事例を基に実証的に明らかにしたが、今後さらに事例研究を進めていく必要があるであろう。

最後に、県という地方・行政レベルから文革をみた場合、文革とは何であったのであろうか。一言でいえば、文革とは（軍を含む）国家の分裂が惹き起こした地方の国家・社会関係の混乱、そして暴力的な争乱であったといえる。文革の特異な点は、毛沢東を中心とする中央の指導者が地方の権力機構、軍隊機構を攻撃の対象としたことにあった。その意味では、文革は非常に大規模な粛清運動であったが、同時に、「党内の走資派」に対する攻撃は、地方権力機構を麻痺状態に陥れ、造反運動を派閥抗争へと変化させ、その後の「軍内の走資派」への攻撃は、地方部隊を分裂させ、派閥抗争を武力抗争へとエスカレートさせた。このように、文革は、中央の指導者が意図した大衆動員的手法による大規模な粛清運動の範囲を超え、独自のダイナミクスをもつ暴力的抗争へと転化していったのである。

註

（1）Robert Jervis, *Perception and Misperception in International Politics*, Princeton: Princeton University Press, 1976; and Robert Jervis, "Cooperation under the Security Dilemma," *World Politics*, Vol. 30, No. 2 (Jan. 1978), pp. 167–214.

（2）Jonathan Unger, "The Cultural Revolution at the Grass Roots [Book Review]," *The China Journal*, No. 57 (Jan. 2007), pp. 109–137.

（3）Jonathan Unger, "Cultural Revolution Conflict in the Villages," *The China Quarterly*, No. 153 (March 1998), pp. 82–106, at p. 85.

（4）蒲城県誌編纂委員会編『蒲城県誌』（中国人事出版社、一九九三年）付録七頁。

（5）Andrew G. Walder, "Beijing Red Guard Factionalism: Social Interpretations Reconsidered," *Journal of Asian Studies*, 61, No. 2 (May 2002), pp. 437–471; "Ambiguity and Choice in Political Movements: The Origins of Beijing Red Guard Factionalism," *American Journal of Sociology*, 112, No. 3 (November 2006), pp. 710–750; "Factional Conflict at Beijing University, 1966–1968," *China Quarterly*, No. 188 (December 2006), pp. 1023–1047; and *Fractured Rebellion: The Beijing Red Guard Movement*, Cambridge, Mass.: Harvard University Press, 2009.

（6）「関於建国以来党的若干歴史問題的決議」（一九八一年六月二七日中国共産党第一一届中央委員会第六次全体会議一致通過）、第二一項。

あとがき

本書は、二〇〇七年六月にスタンフォード大学社会学研究科に提出した博士（Ph. D.）論文（“Dynamics of the Chinese Cultural Revolution in the Countryside: Shaanxi, 1966–1971”）を基にしている。もっとも英語で書かれた博士論文を日本語に「直す」にあたっては、大幅な加筆修正に加え、構成そのものを変える必要があったため、出版までに四年を費やした。

思えば、研究者を志したのも遅かった。十代は野球に明け暮れる日々を過ごし、研究者になることなど夢にも思わなかった。大学卒業後に国際公務員を志して渡米したが、さまざまな国や専門をもつ人々との出会いを通じて次第に研究の魅力に引き込まれていった。二五歳の頃である。ようやく目標は定まったものの、研究者としての修練にも人一倍時間をかけた。立命館大学国際関係研究科の博士前期・後期課程に五年間在籍した後、再び渡米しスタンフォード大学社会学研究科へと進んだ。すでに三〇歳を越えていたことから、長い時間と忍耐力を要するアメリカでの博士課程への挑戦は簡単な決断ではなかったが、研究者としての基礎を身に着けたいとの思いが強かった。ずいぶん遠回りしたようではあるが、今はすべてのことが研究者・教育者としての私の人格を形作っていると実感している。

ここまでたどり着くことができたのも、ひとえに多くの方々のご指導、ご助力のおかげである。

まずスタンフォード大学社会学研究科の指導教員であったアンドリュー・ウォルダー（Andrew G. Walder）先生

からは、言葉に尽くせないほど多くのことを学ばせていただいた。中国という研究対象への接近法、政治社会学の理論、方法論などの基礎に加え、公平さ、思慮深さ、研究に対して決して妥協しない態度という研究者として必要な（そして最も良質な）素養を教えていただいた。私にとって「アンディー」は、一生追いかける目標のような存在である。また、スタンフォードでは、ダグ・マクアダム（Doug McAdam）先生、マーク・グラノヴェター（Mark Granovetter）先生、ジーン・オイ（Jean C. Oi）先生、マシュー・ソマー（Matthew H. Sommer）先生、レベッカ・サンドファー（Rebecca Sandefur）先生にお世話になった。特に社会運動論、「抗争政治論」の第一人者であるマクアダム先生からは、社会運動の政治過程論が「抗争政治論」へと発展していく過渡期にその薫陶を受けたことが、本書にも大きな影響を与えることとなった。また、本書で用いたデータの収集と作成の協力者として、蘇陽（現・カリフォルニア大学アーバイン校）と名前は差し控えるが、博士課程で苦楽を共にした友人たちに感謝したい。

本書で用いた資料の収集にあたっては、多くの方々にご協力いただいた。香港中文大学中国研究服務中心（the Universities Service Centre for China Studies）では、当時の熊景明（Jean Hung）副主任とスタッフの方々に大変お世話になった。同じく香港中文大学では、半年の留学期間、陳健民先生（社会学系教授）にはアドバイザーとして公私にわたって数多くのご助言をいただいた。西安での資料収集にあたっては、名前は伏せざるを得ないがS先生と、カリフォルニア大学サンディエゴ校のジョー・エシェリック（Joseph Esherick）先生にお世話になった。

立命館大学国際関係研究科では、指導教員の山口定先生（前政策科学部教授）に政治学（特に政治体制と社会構造との関係）を学んだことが今日の基礎となった。ドイツ研究者の山口先生は、中国研究を志す私を渋々受け入れてくださったが、その学識に加え、一貫したリベラルな姿勢に学ぶことが多かった。また、小木裕文先生、北村稔先生は、中国研究を始めたばかりの私に貴重なアドバイスをくださった。

毛里和子先生（前早稲田大学教授）には、日本学術振興会特別研究員の受け入れ研究者を引き受けて下さり、また早稲田大学二一世紀COE「現代アジア学の創生」の研究員としても大変お世話になった。「アメリカ帰り」の私を一年間早稲田に迎えて下さったことに厚く感謝申し上げたい。また、天児慧先生（早稲田大学）、菱田雅晴先生（現・法政大学）にも数々のご助力を賜った。

二〇〇五年に愛知学院大学文学部国際文化学科に着任してからすでに六年半が過ぎたが、先輩、同僚の先生方・職員の皆様の日頃のご配慮に感謝申し上げたい。また、名古屋の「現代中国政治研究会」の仲間たち、三宅康之氏（現・関西学院大学）、星野昌裕氏（南山大学）、櫻井次郎氏（現・関西大学）からは大きな励みと刺激をいただいた。特に三宅氏は、本書の原稿の多くの部分を読んでくださり、貴重なご指摘をいただいたことに感謝申し上げたい。

本書の出版にあたっては、独立行政法人日本学術振興会の平成二三年度科学研究費補助金（研究成果公開促進費）の交付を受けた。また、本書の原稿作成過程では、スタンフォード大学アジア太平洋研究センター、同社会学部からも資金援助を受けた。

本書の出版にあたっては、御茶の水書房の小堺章夫氏に大変お世話になった。記してお礼申し上げたい。

私事になるが、博士論文から本書の完成まで常に傍で支えてくれた妻・愛と、小さいながらも「パパのお仕事」が終わるまで遊びを我慢してくれた周と理沙にこの場を借りてお礼をいいたい。

最後に、今まで自分の思うがままに生きてきた私を常に信じ、支えてくれた父・信高と母・初江に本書を捧げる。

二〇一一年八月

谷川　真一

人名索引

ア行

アイゼンシュタット（S. N. Eisenstadt）　22
天児慧　14
アンガー（Jonathan Unger）　7, 220
印紅標　102
ウォルダー（Andrew G. Walder）　8, 9, 12, 16, 19, 26, 27, 38, 70, 73, 81, 221
袁生玉　55
王科　132
王紹光（Shaoguang Wang）　9
王寧邦　131
王年一　107
王力　3, 113

カ行

霍士廉　114
韓樹林　132
仇太興　130, 132, 133
邢少鈞　132, 134
厳家祺　41
厳克倫　43, 47
胡煒　109, 114, 125
高皋　41
江青　3, 102, 113
亢武耀　137
国分良成　15
コーザー（Lewis A. Coser）　20, 215
胡炳雲　109
金野純　11

サ行

崔孝堂　110, 127, 132, 133
シェーンハルス（Michael Schoenhals）　102
謝富治　113
周恩来　5, 40, 41, 109, 114, 125, 163, 165
周雪光（Xueguang Zhou）　10
聶元梓　42, 43
史羊城　111, 160
徐友漁　175
ジンメル（Georg Simmel）　20
スコッチポル（Theda Skocpol）　11
成普　130
関鋒　3, 113
単英傑　137
蘇陽（Yang Su）　27, 103, 175, 176, 202
孫喜岱　130

タ行

趙永夫　108
趙光歧　111, 112, 160
張仕本　130, 134
張春橋　84
趙正光　130, 132
陳再道　113
陳昌明　111, 112, 160
陳佩華（Anita Chan）　7
ティリー（Charles Tilly）　23

ハ行

馬科西　132
馬希聖　165
ペリー（Elizabeth J. Perry）　9
彭康　42
ボウム（Richard Baum）　17
ホワイト（Lynn T. White, III）　10

マ行

マン（Michael Mann）　12
毛沢東　3, 8, 10, 11, 14, 22, 37, 38, 40, 42, 43, 46, 54, 58, 69, 70, 77, 83, 102, 103, 107, 108, 109, 110, 113, 114, 115, 116, 158, 191, 199, 215, 218, 219, 223

ヤ行

姚啓勤　134
姚志銀　132
楊達　132

ラ行

李偉　55
李永升　132
李吉祥　132
李鴻永（Hong Yung Lee）　7
李世英　43
劉少奇　192
劉新懐　55
劉鳳山　130
梁成才　131
林彪　102, 108, 109
ローゼン（Stanley Rosen）　7

事項索引

ア行

アイデンティティ　7, 18–20, 71, 77, 79–80, 217, 221–222
アクター　6, 8, 12, 70, 71, 221, 222
国家——　13, 14, 20, 215, 222
社会——　12, 13, 14, 20
アメリカ（米国）　7, 26
安徽省　108
安康
——県　4–5, 157–159, 161–166, 186, 196, 197, 198, 200
——「紅三司」　4–5, 159, 160, 161, 162, 163, 164, 165, 166, 186
——地区　110, 111, 115, 126, 157–167, 169, 170, 180, 183, 185, 187, 219
——「六総司」　4–5, 159, 161, 162, 163, 164, 165, 166, 186
安塞県　55, 144, 148, 153
「安全保障のジレンマ」　215
異議申し立て　8, 17
威信　18, 52, 74, 105, 136, 214
「一月風暴」(「一月奪権」)　13, 18, 84, 86, 102, 106
「一打三反」　26, 197–200
イデオロギー　7, 71
渭南地区　45, 55, 88, 91, 150, 182
イベント　17, 38
偶発的な——　217
内モンゴル自治区　44, 56, 77, 108, 181
「内モンゴル人民革命党」　188, 192
右派（分子）　45, 54, 74, 78, 107
エピソード　71, 106, 213, 217
——の定義　17
エリート　8, 11, 15, 37, 41, 69
非——　11, 37–38, 59, 71, 85
——政治　10, 37, 213
延安
——県　55, 56, 86, 90, 144, 146, 147, 148–149, 152, 153, 184, 196–197
——地区　90, 91, 115, 126, 143–154, 169, 180, 183, 184–185, 219
——「聯指」　145, 146, 148, 149, 150, 151, 152, 153
——「聯総」　146, 148, 149, 151, 152, 153
遠隔地（域）　39, 50, 54, 57, 58, 59, 60, 72, 77, 126, 214
怨恨（恨み）　9–10, 59, 193
冤罪　75, 194, 195, 198
延長県　151, 152, 153
穏健派　105, 106, 107, 108, 110, 112, 116, 117, 128, 143, 144, 145, 148, 149, 150, 151

カ行

「階級隊列の純潔化」（清隊）　24, 26, 187–197, 198, 199, 201
階級敵人　176, 179, 181, 182, 187, 188, 190, 191, 192, 196, 197, 200, 201, 202, 219
開封　158
『解放軍報』　116, 129
華陰県　88
格差　69, 70
華県　45, 55–56
佳県　131, 132, 133, 134, 135, 137, 139
合肥　40
河南省　108
カリスマ　11, 37, 38, 51, 214, 217
漢陰県　164, 165, 166, 186

関係的・状況依存的アプローチ　6, 8, 15–21, 70, 221–223
甘粛省　50, 56, 137
甘泉県　148–149, 153
漢中
——県　53, 57, 87, 165, 168, 169
——地区　50, 56, 115, 126, 167–169, 170–171, 180, 219
関中平原　51, 57
広東省　103, 175, 203
咸陽
——市　25
——地区　49, 51, 75, 91, 105, 106
「機会主義（的暴力）」　23–24, 183
宜君県　144, 149, 150, 153
宜川県　151, 152
「九種人」　188
急進派　3, 20, 105, 106, 108, 109, 110, 112, 116, 127, 128, 129, 134, 136, 137, 138, 144, 145, 146, 148, 150, 151, 175, 215, 218, 219
「九・五命令」　145
脅威（認識）　23, 176, 177, 183, 201, 215, 217
共産党（中共、党）
——中央委員会（中共中央、党中央）　40, 41, 43, 46, 56, 129, 191
——中央西北局　42–43, 47–48, 49, 50
共産主義青年団（共青団）　7, 16, 107, 181
「教師集訓会」（教師夏期集訓会）　18, 19, 46, 48, 49, 70, 74–75, 78, 79–80, 81, 93, 221
共棲関係（地方部隊と地方党委員会の）　103, 104–106, 108, 117, 216
近郊　18, 53, 54, 57, 58, 59, 72, 84, 85, 87, 92, 93, 115, 214
空軍〇三〇軍事学院　4, 106
「黒材料」　81
軍（人民解放軍、軍隊）
——幹部　12–13, 14, 103, 105, 195, 196, 220
——軍分区　4, 5, 14, 90, 104–105, 107, 110–112, 114, 117, 125–131, 134, 135, 136, 137, 138, 146, 157–158, 161, 162, 167–169, 170, 219
——主力部隊　91, 104–106, 107, 109, 115, 116–117, 125–126, 136, 148, 153, 216, 218, 219
——省軍区　3, 4, 5, 14, 104–105, 106–109, 110, 113, 114, 117, 125, 128, 129, 130, 133–134, 136, 161–162, 163, 164, 186
——大軍区　104, 105, 107, 113, 117
——第二一軍　3, 109, 110, 113–114, 125, 126, 136–138, 218, 219
——地方部隊　3–4, 14, 22, 103, 104–117, 125, 134, 136, 158, 170–171, 215–216, 218–219, 223
——の脆弱性（クライエンテリズムと）　22–23
——の統一介入　5, 6, 126, 129–130, 135, 136–137, 138–139, 167, 170–171, 179, 216, 218–219
——の二重構造　104–106, 219
——の不介入（無為無策）　6, 90, 103, 106, 107, 112, 116, 126, 157–158, 167, 168, 169, 170–171, 185, 216, 219
——の分裂介入　126, 143–144, 153, 170–171, 184, 216, 218–219
「軍委十条」　109, 114, 116, 144, 146, 158, 169, 171
「軍委八条」　108, 109, 127
軍事管制　13, 15, 127
群衆専政指揮部（群専部）　176, 177, 180–183, 189, 194, 196, 201
——と清隊　193–195
群専ネットワーク　181, 194

「軍内の走資派」　105, 106, 113, 117, 216, 223
「軍内のひとつまみを引きずり出せ」（揪軍内一小撮）　3, 12, 113–114, 116, 117, 125, 136, 218
「経験交流」（串連）　17–18, 37–42, 46, 48–60, 71, 72–73, 74, 76–78, 79, 85, 86, 92, 93, 108, 214, 217–218, 221
——の定義　40
県
——党委員会（県党委）　4, 18, 38–39, 44, 46, 48, 49, 50, 53, 56, 57, 59, 75, 80, 82–83, 85–92, 104, 106, 110, 148, 159, 179, 187, 214, 219, 222
——党委員会書記（県党委書記）　22, 49, 50, 55, 59, 86, 88, 104, 137
県人民武装部（武装部）　4–5, 14, 15, 22, 82, 86, 90, 91, 104, 105, 106, 107, 110–113, 114, 117, 125–130, 132, 134–135, 136, 137, 138–139, 143–147, 148, 149, 157–161, 162, 167, 168, 177, 178–180, 184, 186, 187, 194, 202, 216, 219, 220
——政治委員　14, 22, 104, 105, 110, 111, 112, 127, 138, 160
——と革命委員会の下での暴力の拡大　202
——と「群衆専政指揮部」　194
——と民兵　104, 220
——副政治委員　91, 105, 111, 112, 143, 168
——副部長　111, 146, 160
——部長　14, 104, 105, 111, 112, 158, 160
県誌データ　25–27, 44, 58, 178
権威　12, 182, 217
現状（維持）　7, 8, 16, 19, 38, 69, 82, 108
権力闘争　11, 15, 20–21, 25, 37, 41, 71, 83–84, 92, 93, 215
公安　85, 127, 159
公安・検察・裁判所（公検法）　91, 143, 145, 157, 181, 188, 193, 194
「公安六条」　198
紅衛兵　8, 11, 16, 18, 19, 38, 40–42, 48, 49, 51–53, 54–60, 70, 71, 72–74, 75, 76–78, 82, 86, 88, 92, 93, 188, 214, 217, 218, 221
官製——　74
——接見（大会）　40, 49, 53
——接待所　41
『紅旗』（雑誌）　54, 90
抗議運動　93
高級幹部子女　69
紅五類　38, 69, 73–75, 77, 79, 80
工作組（工作団）　16, 18, 19, 40, 42–50, 53, 59, 70–71, 73–75, 78–80, 81, 82–83, 92, 93, 221
広州　8, 40, 101
杭州　40, 46
広西チワン族自治区　103, 175, 203
抗争政治（contentious politics）　6, 16–17
興平県　105
黄龍県　91, 143, 145–146, 151, 153
「黒五類」　74
国家
——権力　12, 103
——・社会関係　10, 13–15, 22, 37, 223
——の定義　12
「五・一六通知」　24, 75
湖北省　103, 111, 112, 160, 162, 175
——竹渓県　111, 112, 160, 162
黄陵県　145, 149, 150, 152, 153
「五類分子」　54, 188, 191
乾県　49

サ行

「左派を武装せよ」 102, 114–116, 158, 167, 218
「三結合」 13, 90, 91, 127, 143, 185, 187
三原県 4, 77, 86, 106
山西省 77, 109, 136
山陽県 178–179, 182
「四旧打破」 54, 74
自己批判 48, 50, 55
「支左」 3–6, 22, 84, 90, 91, 92, 103, 104, 105, 106–113, 116–117, 125–130, 134–135, 136–137, 138,–139, 143, 157–158, 167, 169, 170–171, 176, 215–216, 218–219, 223
——表明 3, 91, 92, 110, 111, 112, 127, 130, 157, 158, 168
——部隊 132, 134, 136–137, 184, 190
——模範 5, 129, 138
「資産階級反動路線」(資反路線) 19, 24, 48, 54–55, 72, 75, 76, 78–80, 83, 84, 93
子洲県 45
四川省 50, 81, 108, 166, 167
子長県 55, 144, 145, 153, 185, 199
「実権派」(当権派) 7, 11, 84, 88, 127
社会
——運動(論) 16
——構造 7–10, 15–16, 41, 69–70, 221, 222
——集団 10, 19–20, 38, 71, 78, 102
——勢力 12, 22, 215
——的解釈 7, 8, 12, 70
——的クリーヴィッジ(亀裂、分裂) 7, 8, 9, 19, 71, 73, 76, 83, 92, 93
社会主義教育運動(社教) 18, 54, 70–71, 74, 75–76, 78, 93
——工作隊(工作団、総団) 46, 50, 55, 75, 76, 80
——と貧農・下層中農協会(貧協) 81
——と「平反」要求 80–81
上海 8, 20, 41, 83, 84, 86, 101, 187, 188, 214
重慶 81, 101
集合行為 9, 10, 12, 16
——的イメージ 38, 58
集合的暴力 23, 25, 213
修正主義 91
「十六条」(プロレタリア文化大革命に関する決定) 25, 45, 46–47, 50, 53, 54, 72, 75
粛清(粛清運動、粛清・迫害運動) 71, 73–81, 92, 93, 182, 187, 192, 197, 201, 221, 223
出身階級(階級成分) 7, 16, 19, 45, 69–70, 73–74, 82, 110, 111
紫陽県 165, 166
商洛地区 178, 180
新疆ウイグル自治区 56, 108
人的被害(犠牲者数、死者数) 26, 27, 70, 101, 103, 115, 135, 138, 147, 154, 167, 169, 175, 176, 188, 198, 200
秦巴山地 51, 57
神木県 56, 131
人民公社 5, 49, 81, 82, 88, 117, 132, 143, 144, 145, 153, 159, 160, 166, 179, 181, 182, 187, 188, 192, 194, 196, 198, 219, 220–221
『人民日報』 41, 44, 48, 83, 90, 129
綏徳県 48, 55
スタンフォード大学 26
スローガン 3, 12–13, 22, 43, 47, 55, 56, 78, 79, 80, 82, 113, 114, 116, 117,

125, 130, 159, 179, 192
西安　3, 18, 20, 25, 26, 40, 42–43, 44, 45, 47, 48, 49, 50, 51, 52–53, 54, 55, 56, 57, 58, 59, 77, 87, 109, 110, 113–114, 115, 125, 129, 134, 136, 144, 159, 162, 165, 184, 214
——近郊　4, 49, 50, 77, 86, 105
——「西派」　3, 87, 113–114, 175
——「東派」　3, 43, 87, 113–114, 165, 175
西安交通大学（西安交大）　42–43, 44, 47, 48–49, 52, 55, 87, 113–114, 127, 128
——「六・六事件」　43
西安電訊工程学院（西軍電）　50, 52, 55, 87, 113, 114, 127, 128
青海省軍区　108
清澗県　130, 152
生産大隊　132, 144, 187, 192, 194, 220, 221
政治
——運動　11, 37, 46, 75, 79
——環境　11, 53, 75, 176, 199
——社会学　6, 7, 16
——態度（表現）　69, 222
——的機会　16, 38, 78
——的文脈　15, 25, 222
——的暴力　6, 9, 11, 15
——プロセス　4, 6, 8, 10, 26, 70, 83, 115, 116, 117, 125, 126, 170, 171, 176, 177, 203, 217
——理念　11, 37
成都　101
——軍区　108
西寧　108
靖邊県　77, 79, 130
西北工業大学（西工大）　47, 48, 52, 54–55, 87, 113, 114, 128
西北大学　48, 49, 52, 128
西北農学院　55
赤衛隊　40
石泉県　81
積極分子　49, 70, 74, 76, 79, 81, 82, 93, 188, 198, 200
陝西工業大学（陝工大）　48
陝西師範大学（陝師大）　48
陝西省
——支左委員会　113, 114, 133, 137
——党委員会　43, 45, 47, 48, 49, 50, 59, 114
——の行政区画　26（表序–1）
——の人口　25–26
『陝西日報』　43, 49, 191
宣伝隊　188, 192, 196, 198, 200
扇動　42, 48–49, 53, 55, 56, 57, 58, 128, 146, 160, 214
陝北高原　51, 57, 129
「全面内戦」　101, 116, 149, 171, 184, 215, 216, 219
千陽県　91, 137, 138
相互作用　6, 16, 18, 20, 70, 71, 102, 213, 221, 222
走資派　47, 54, 55, 76, 78, 83, 88, 89, 107, 181, 188, 194, 197, 223
宗族　9
造反運動
——の拡散　17–18, 37–60, 77, 214
——と奪権　83–84
造反派
——と対抗動員　81–83
——のアイデンティティ　18–20, 71, 77, 217, 221–222
——の形成　70–71, 72–78, 92–93, 221–222
——の分裂　20, 25, 71, 87, 114
——の連合　78–81, 93
「造反有理」（革命無罪、造反有理）　49
「組織的な機会主義」　23–24, 183

「組織的破壊」　23, 183

タ行

太原　79, 109, 136
対抗動員（保守派の）　71, 81–83, 86, 87, 93
大字報　49, 55, 56, 59, 79, 91, 200
大衆
——社会的イメージ　11, 37–38, 58
——代表　13, 90, 132, 180, 185, 186, 187, 199
——動員　24, 25, 38, 58, 222, 223
——独裁（群衆専政）　25, 127, 193, 194
太白県　79
タイミング　26, 27, 70
大量虐殺（ジェノサイド）　6, 10, 17, 23, 103, 166, 175, 176, 188, 201, 203, 222
「（革命的）大連合」　90, 91, 112, 115, 127, 131, 132, 134–135, 137, 151, 161, 177, 178, 179, 184, 186, 196, 199, 201, 215, 219
多元主義的アプローチ　7
「打尖子」　166–167
奪権（闘争）　3, 20, 21, 24, 25, 26, 39, 71, 83–92, 93, 101, 103, 106, 107, 108, 111, 112, 144, 157, 214, 215, 217
偽——　20, 88, 89, 214
職場型（搶班）——　20, 87–89, 93, 214
反抗型——　85–87, 93, 214
連合型（連合、監督）——　20, 90–91, 93, 214
——の定義　84–85
地方
——（指導）幹部　12, 13, 14, 15, 106
——権力機構　13, 14, 15, 20, 25, 38, 50, 51–52, 58, 92, 93, 106, 214, 217, 223
——指導部　14, 40
——党委員会　78, 103, 104, 105, 106, 108, 116, 117, 125, 216
中央・地方関係　135
「中央八条」　40
中央文化革命小組（中央文革）　3, 5, 7, 14, 22, 40, 41, 43, 84, 113, 126, 128, 129, 134, 135, 138, 144, 170, 218
——記者　129
中間派　45, 74
中国研究服務中心（香港中文大学）　26
中ソ国境紛争　198
長安県　75
長沙　40
趙永夫事件　108
青島　40
鎮巴県　81, 168
つるし上げ　54, 56, 75, 88, 107, 114, 157, 179, 191, 194, 195
鄭州　40, 158
定邊県　74, 77, 131
デモ行進　47, 82, 128, 136, 159, 168
天津　40
档案　45, 79
「動員構造」　16
潼関県　190–191
銅川市　25
闘争経験　56
同盟　21, 101, 215
攻守——　92, 215

ナ行

内発的（要因）　42, 58–60, 217
（派閥の）二極化　92, 93, 102, 112, 215

奪権闘争と——　83–92
——と派閥主義　71–72
——の定義　71
南鄭県　168
「認知フレーム」　17, 77
寧強県　50
ネットワーク　19, 39, 42, 50
党——　8, 38, 70, 81–83, 102
——イメージ　38, 58
「農村五ヵ条」　53
「農村十ヵ条」　53

ハ行

排他的統治（一派独裁）　176–180, 187, 188, 196, 197, 198, 199, 201, 203, 219
——と県人民武装部　202
——と抑圧的暴力　23–24, 180–183, 189–196, 216–217
白河県　55, 162, 166, 167, 199
白水県　150, 192, 194–195
パトロン・クランエント関係（クライエンテリズム）　8, 10, 11, 22
「派閥革命委員会」　132, 179, 180, 199
派閥リーダー　176, 188, 189–193, 196, 198, 199–200, 217
反右派闘争　74
反革命
——事件　43, 113, 129, 179, 192
——組織　107, 108, 109, 133, 157, 192
——分子　54, 78, 79, 107, 108, 188, 194, 196, 200
反動的学術権威　47
批判闘争（批闘）　42, 43, 45, 47, 49, 59, 79, 82, 86, 88, 89, 127, 159, 182, 192, 197, 200
彬県　50
貧農・下層中農　74, 76, 79, 80, 81–82, 83, 93
——協会（貧協）　19, 80, 81–82
府谷県　5, 48, 77, 88, 132, 179–180, 181–182, 191–192, 194, 199
武漢　3, 5, 40, 101, 114, 158, 162
——軍区　3, 113
——「七・二〇事件」　3, 4, 113, 125, 158, 167, 218
富県　86–87, 146, 151, 152, 185
武器
——供給（支給）　105, 131, 138, 144, 179, 183
——強奪　102, 115, 144, 145, 146–147, 161, 171
——流出　23, 103, 115, 144–147, 170
武装・動員解除　23, 24, 153, 176, 177, 183–187, 196, 201, 202, 216, 219
武闘（武力抗争）
——人員（隊員）　5, 131, 133, 148, 150, 151, 152, 153, 159, 160, 161, 162, 163, 165, 166, 186, 201, 220
——隊（専業隊）　146, 149, 152, 153, 168, 169, 184
——停止命令（「七・三」、「七・二四」布告）　5, 133, 148, 153, 177, 178, 184, 185, 186, 187, 190, 201, 203
——の拡大（エスカレーション）　4, 6, 22, 92, 102, 103, 116, 117, 126, 135, 136, 146, 153, 167, 176, 213, 215–216, 219, 223
——の定義　118 頁の註 2
フランス　11
ブローカレッジ　17–18, 19, 39–42, 53, 58, 59–60, 71, 214, 217, 218
——の定義　18, 42
プロセス
——の定義　17

——の連鎖　217
文化革命準備委員会（準委会）　19, 73, 82–83, 92
官製の——　82, 86
文化革命臨時委員会（臨委会）　80, 83
紛争の局地化　101, 135, 137, 139, 170, 171, 216
「文で攻撃し、武で防衛する」（文攻武衛）　3, 113
米脂県　5, 48, 50, 89, 110, 127–128, 129–130, 133
——「一〇一」　5, 89, 127–128, 129–130
平反（名誉回復）　78–81, 93, 221
——文章　78
平利県　110–112, 114–115, 158, 160, 162, 166
北京　8, 16, 19, 20, 40, 41, 43, 44, 45, 46, 48, 50, 51, 53, 56, 59, 70, 73, 77, 79, 109, 131, 159, 163, 164, 184, 188, 221
——軍区　3, 109, 125, 136
——大学　42
——市党委　42
——の紅衛兵　49, 53, 57–58
——新華印刷工場　187, 191
辺境（地域）　41, 103
宝鶏
——県　136
——「工鉱総部」　136, 137
——市　25, 53
——地区　51, 91, 109, 126, 136–138, 139, 167, 180, 216, 218
鳳県　137
包摂的統治　23, 175, 176–177, 178, 181, 183–187, 188, 189, 193, 196–197, 198, 201, 202, 203, 216–217, 219
蒲城県　79, 86, 182, 198, 221
報復的暴力　24, 183, 188
方法（論）　25–27, 70, 73
保守派　20, 83, 86, 87, 89, 93, 105, 107, 108, 114, 125, 129, 175, 181–182, 214, 222
香港　8, 26

マ行

「民主革命のやり直し」（民主革命補課）　192–193
民兵　5, 23, 104, 111, 133, 134, 143, 144, 145, 149, 159, 182, 190, 195, 220
無政府状態（権力の空白、麻痺状態）　3, 11, 13, 15, 20, 25, 83, 84, 85, 86, 88, 92, 93, 103, 106–107, 157, 169, 197, 214, 215, 217, 218, 223
メカニズム　15, 17, 18, 25, 37, 38, 39, 41, 42, 58, 177, 213, 214, 215, 217–218, 220
——の定義　17
メディア（マス・メディア）　38, 42, 50, 51, 57, 59, 83, 170, 214
毛沢東思想　69
——宣伝隊　192
——学習班　188, 191

ヤ行

楡林
——「紅工機」　128–135, 144, 151
——「二紅」　127–135
——県　44, 48, 127, 128, 129, 132, 133, 148
——地区　5, 44, 45, 48, 50, 56, 74, 77, 89, 110, 126–135, 136, 137, 138, 139, 143, 144, 151, 165, 167, 179, 216, 218
妖怪変化（牛鬼蛇神）　54, 74, 88, 89, 127, 194, 197
洋県　168

耀県　44
抑圧的暴力　13, 23–24, 103, 175–203, 213, 216–217, 219, 220
——の定義　120 頁の註 18, 204 頁の註 4
「四大」　73
「四類分子」　166, 190

ラ行

洛川県　55, 144, 145, 149, 152, 185
洛南県　54–55, 180
嵐皋県　81, 159, 166
蘭州　40, 56
——空軍　219
——軍区　136, 167
藍田県　75, 80
略陽県　56
臨潼県　48–49, 91
礼泉県　49, 75, 91, 105
レッテル（貼り）　10, 11, 197, 198, 200, 222
（派閥の）提携・連合　20–21, 92, 147, 149, 159, 170, 218
隴県　137, 138, 139
ロシア（ソ連）　11, 198

図表一覧

《表》

表序-1　陝西省の地区と県（1966年）…………………………………… 26
表1-1　最初の造反の拡散（1966年6～12月）………………………… 39
表1-2　最初の造反の主な原因（1966年8～12月）…………………… 52
表1-3　陝西省各県で造反を扇動した県外の紅衛兵の出発地（1966年8～12月）……………………………………………………………… 52
表2-1　陝西省各県における「奪権」の類型………………………… 85
表3-1　部隊の系統別にみた「支左」の分布………………………… 117
表4-1　県レベルにおける軍隊「支左」（地区別）…………………… 126
表4-2　武闘による1県当たりの平均死者数（地区別、人口10万人当たり）……………………………………………………………… 135
表7-1　成立時期別にみた県革命委員会の形態……………………… 178
表7-2　統治形態別にみた「清隊」、「一打三反」による1県当たりの平均死者数（人口10万人当たり）…………………………………… 189
表7-3　統治形態別にみた「清隊」、「一打三反」による1県当たりの平均被迫害者数（人口10万人当たり）………………………………… 190
表7-4　「民主革命のやり直し」を実施した県の割合（統治形態別）…… 193
表7-5　県革命委員会を成立させた部隊のタイプ（統治形態別）……… 202

《図》

図1-1　陝西省県域における最初の造反（1966年6～12月）…………… 51
図2-1　陝西省各県における最初の造反と造反派組織の成立………… 72
図2-2　造反派組織の成立と派閥の二極化……………………………… 84
図3-1　最初の武器強奪と武闘による死者数の推移（月毎）………… 115
図7-1　県革命委員会の成立数の推移（月毎）………………………… 178

参考文献

(中国語)
安康市地方誌編纂委員会編『安康県誌』西安：陝西人民出版社、1989年。
――『安康地区誌（下)』西安：陝西人民出版社、2004年。
安塞県地方誌編纂委員会編『安塞県誌』西安：陝西人民出版社、1993年。
白河県地方誌編纂委員会編『白河県誌』西安：陝西人民出版社、1996年。
白水県県誌編纂委員会編『白水県誌』西安：西安地図出版社、1989年。
宝鶏県誌編纂委員会編『宝鶏県誌』西安：陝西人民出版社、1996年。
彬県誌編纂委員会編『彬県誌』西安：陝西人民出版社、2000年。
長安県誌編纂委員会編『長安県誌』西安：陝西人民教育出版社、1999年。
「陳毅接見西安交大及西安医学院部分師生時的談話（1967年2月5日)」北京玻璃総廠紅衛兵聯絡站編『中央首長講話（2)』(内部資料）1967年3月。
定邊県誌編纂委員会編『定邊県誌』北京：方志出版社、2003年。
丁抒「青海二二三事件」宋永毅主編『文革大屠殺』香港：開放雜誌社、2002年、37-57頁。
鳳県誌編纂委員会編『鳳県誌』西安：陝西人民出版社、1994年。
富県地方志編纂委員会編『富県志』西安：陝西人民出版社、1994年。
府谷県誌編纂委員会編『府谷県誌』西安：陝西人民出版社、1994年。
甘泉県地方誌編纂委員会編『甘泉県誌』西安：陝西人民出版社、1993年。
耿耿「周恩来親自指揮的両次軍事行動――『文革』中胡煒将軍的一段親身経歷」『党史博覧』第1期、2005年。
「関於建国以来党的若干歴史問題的決議」(1981年6月27日中国共産党第11届中央委員会第6次全体会議一致通過)。
海楓『広州地区文革歴程述略』香港：友聯研究所、1971年。
漢中市地方誌編纂委員会編『漢中市誌』北京：中共中央党校出版社、1994年。
漢中市軍事誌編纂委員会編『漢中市軍事誌』西安：陝西人民出版社、2002年。
合陽県誌編纂委員会編『合陽県誌』西安：陝西人民出版社、1996年。
『華県誌・「文化大革命」誌』(編著者不明、未公刊原稿)。
黄陵県地方誌編纂委員会編『黄陵県誌』西安：西安地図出版社、1995年。
黄龍県誌編纂委員会編『黄龍県誌』西安：陝西人民出版社、1995年。
華陰県誌編纂委員会編『華陰県誌』北京：作家出版社、1995年。
靖邊県誌編纂委員会編『靖邊県誌』西安：陝西人民出版社、1993年。
涇陽県県誌編纂委員会編『涇陽県誌』西安：陝西人民出版社、2001年。
嵐皋県誌編纂委員会編『嵐皋県誌』西安：陝西人民出版社、1993年。
藍田県地方誌編纂委員会編『藍田県誌』西安：陝西人民出版社、1994年。
李可・郝生章『「文化大革命」中的人民解放軍』北京：中共党史資料出版社、1989年。
李遜『大崩潰――上海工人造反派興亡史』台北：時報出版、1996年。
麟游県地方誌編纂委員会編『麟游県誌』西安：陝西人民出版社、1993年。

礼泉県誌編纂委員会編『礼泉県誌』西安：三秦出版社、1999 年。
蒲城県誌編纂委員会編『蒲城県誌』北京：中国人事出版社、1993 年。
劉国凱『文化革命簡析』香港：博大出版社、2006 年。
――『広州紅旗派的興亡』香港：博大出版社、2006 年。
隴県地方誌編纂委員会編『隴県誌』西安：陝西人民出版社、1993 年。
略陽県誌編纂委員会編『略陽県誌』西安：陝西人民出版社、1992 年。
洛川県誌編纂委員会編『洛川県誌』西安：陝西人民出版社、1994 年。
洛南県誌編纂委員会編『洛南県誌』北京：作家出版社、1999 年。
眉県地方誌編纂委員会編『眉県誌』西安：陝西人民出版社、2000 年。
米脂県誌編纂委員会編『米脂県誌』西安：陝西人民出版社、1993 年。
南鄭県誌編纂委員会編『南鄭県誌』北京：中国人民公安大学出版社、1990 年。
寧強県誌編纂委員会編『寧強県誌』西安：陝西師範大学出版社、1995 年。
平利県地方誌編纂委員会編『平利県誌』西安：三秦出版社、1995 年。
平利県人民武装部・平利県志編纂委員会弁公室合編『平利県志・軍事志』(未刊行内部資料)、1988 年。
乾県県誌編纂委員会編『乾県誌』西安：陝西人民出版社、2003 年。
千陽県県誌編纂委員会編『千陽県誌』西安：陝西人民出版社、1991 年。
清澗県誌編纂委員会編『清澗県誌』西安：陝西人民出版社、2001 年。
三原県誌編纂委員会編『三原県誌』西安：陝西人民出版社、2000 年。
陝西省地方誌編纂委員会編『陝西省誌・大事記』西安：三秦出版社、1996 年。
――『陝西省誌・政務誌』西安：陝西人民出版社、1997 年。
――『陝西省誌・軍事誌』西安：陝西人民出版社、2000 年。
――『陝西省誌・中国共産党誌（下）』西安：陝西人民出版社、2002 年。
陝西省臨潼県誌編纂委員会編『臨潼県誌』上海：上海人民出版社、1991 年。
陝西省統計局編『陝西省地市県歴史統計資料彙編（1949-1990)』北京：中国統計出版社、1991 年。
山陽県地方誌編纂委員会編『山陽県誌』西安：陝西人民出版社、1991 年。
神木県誌編纂委員会編『神木県誌』北京：経済日報出版社、1990 年。
宋永毅編『中国文化大革命文庫（CD-ROM)』香港：香港中文大学中国研究服務中心、2002 年。
――『文革大屠殺』香港：開放雑誌社、2002 年。
太白県地方誌編纂委員会編『太白県誌』西安：三秦出版社、1995 年。
潼関県誌編纂委員会編『潼関県誌』西安：陝西人民出版社、1992 年。
王力『王力反思録――王力遺稿　第二版（下)』香港：香港北星出版社、2008 年。
王年一『大動乱的年代』鄭州：河南人民出版社、1996 年。
武功県地方誌編纂委員会編『武功県誌』西安：陝西人民出版社、2001 年。
西安地区大中学校文革聯合指揮部、紅衛兵造反司令部印「陳毅接見西安地区赴京代表団時的講話（1967 年 1 月 17、18 日)」『無産階級文化大革命文献 8、中央領導同志講話（2)』発行者不明（Hoover Institution 所蔵)、1967 年。

西安市地方誌編纂委員会編『西安市誌・政治軍事（第5巻）』西安：西安出版社、2000年。
咸陽市地方誌編纂委員会編著『咸陽市誌（第1巻）』西安：陝西人民出版社 1996年。
興平県地方誌編纂委員会編『興平県誌』西安：陝西人民出版社、1994年。
旬陽県地方誌編纂委員会編『旬陽県誌』北京：中国和平出版社、1996年。
徐友漁『形形色色的造反——紅衛兵精神素質的形成及演変』香港：香港中文大学出版社、1999年。
延安市誌編纂委員会編『延安市誌』西安：陝西人民出版社、1994年。
延長県地方誌編纂委員会編『延長県誌』西安：陝西人民出版社、1991年。
延川県誌編纂委員会編『延川県誌』西安：陝西人民出版社、1991年。
洋県地方誌編纂委員会編『洋県誌』西安：三秦出版社、1996年。
耀県誌編纂委員会編『耀県誌』北京：中国社会出版社、1997年。
印紅標「批判資産階級反動路線：造反運動的興起」劉青峰編『文化大革命：史實與研究』香港：香港中文大学出版社、1996年、179-190頁。
——「文化大革命中的武闘」『中国研究』（香港）第2期、1996年秋、53-67頁。
宜川県地方誌編纂委員会編『宜川県誌』西安：陝西人民出版社、2000年。
宜君県誌編纂委員会編『宜君県誌』西安：三秦出版社、1992年。
楡林市誌編纂委員会編『楡林市誌』西安：三秦出版社、1996年。
鎮安県地方誌編纂弁公室編『鎮安県誌』西安：陝西人民教育出版社、1995年。
鎮巴県誌編纂委員会編『鎮巴県誌』西安：陝西人民出版社、1996年。
鎮坪県地方誌編纂委員会編『鎮坪県誌』西安：陝西人民出版社、2004年。
鄭光路『文革武闘——文化大革命時期中国社会之特殊内戦』美国海馬図書出版公司、2006年。
鄭義『紅色紀年碑』台北：華視文化公司、1993年。
子長県誌編纂委員会編『子長県誌』西安：陝西人民出版社、1993年。
子洲県誌編纂委員会編『子洲県誌』西安：陝西人民出版社、1994年。
中共韓城市委組織部編『中国共産党陝西省韓城市組織史資料』西安：陝西人民出版社、1994年。
中共綏徳県委史誌編纂委員会編『綏徳県誌』西安：三秦出版社、2003年。
中共渭南市委組織部等編『中国共産党陝西省渭南市組織史資料』西安：陝西人民出版社、1989年。
中共宜君県委組織部等編『中国共産党陝西省宜君県組織史資料（1936.7-1987.10）』西安：陝西人民出版社、1993年。

（英語）

Gabriel A. Almond and G. Bingham Powell, Jr., *Comparative Politics: A Developmental Approach*, Boston: Little Brown, 1966.
Ron Aminzade, Jack A. Goldstone, and Elizabeth J. Perry, “Leadership

Dynamics and Dynamics of Contention," in Ronald R. Aminzade, et al., eds., *Silence and Voice in the Study of Contentious Politics*, New York: Cambridge University Press, 2001, pp. 126–154.
A Doak Barnett, *Cadres, Bureaucracy, and Political Power in Communist China*, New York: Columbia University Press, 1967.
Richard Baum, "Revolution and Reaction in the Chinese Countryside: The Socialist Education Movement in Cultural Revolution Perspective," *The China Quarterly*, No. 38, 1969, pp. 92–119.
____, "The Cultural Revolution in the Countryside: Anatomy of a Limited Rebellion," in Thomas W. Robinson, ed., *The Cultural Revolution in China*, Berkeley: University of California Center for Chinese Studies, 1971, pp. 367–476.
Richard Baum and Frederick C. Teiwes, *Ssu-Ch'ing: The Socialist Education Movement of 1962–1966*, Berkeley: University of California Press, 1968.
Anita Chan, *Children of Mao: Personality Development and Political Activism in the Red Guard Generation*, Seattle: University of Washington Press, 1985.
Anita Chan, Stanley Rosen, and Jonathan Unger, "Students and Class Warfare: The Roots of the Red Guard Conflict in Guangzhou," *The China Quarterly*, No. 83 (September 1980), pp. 397–446.
Lewis A. Coser, *The Functions of Social Conflict*, New York: The Free Press, 1956.
Robert Dahl, *Who Governs? Democracy and Power in An American City*, New Haven: Yale University Press, 1961.
____, *Pluralist Democracy in the United States: Conflict and Consent*, New Haven: Yale University Press, 1967.
S. N. Eisenstadt, *Revolution and the Transformation of Societies: A Comparative Study of Civilization*, New York: Free Press, 1978.
Joseph W. Esherick, Paul G. Pickowicz, and Andrew G. Walder, "The Chinese Cultural Revolution as History: Introduction," in Joseph W. Esherick et al., eds., *The Chinese Cultural Revolution as History*, Stanford, CA: Stanford University Press, 2006, pp. 1–28.
Farideh Farhi, *States and Urban-Based Revolutions: Iran and Nicaragua*, Urbana and Chicago: University of Illinois Press, 1990.
John Foran, ed., *Theorizing Revolutions*, London: Routledge, 1997.
Jack A. Goldstone, "Initial Conditions, General Laws, Path Dependence, and Explanation in Historical Sociology," *American Journal of Sociology*, Vol. 104, No. 3 (November 1998), pp. 829–845.
____, *Revolutions: Theoretical, Comparative, and Historical Studies*, Belmont, CA: Wadsworth/Thomson Learning, 2003.
Jeff Goodwin, *No Other Way Out: States and Revolutionary Movements, 1945–*

1991, Cambridge: Cambridge University Press, 2001.
Roger V. Gould, "Multiple Networks and Mobilization in the Paris Commune, 1871," *American Sociological Review*, Vol. 56, No. 6, 1991, pp. 716–729.
____, *Insurgent Identities, Class, Community, and Protest in Paris from 1848 to the Commune*, Chicago: University of Chicago Press, 1995.
____, "Patron-Client Ties, State Centralization, and the Whiskey Rebellion," *American Journal of Sociology*, Vol. 102, No. 2, 1996, pp. 400–429.
Harry Harding, *Organizing China*, Stanford, CA: Stanford University Press, 1981.
____, "The Study of Chinese Politics: Toward a Third Generation of Scholarship," *World Politics*, Vol. 36, No. 2 (Jan., 1984), pp. 284–307.
Robert Jervis, *Perception and Misperception in International Politics*, Princeton: Princeton University Press, 1976.
____, "Cooperation under the Security Dilemma," *World Politics*, Vol. 30, No. 2 (Jan. 1978), pp. 167–214.
Hong Yung Lee, *The Politics of the Chinese Cultural Revolution: A Case Study*, Berkeley: University of California Press, 1978.
Kenneth Lieberthal and David Lampton, eds., *Bureaucracy, Politics, and Decision Making in Post-Mao China*, Berkeley: University of California Press, 1992.
Kenneth Lieberthal and Michael Oksenberg, *Policy Making in China: Leaders, Structures, and Processes*, Princeton, NJ: Princeton University Press, 1988.
Seymour Martin Lipset, *Political Man: The Social Bases of Politics*, New York: Doubleday/Anchor Books, 1960.
Richard Madsen, "The Politics of Revenge in Rural China during the Cultural Revolution," in Jonathan N. Lipman and Stevan Harrell, eds., *Violence in China: Essays in Culture and Counterculture*, Albany: SUNY Press, 1990, pp. 175–201.
Roderick MacFarquhar and Michael Schoenhals, *Mao's Last Revolution*, Cambridge, MA: The Belknap Press of Harvard University Press, 2006.
Thomas Jay Mathews, "The Cultural Revolution in Szechwan," in Ezra F. Vogel, ed., *The Cultural Revolution in the Provinces* (Harvard East Asian monographs no. 42), Cambridge, Mass.: Harvard University Press, 1971.
Doug McAdam, *Political Process and the Development of Black Insurgency, 1930–1970, 2nd Ed.*, Chicago: University of Chicago Press, 1999 (1st ed. in 1982).
Doug McAdam, John D. McCarthy, and Mayer N. Zald, eds., *Comparative Perspectives on Social Movements: Political Opportunities, Mobilizing Structures, and Cultural Framings*, Cambridge: Cambridge University Press, 1996.
Doug McAdam, Sidney Tarrow, and Charles Tilly, *The Dynamics of Contention*,

New York: Cambridge University Press, 2001.
Tim McDaniel, *Autocracy, Modernization, and Revolution in Russia and Iran*, Princeton, NJ: Princeton University Press, 1991.
Alberto Melucci, *Nomads of the Present: Social Movements and Individual Needs in Contemporary Society*, Philadelphia: Temple University Press, 1989.
Joel S. Migdal, *Strong Societies and Weak States*, Princeton, NJ: Princeton University Press, 1988.
____, "The State in Society: An Approach to Struggles for Domination," in Joel S. Migdal, Atul Kohli, and Vivienne Shue, eds., *State Power and Social Forces*, Cambridge: Cambridge University Press, 1994, pp. 7–34.
____, *State in Society: Studying how States and Societies Transform and Constitute one another*, Cambridge: Cambridge University Press, 2001.
Harvey Nelsen, "Military Forces in the Cultural Revolution," *The China Quarterly*, No. 51 (Jul.–Sep., 1972), pp. 444–474.
Jean C. Oi, *State and Peasant in Contemporary China*, Berkeley: University of California Press, 1989.
Mancur Olson, *The Logic of Collective Action*, Cambridge, MA: Harvard University Press, 1971.
Elizabeth J. Perry, "Rural Violence in Socialist China," *The China Quarterly*, No. 103 (September 1985), pp. 414–440.
Elizabeth J. Perry, and Li Xun, *Proletarian Power: Shanghai in the Cultural Revolution*, Boulder: Westview Press, 1997.
Stanley Rosen, *Red Guard Factionalism and the Cultural Revolution in Guangzhou (Canton)*, Boulder: Westview Press, 1982.
D. E. H. Russell, *Rebellion, Revolution, and Armed Force*, New York: Academic, 1974.
Michael Schoenhals, "'Why Don't We Arm the Left?' Mao's Culpability for the Cultural Revolution's 'Great Chaos' of 1967," *The China Quarterly*, No. 182 (June 2005), pp. 277–300.
Franz Schurmann, *Ideology and Organization in Communist China*, 2nd Ed., Berkeley: University of California Press, 1968.
David Shambaugh, "Civil-Military Relations in China: Party-Army or National Military?" *Copenhagen Journal of Asian Studies*, Vol. 16 (2002), pp. 10–29.
Vivienne Shue, *The Reach of the State: Sketches of the Chinese Body Politic*, Stanford: Stanford University Press, 1988.
Theda Skocpol, *States and Social Revolutions: A Comparative Analysis of France, Russia, and China*, Cambridge: Cambridge University Press, 1979.
____, *Social Revolutions in the Modern World*, Cambridge: Cambridge University Press, 1994.
David A. Snow and Robert D. Benford, "Master Frames and Cycles of

Protest," in Aldon Morris and Carol M. Mueller, eds., *Frontiers in Social Movement Theory*, New Haven, Conn.: Yale University Press, 1992, pp. 133–155.

David A. Snow, E. Burke Rochford, Jr., Steven K. Worden, and Robert D. Benford, "Frame Alignment Processes, Micromobilization, and Movement Participation," *American Sociological Review*, Vol. 51, No. 4 (1986), pp. 461–481.

Yang Su, "Mass Killings in the Cultural Revolution: A Study of Three Provinces," in Joseph W. Esherick, Paul G. Pickowicz, and Andrew G. Walder, eds., *The Chinese Cultural Revolution as History*, Stanford, CA: Stanford University Press, 2006, pp. 96–123.

____, *Collective Killings in Rural China during the Cultural Revolution*, New York: Cambridge University Press, 2011.

Sidney Tarrow, *Power in Movement: Social Movements, Collective Action and Mass Politics in the Modern State*, Cambridge: Cambridge University Press, 1994.

Charles Tilly, *From Mobilization to Revolution*, Reading, Mass.: Addison-Wesley, 1978.

____, *The Politics of Collective Violence*, New York: Cambridge University Press, 2003.

____, *Identities, Boundaries, and Social Ties*, Boulder, CO: Paradigm Publishers, 2005.

Charles Tilly and Sidney Tarrow, *Contentious Politics*, Boulder, Colo.: Paradigm Publishers, 2007.

James R. Townsend and Brantly Womack, *Politics in China, 3rd Ed.*, Boston: Little, Brown & Co., 1986.

Jonathan Unger, *Education under Mao: Class and Competition in Canton Schools, 1960–1980*, New York: Columbia University Press, 1982.

____, "Cultural Revolution Conflict in the Villages," *The China Quarterly*, No. 153, 1998, pp. 82–106.

____, "The Cultural Revolution at the Grass Roots [Book Review]," *The China Journal*, No. 57 (Jan. 2007), pp. 109–137.

Andrew G. Walder, *Communist Neo-Traditionalism: Work and Authority in Chinese Industry*, Berkeley: University of California Press, 1986.

____, "Cultural Revolution Radicalism: Variations on a Stalinist Theme," in William A. Joseph, Christine P. W. Wong, and David Zweig, eds., *New Perspectives on the Cultural Revolution*, Cambridge, Mass.: Harvard University Press, 1991, pp. 41–61.

____, "The Chinese Cultural Revolution in the Factories: Party-State Structures and Patterns of Conflict," in Elizabeth J. Perry, ed., *Putting*

Class in Its Place: Worker Identities in East Asia, Berkeley: University of California Institute of East Asian Studies, 1996, pp. 167–198.

____, "Anatomy of an Inquisition: Cleansing the Class Ranks, 1968–1971," Paper presented at the conference "The Cultural Revolution in Retrospect," Hong Kong University of Science and Technology, July 1996.

____, "When States Unravel: How China's Cadres Shaped Cultural Revolution Politics," in Kjeld Erik Brødsgaard and Susan Young, eds., *State Capacity in East Asia: Japan, Taiwan, China, and Vietnam*, Oxford: Oxford University Press, 2000, pp. 157–184.

____, "Beijing Red Guard Factionalism: Social Interpretations Reconsidered," *The Journal of Asian Studies*, Vol. 61, No. 2 (May 2002), pp. 437–471.

____, "Ambiguity and Choice in Political Movements: The Origins of Beijing Red Guard Factionalism," *American Journal of Sociology*, 112, No. 3 (November 2006), pp. 710–750.

____, "Factional Conflict at Beijing University, 1966–1968," *China Quarterly*, No. 188 (December 2006), pp. 1023–1047.

____, *Fractured Rebellion: The Beijing Red Guard Movement*, Cambridge, Mass.: Harvard University Press, 2009.

Andrew G. Walder and Yang Su, "The Cultural Revolution in the Countryside: Scope, Timing and Human Impact," *The China Quarterly*, No. 173, 2003, pp. 74–99.

Shaoguang Wang, *Failure of Charisma: The Cultural Revolution in Wuhan*, Hong Kong: Oxford University Press, 1995.

Lynn T. White, III, *Policies of Chaos: The Organizational Cause of Violence in China's Cultural Revolution*, Princeton, New Jersey: Princeton University Press, 1989.

Timothy P. Wickham-Crowley, *Guerrillas and Revolution in Latin America*, Princeton, NJ: Princeton University Press, 1992.

____, "Structural Theories of Revolution," in John Foran, ed., *Theorizing Revolutions*, London: Routledge, 1997, pp. 38–72.

Xueguang Zhou, "Unorganized Interests and Collective Action in Communist China," *American Sociological Review*, Vol. 58, No. 1 (February 1993), pp. 54–73.

（日本語）

天児慧『中華人民共和国史』岩波新書、1999年。

安藤正士・太田勝洪・辻康吾『文化大革命と現代中国』岩波新書、1986年。

加々美光行『歴史のなかの中国文化大革命』岩波書店、2001年。

加々美光行編訳『資料・中国文化大革命――出身血統主義をめぐる論争』りく

えつ、1980年。

加々美光行編『現代中国の挫折——文化大革命の省察』アジア経済研究所、1985年。

厳家祺・高皋（辻康吾監訳）『文化大革命十年史』岩波書店、1996年。

ウィリアム・コーンハウザー（辻村明訳）『大衆社会の政治』東京創元社、1961年。

国分良成「『歴史』としての文化大革命」国分良成編著『中国文化大革命再論』慶應義塾大学出版会、2003年、1-14頁。

金野純『中国社会と大衆動員——毛沢東時代の政治権力と民衆』御茶の水書房、2008年。

スチュアート・R・シュラム（北村稔訳）『毛沢東の思想——～一九四九年／一九四九～七六年』蒼蒼社、1989年。

席宣・金春明（岸田五郎他訳）『文化大革命簡史』中央公論社、1998年。

谷川真一「抗日根拠地における『単位』制度の起源——国家・社会関係の中間組織の視角から」『アジア研究』第44巻4号、1999年2月、67-105頁。

——「中国文化大革命期における中央地方関係についての一考察——陝西省楡林地区各県の事例から」『愛知学院大学文学部紀要』第39号、2010年、71-83頁。

張承志（小島晋治・田所竹彦訳）『紅衛兵の時代』岩波新書、1992年。

陳東林・苗棣・李丹慧編（加々美光行監修）『中国文化大革命辞典』中国書店、1997年。

唐亮「政治権力闘争の展開と軍指導権の掌握」国分良成編著『中国文化大革命再論』慶應義塾大学出版会、2003年、103-127頁。

中嶋嶺雄『中国——歴史・社会・国際関係』（中公新書、1982年）。

——『北京烈烈——文化大革命とは何であったのか』講談社学術文庫、2002年。

マイケル・マン（森本醇・君塚直隆訳）『ソーシャル・パワー：社会的な〈力〉の世界歴史Ⅱ——階級と国民国家の「長い19世紀」（上）』NTT出版、2005年。

毛沢東（東京大学近代中国史研究会訳）『毛沢東思想万歳（下）』三一書房、1975年。

毛里和子『現代中国政治』名古屋大学出版会、1993年。

矢吹晋『文化大革命』講談社現代新書、1989年。

楊麗君「文革期における派閥構造と成因——資源動員論のアプローチから」『アジア研究』第51巻第4号、2005年10月、32-49頁。

——『文化大革命と中国の社会構造——公民権の配分と集団的暴力行為』御茶の水書房、2003年。


（ウェブサイト）

西安交通大学党委宣伝部「校史沿革・『文革』動乱時期・1966年5月後」『西

安交通大学・校慶専題網』、2006年（2009年9月1日、http：//newsxq.xjtu.edu.cn/xsyg/2006-03/1142645323d299.shtmlよりダウンロード）。

（新聞、雑誌）
『紅旗』
『解放軍報』
『人民日報』
『陝西日報』

著者紹介

谷川真一（たにがわ　しんいち）

2007年スタンフォード大学社会学研究科博士課程修了（Ph.D.)。専門は中国を対象とした政治社会学的研究（特に政治・社会運動と抗争政治)。主要論文に、「『経験交流』と造反運動の拡散」（『中国研究月報』第65巻３号)、「抗日根拠地における『単位』制度の起源」（『アジア研究』第44巻４号）など。現在、愛知学院大学文学部国際文化学科准教授。

中国《ちゅうごく》文化《ぶんか》大革命《だいかくめい》のダイナミクス

2011年10月18日　第１版第１刷発行

著　者　谷川真一
発行者　橋本盛作
発行所　株式会社　御茶の水書房
〒113-0033　東京都文京区本郷5-30-20
電話　03-5684-0751

Printed in Japan

印刷・製本／シナノ印刷㈱

ISBN 978-4-275-00945-6　C3031

田原史起著
中国農村の権力構造
――建国初期のエリート再編
A5判/三一四頁/本体五〇〇〇円/二〇〇四年

建国当時の農村変革事業に参加した当事者へのインタビューと資料分析より、新解放区の郷・村レベルでの政権機構の形成過程を土地改革と地方・基層幹部の実態から解明した政治社会学。

ISBN978-4-275-00311-9

金野　純著
中国社会と大衆動員
――毛沢東時代の政治権力と民衆
A5判/四六〇頁/本体六八〇〇円/二〇〇八年

毛沢東時代の大衆動員の社会的プロセスを実証的に解明することで、中国の社会変動のダイナミズムに迫る。「文革」の起因を、大躍進運動期からの動員システムの不調の中に見出す。

ISBN978-4-275-00590-8

楊麗君著
文化大革命と中国の社会構造
――公民権の配分と集団的暴力行為
A5判/三九二頁/本体六八〇〇円/二〇〇三年

文化大革命における派閥分化と集団的暴力行為の発生要因を分析し、その後の改革開放期における国家建設と社会運動の形成に文革が与えた影響を政治社会学的に解明。
●第二一回「太平正芳記念賞」受賞ISBN978-4-275-00301-0

泉谷陽子著
中国建国初期の政治と経済
――大衆運動と社会主義体制
A5判/二八〇頁/本体五二〇〇円/二〇〇七年

建国当時の新民主主義的政策から早期の社会主義化へという中国政治史上の大きな転換を丹念に跡づけ、文革で頂点をむかえ崩壊する大衆運動方式による社会統合の特質を実証的に究明する。

ISBN978-4-275-00543-4

石井知章著
中国社会主義国家と労働組合
――中国型協商体制の形成過程
A5判/五〇四頁/本体七八〇〇円/二〇〇七年

中国の政治協商体制において中心的な役割を果たしている労働組合（工会）を媒介にしつつ、政治協商体制をとりまく政治構造の全体像を国家と社会との関係論としてはじめて描き出す。

ISBN978-4-275-00519-9

三谷　孝編著
中国内陸における農村変革と地域社会
——山西省臨汾市近郊農村の変容
A5判／三七八頁／本体六六〇〇円／二〇一一年

中央政治の激動と政策の大転換を末端の農村ではどのように受けとめ、農民たちはこれにどう対応したのか。日中戦争時期の調査記録が存在する村の70年間に亘る長期的変容過程を追跡する。

ISBN978-4-275-00932-6

内山雅生著
日本の中国農村調査と伝統社会
A5判／二九六頁／本体四六〇〇円／二〇〇九年

満鉄調査部、東亜研究所、興亜院等の戦前戦中期の日本研究機関による調査資料と、著者が実施した中国での再調査を総合的に分析し、中国社会の基底部に内在している「共同性」の内実に迫る。

ISBN978-4-275-00857-2

祁建民著
中国における社会結合と国家権力
——近現代華北農村の政治社会構造
A5判／四〇〇頁／本体六六〇〇円／二〇〇六年

戦前の「農村慣行調査」と現代の再調査に基づき、村落内における人々の間の結合関係（血縁、地縁、信仰や同業）を取り上げ、中国社会における深層の政治社会構造と国家の関係を分析。

ISBN978-4-275-00416-1

光田　剛著
中国国民政府期の華北政治
——一九二八〜三七年
A5判／三六〇頁／本体六六〇〇円／二〇〇七年

満洲事変停戦から抗日戦争全面化までの華北における国民党体制下の国家建設がどのように進められたかを検討することで、国民政府期の「南京の十年」の国家建設の性格を照らし出す。

ISBN978-4-275-00541-0

小林英夫・林　道生著
日中戦争史論
——汪精衛政権と中国占領地
A5判／三八四頁／本体六〇〇〇円／二〇〇五年

汪精衛はどのような経緯で「反蔣、反共、降日」になったのか。〈漢奸〉と呼ばれる道にはまり込んでいったプロセスと、その過程での日本政治との関わりあい、汪精衛政権の統治実態を検討。

ISBN978-4-275-01977-6

大里浩秋・孫安石編著
留学生派遣から見た近代日中関係史
A5判／五〇二頁／本体九二〇〇円／二〇〇九年

戦前までの日中相互の留学生派遣の実態を通して、近代の日中関係史を再検討する。留学生交流を「学」の連鎖という視点から再構築し、文化交流の総体的な流れを解明する日中共同研究の成果。

ISBN978-4-275-00813-8

小島麗逸・鄭新培編著
中国教育の発展と矛盾
菊判／三二〇頁／本体五九〇〇円／二〇〇一年

世界最多の人口を、中国の発展への最大の資源とするために不可欠な「教育」。その施策の変遷・実態を私立学校や海外からの留学生の帰国問題や都市・農村の教育格差などと共に報告。

ISBN978-4-275-01870-0

金美花（花井みわ）著
中国東北農村社会と朝鮮人の教育
——吉林省延吉県楊城村の事例を中心として（一九三〇〜一九四九）
A5判／四三〇頁／本体八〇〇〇円／二〇〇六年

満洲国成立以前から中華人民共和国成立に至る時期、植民地下にあった朝鮮人の国境を越えた移住と定着過程を「楊城村」とその周辺の朝鮮人農民の生活と教育状況から実証的に解明する。

ISBN978-4-275-00505-2

サヴェリエフ・イゴリ著
移民と国家
——極東ロシアにおける中国人、朝鮮人、日本人移民
菊判／三七〇頁／本体七三〇〇円／二〇〇五年

日露戦争期を中心に移民社会の生成と発展の過程を未公開史料を用いて解明する。移民と国家の関係の枠組みで見たディアスポラ論の問題を取り上げ、移民研究の新しい側面に光をあてる。

ISBN978-4-275-00363-8

佐藤東洋士・李恩民編
東アジア共同体の可能性
——日中関係の再検討
菊判／五六〇頁／本体八〇〇〇円／二〇〇六年

アジアの双璧として地域統合に貢献をなしうる力を備える日本と中国は負の遺産として残された「過去」をどのように克服していくのか、東アジア共同体構築の上で最も重要な課題に挑む。

ISBN978-4-275-00435-2